女性主义残障正义观研究

以残障女性权利困境为视角

李 勇 ◎著

A Study on Feminist Disability Justice

From the Perspective of the Rights Dilemma of Women with Disabilities

知识产权出版社
全国百佳图书出版单位
—北京—

图书在版编目（CIP）数据

女性主义残障正义观研究：以残障女性权利困境为视角/李勇著．
北京：知识产权出版社，2025.1. — ISBN 978－7－5130－9692－8

Ⅰ. D923.84；D442
中国国家版本馆 CIP 数据核字第 2024QM4387 号

责任编辑：薛迎春　　　　　　　　责任校对：王　岩
封面设计：宗沉书装·李宗燕　　　　责任印制：孙婷婷

女性主义残障正义观研究

以残障女性权利困境为视角

李　勇　著

出版发行	知识产权出版社 有限责任公司	网　　址	http://www.ipph.cn
社　　址	北京市海淀区气象路50号院	邮　　编	100081
责编电话	010－82000860 转 8724	责编邮箱	471451342@qq.com
发行电话	010－82000860 转 8101/8102	发行传真	010－82000893/82005070/82000270
印　　刷	北京建宏印刷有限公司	经　　销	新华书店、各大网上书店及相关专业书店
开　　本	710mm×1000mm　1/16	印　　张	14.25
版　　次	2025年1月第1版	印　　次	2025年1月第1次印刷
字　　数	233千字	定　　价	79.00元
ISBN 978－7－5130－9692－8			

出版权专有　侵权必究
如有印装质量问题，本社负责调换。

自序：让正义之光普照在残障女性身上

马克思有言："每个了解一点历史的人也都知道，没有妇女的酵素就不可能有伟大的社会变革。社会的进步可以用女性的社会地位来精确地衡量……"[1] 从两性横向比较的角度讲，事实确实如此。然而，基于分离主义的逻辑，女性的解放远远不能够止步于此。在提出父权制这一涉及两性平等之关键问题的二十余年后，女性的同质性开始受到质疑，女性群体内部的差异性逐渐被提出来。在差异政治的引领下，一些边缘弱势女性呼吁，女性不是单纯基于生理性别和社会性别要素的共同作用形成的同质性社会群体，主流的女性运动和女性主义[2]理论无法反映她们的特殊经验和需求。事实上，女性群体内部存在着较大差异，甚至超过了两性之间基于性别形成的差异。很多时候，女性的身份和社会地位不只是性别决定的，加入经济条件、社会地位、地域差异等其他要素后，某些女性面临的脆弱性程度更高，残障女性便是典型。

残障女性首先是女性，但当人们聚焦身体的残障因素时，她们的性别身份通常被忽视了。造成这种"非女性"身份定位的原因有二：一是为凸显健康、力量、独立等解放了的女性形象，不健康、脆弱、依赖的残障女性在主流女权运动中被有意识地排除出去了。为彰显自身的优越性，健常女性极力在自己与残障女性之间建构一条明显的界线，以尽可能避免和带有身心障碍的她们产生任何联系。二是残障女性权利困境产生的根源很大程度上不在于性别身份形成的父权制压迫，而是身心障碍带来的歧视、偏

---

[1] 《马克思恩格斯文集》（第10卷），人民出版社2009年版，第299页。
[2] 女性主义和女权主义是英文单词 Feminism 的不同译法。相比较而言，女性主义的提法更中立、温和，本书正文统一采用女性主义的表述，引文、脚注和参考文献中的表述保持原貌。

见和障碍。相较于健常女性备受性别身份和女性气质引起之消极影响的困扰，性别要素之于残障女性往往被认为是不重要的。由此导致她们在月经管理、生育能力维持、婚姻自由、生儿育女、亲权享有等健常女性习以为常或极力挣脱的事项上欠缺相应的权能。另外，出于"无性别"的潜在预设，涉残障的权益保障举措设置大多是性别中立的，残障女性基于性别身份产生的特殊权利困境鲜有被看见。

虽然边缘弱势女性群体具有多元性，但是性别要素和身心障碍的交互作用导致的系统性权利困境将残障女性置于女性阶级金字塔的最底端。无论被害女性是由于智力障碍被拐卖，还是在被拐卖后艰难而漫长的岁月里逐渐形成智力障碍，她的人身自由和人格尊严都受到了严重侵害。出现在人们视野中的残障女性社会事件，也折射出残障女性生存的困境，以及她们的权利、自由和尊严受到损害之更普遍的现实。

在整个生命历程中，残障女性面临的权利困境是周期性和系统化的。胎儿性别可提前知晓，带有残障的女性胎儿可能出于功利性的考量而被剥夺出生的机会。即便有幸降生于世，为减轻抚养压力，残障女婴也存在被溺杀或遗弃的风险。父母的消极利弊权衡，可能使残障女童的受教育机会被限制。进入青春期后，月经管理不仅被视作一件麻烦的事情，残障女孩还会因此遭受暴力对待和性侵犯。或是对她们缔婚能力的不信任，或是为了摆脱照料负担，甚至只是单纯为了经济利益，残障女性的婚姻自由同样会受到父母或其他监护人的干涉。由于偏离理想妻子的形象，已婚残障女性很难达到美满的婚姻状态。她们更容易遭受丈夫的控制甚至是严重的家庭暴力，而且面临着"被离婚"和"难离婚"的双重离婚困境。更年期残障女性不仅易于罹患更严重的更年期综合征，还承受着基于身心障碍形成的特殊病痛。在累积效应和文化偏见的合力下，老年残障女性在身心健康和社会保障等方面都面临更为不利的境况。凡此种种都是残障女性生命历程中真实存在的权利困境。

就此，马克思的妇女解放逻辑需要进一步延伸。也即，社会进步的衡量标准是女性的社会地位，女性社会地位的衡量标准则应是作为双重甚至多重弱势群体之残障女性的生存和发展境况。相应地，为提高女性解放的基准线，对于残障女性面临的系统性权利困境，一个正义的社会理应作出回应。正义是古老且永恒的话题，是政治社会建构的重要依据，是边缘弱势群体争取权利的强有力武器，更是对良善之社会的应然诠释。然而，受制于理论建构的潜在预设，传统正义论不免存在内生性缺陷。在对理性、健常和男性等核心要素的强调中女性和残障人实质性地沦为"他者"，毋论作为多重不利综合体的残障女性。本书将沿着传统正义论的步伐，结合残障女性的特殊身份定位、实践体验和现实需求，建构出体现主体针对性的女性主义残障正义观。女性主义残障正义观的构建旨在呼吁各层级主体关注残障女性遭遇的不正义，并为消除这种明显的不正义提供切实、有效、富有爱与关怀的指引，以使正义之光普照在残障女性身上。

李　勇
2024 年 11 月 21 日于溪山湖畔

目 录

自序：让正义之光普照在残障女性身上 / 1

引 论 / 1
  一、问题缘起 / 1
  二、文献综述 / 3
  三、方法与创新 / 13
  四、意义与不足 / 16

第一章 残障女性权利议题的缘起 / 18

第一节 作为"社会群体"的残障女性 / 19
  一、"聚集模式"的批判 / 19
  二、基于认同形成的社群 / 20

第二节 女性运动中残障女性的边缘化 / 23
  一、女性运动的宗旨 / 23
  二、残障女性的偏离 / 25
  三、女性分离主义与残障女性的觉醒 / 27

第三节 第四次世界妇女大会中的残障女性 / 29
  一、残障女性组织的推动 / 30
  二、残障女性参与的情况 / 32
  三、《北京宣言》和《行动纲领》吸纳残障视角 / 35

第四节 纳入"双轨制"的《残疾人权利公约》的出台 / 37
  一、第 6 条:"残疾妇女"的提出 / 37
  二、第 3 号一般性意见的发布 / 40
  三、《公约》中的社会性别主流化 / 41

第二章 残障女性权利的类型及困境 / 43

第一节 获得特别卫生护理的权利 / 44
  一、月经的生理属性 / 44
  二、联合国的呼吁与国际人权法的规定 / 45
  三、残障女性的月经管理困境 / 47

第二节 残障女性的性权利 / 53
  一、国际视域下的性权利 / 54
  二、残障女性的性刻板印象及波及效应 / 55
  三、针对残障女性的性侵犯 / 57

第三节 残障女性的婚姻自主权 / 59
  一、作为独立人权的婚姻自主 / 60
  二、婚姻关系缔结中的客体化 / 62
  三、婚姻关系解除中的弱势地位 / 64

第四节 残障女性的生育权 / 66
  一、生育权之于残障女性的价值 / 67
  二、残障女性的生育权及内容 / 68
  三、侵犯残障女性生育权的主要方式 / 69

第五节 残障女性的亲权 / 72
  一、亲权之于残障女性的重要性 / 73
  二、婚姻中残障母亲亲权的限制 / 74
  三、离婚时/后残障母亲亲权受损 / 77

第六节 残障女性更年期的健康权 / 79
  一、作为人权的健康权 / 79
  二、更年期残障女性的健康困境 / 81
  三、更年期残障女性的健康权保障困境 / 83

第三章 残障女性权利困境的成因分析 / 87

第一节 身心障碍和女性生理经历导致的脆弱性 / 87
一、身心障碍带来的脆弱性 / 88
二、女性生理经历引起的脆弱性 / 90
三、综合形成的整体脆弱性 / 92

第二节 文化帝国主义下的残障/性别歧视 / 94
一、基于残障的刻板印象 / 94
二、关于女性的固化观念 / 96
三、交叉产生的弥散效应 / 98

第三节 公私二元理论结构对残障女性的放逐 / 101
一、性别视角下的公私分离 / 101
二、残障女性权利的私域性 / 102
三、国家不干预即为"公正" / 105

第四节 法律制度的缺漏 / 106
一、法律具有典型的公共性 / 107
二、法律中残障女性的缺位 / 108
三、相关法律制度的背离 / 111

第五节 司法者的"共谋" / 113
一、司法理性人假设 / 114
二、司法父权主义 / 116
三、司法公正的前见 / 118
四、司法无障碍不到位 / 120

第四章 女性主义残障正义观的建构 / 123

第一节 三重批评 / 125
一、传统正义论的批判：残障女性缺位 / 126
二、传统女性主义研究的批判：残障视角缺失 / 132
三、主流残障研究的批判：性别要素的不足 / 134

第二节 女性主义残障正义观的提出 / 136
一、前提：女性主义和残障视角融合的可能性 / 137
二、综合：女性主义残障研究的初步考察 / 139
三、延伸：女性主义残障正义观的建构 / 143

第三节　女性主义残障正义观的关键要素 / 145
　　一、基本立场：宰制和压迫 / 145
　　二、核心主张：爱与关怀 / 150
　　三、最终目的：能力提升 / 156

第五章　女性主义残障正义观指导下的三维义务构想 / 161

第一节　残障女性权利保障的理念更新 / 162
　　一、从"自治神话"到依赖理论 / 163
　　二、从福利保障到可行能力 / 164
　　三、从同一逻辑到差异政治 / 167
　　四、从形式平等到实质平等 / 169

第二节　残障女性权利保障的结构调整 / 172
　　一、弱化公、私领域的划分 / 172
　　二、模糊正常与异常的边界 / 175
　　三、价值衡量模式的再审视 / 178

第三节　残障女性权利保障的具体对策 / 180
　　一、残障女性权利保障的国家义务 / 180
　　二、残障女性权利保障的社会义务 / 192
　　三、残障女性权利保障的公民义务 / 201

结　语 / 206

参考文献 / 210
　　一、中文类 / 210
　　二、外文类 / 213

后　记 / 217

引 论

一、问题缘起

当今世界约有20%的女性存在身心障碍，超过5亿的女性饱受残障之苦[1]，而且在整个人类的生命历程中，女性致残的可能性普遍高于男性。有研究显示，女性的残障发生率为19.2%，高出男性7.2个百分点[2]。在发展中国家，残障发生率的性别差异更加明显。随着年龄的增长，这一差异将越发突出[3]。反观我国，《第二次全国残疾人[4]抽样调查主要数据公报》显示，残障女性占全国残障人口的近半数[5]。"残障是性别化的，

---

[1] See Cristina López Mayher, The Empowerment of Women and Girls with Disabilities, this publication was produced with the financial support of the European Union, Brussels, April, 2021, pp. 4-5; The Committee on The Rights of Persons with Disabilities, General Discussion of Women and Girls with Disabilities, Madrid: Area de Documentacion y Publicaciones, 2014, p. 238, 240.
[2] See Stephanie Ortoleva, Enabling a Global Human Rights Movement for Women and Girls with Disabilities, Geneva: United Nations Committee on the Status of Women, 2012; Cristina López Mayher, The Empowerment of Women and Girls with Disabilities, Brussels, April, 2021.
[3] See Christopher McLaren, et al., Spotlight on Women with Disabilities, this research brief was prepared by staff in the Office of Disability Employment Policy in the U. S. Department of Labor, March, 2021.
[4] 在我国，相关国际公约中文译本和法律中，将身体、精神存在障碍的人士称为残疾人，而在学术研究中，更多将上述人群称为残障人。故本书除引用国际公约和法律条文外，使用"残障"的表述。
[5] 参见国家统计局、第二次全国残疾人抽样调查领导小组：《第二次全国残疾人抽样调查主要数据公报》，http://www.stats.gov.cn/tjsj/ndsj/shehui/2006/html/fu3.htm，最后访问时间：2020年9月18日。

对两性的影响是不一样的。"[1]现实中，"残障对女性的危害特别大，在许多国家，女性在社会、文化和经济方面处于不利地位，再加上身心障碍，她们参与社会生活就更困难"[2]。各方面因素的耦合，使残障女性面临着常人无法想象的境况。与健常女性和残障男性相比，综合负担身心障碍和女性性别特征所造成的各种不利的残障女性，在政治、社会和婚姻家庭等各方面的处境都不容乐观。

残障女性基于残障人和女性的双重身份遭遇的不公，决定了她们需要团结起来与之作斗争。故无论是在现实角度还是理论层面，本书坚持的"权利正义观"[3]都促使我们认识到，残障女性权利问题总是与正义联系在一起。"正义是一种德性，一种美德，一种基本的善。"[4]但遗憾的是，传统正义论忽视了存在双重弱势的残障女性，无法回应并为消除她们的权利困境提供有效的理论指引。几乎所有正义论都有专门的指向：或是以社群归属为主旨的公民美德，或是理性主义的公民权利，抑或是特权阶级的权利。受制于残障人和女性的身体特点，残障女性必然会受到这种极具限定性之正义论的影响。长期以来，残障女性都是隐性群体，既没有得到抽象正义论的关注，又易为国家、社会制度和其他公民所忽视。鉴于此，本书将回答并解决如下问题：在女性的生命历程中，残障女性面临着哪些权利困境？就原因而言，这些权利困境是如何体现不正义的？传统正义论以何种方式将女性和残障人排除出去？为解决残障女性受到的双重压迫问题，应如何修正传统正义论？在此基础上，国家、社会和公民又需承担哪些义务？

---

[1] Gerard Emmanuel, Kamdem Kamga, "Gender and Disability: A Matter of Dignity", Gender Justice, May 6, 2019, https://www.justgender.org/gender-and-disability-a-matter-of-dignity/, last visited on Novermber 29, 2024.

[2] United Nations, World Programme of Action Concerning Disabled Persons, UN A/RES/37/52 December 3, 1982.

[3] 聂圣平：《诺齐克权利正义观的学理分析与逻辑解读》，载《湖北大学学报（哲学社会科学版）》2013年第3期，第30页。

[4] 欧阳景根：《分配正义、权利正义与权力的正当性——从司法审查的视角看罗尔斯与诺齐克的正义之争》，载《文史哲》2006年第3期，第157页。

二、文献综述

(一) 国外研究现状

西方世界已经形成关于残障女性问题的争论浪潮，涌现出诸多极具理论和现实意义的著述。在内容上，这些著述大致可以分为有关残障女性的整体性、理论性研究和残障女性具体权利事项的研究两方面。这两类研究不仅内容上有差异，时间上也有先后之分。

一方面是有关残障女性的整体性和理论性研究。在这方面，乔·坎普林（Jo Campling）、伊冯娜·达菲（Yvonne Duffy）、芭芭拉·希利尔·戴维斯（Barbara Hillyer Davis）、苏珊·E. 布朗（Susan E. Browne）、黛布拉·康纳斯（Debra Connors）、南茜·斯特恩（Nancy Stern）、米歇尔·法恩（Michelle Fine）、阿德里安·阿莎（Adrienne Ascha）、苏珊·温德尔（Susan Wendall）、珍妮·莫尼斯（Jenny Morris）、威廉·约翰·汉娜（William John Hanna）、贝特·罗戈夫斯基（Betsy Rogovsky）等女性主义学者，最早将性别视角纳入残障问题的探讨，试图借鉴残障女性的生命经验来丰富女性主义研究。这些研究提供了关于残障女性个人描述和社会状况的研究性信息，以及理解并阐释她们生活和经历的理论框架。

1981年是一个重要的转折点，在这一年，与残障女性有关的理论研究文献不断出现。法恩和阿莎合著的文章《残障女性：无止境的性别歧视》，基于自身的经验描述了残障女性的基本情况，指出残障女性面临的双重和交叉性歧视[1]；坎普林编辑了一本包括23名残障女性著述的选集，描述了她们作为女性和残障人的生活经历，梳理并呈现有关双重歧视和压迫的理论成果[2]；达菲出版了一本与残障女性的性有关的书，探讨了性政治在残障女性身上的独特表现，至今仍然被视为这一领域的经典著作[3]。同年，女性主义杂志《脱离我们的支持》整期发表文章探讨残障女性问题，

---

[1] See Michelle Fine, Adrienne Asch, "Disabled Women: Sexism Without the Pedestal", *Journal of Sociology and Social Welfare*, Vol. 8, 1981, pp. 233-248.

[2] See Jo Campling, ed., *Images of Ourselves: Women with Disabilities Talking*, Boston, MA: Routledge & Kegan Paul, 1981.

[3] See Yvonne Duffy, *All Things Are Possible*, Michigan: A. J. Garvin and Associates, 1981.

《社会与社会福利杂志》发表了一篇以"女性与残障"为主题的文章[1]。

随后,戴维斯的文章《女性、残障和女性主义:对一个新理论的注解》,深入探讨了与身心障碍和女性贤妻良母角色有关的依赖性问题[2]。布朗等人的著作《拥有每种呼吸的力量:残障女性选集》,基于第一手资料阐释了残障女性的经历及感受[3]。温德尔在论文《迈向一种残障的女性主义理论》中表示,建立充分考虑主体差异性的女性主义残障理论,需要了解残障人的特殊经验造成的压迫与性别歧视、种族主义和阶级压迫的相互作用[4]。法恩和阿莎的著作《残障女性:心理、文化和政治文集》,为理解性别与残障之间的复杂关系作出了积极贡献[5]。汉娜和罗戈夫斯基在其合著的《残障女性:超乎双重障碍》中指出,美国残障女性处于弱势地位的根源在于残障人和女性的双重身份[6]。残障女性权利运动领导人莫尼斯在论文《女性主义、性别和残障》中坦言,残障女性遭受双重歧视和压迫,关注并维护她们的权益具有必要性和紧迫性[7]。以上著述标志着女性主义残障研究开始成为女性主义研究的分支出现。

此外,贝丝·A. 费里(Beth A. Ferri)和诺埃尔·格雷(Noel Gregg)的论文《残障女性:消失的声音》表明残障是一个女权问题,女性主义研究不能忽视之[8]。芭芭拉·福塞特(Barbara Fawcett)的著作《基于女性主义的残障问题》,主张将女性主义分析工具应用至残障研究中[9]。西

---

[1] See Rannveig Traustadottir, Perri Harris, Women with Disabilities: Issues, Resources, Connections Revised, National Institute on Disability and Rehabilitation Research (ED/OSERS), Washington, Reference Materials, June, 1997.

[2] See Barbara Hillyer Davis, "Women, Disability and Feminism: Notes Toward a New Theory", *A Journal of Women Studies*, Vol. 8, 1984, pp. 1-5.

[3] See Susan E. Browne, et al., *With the Power of Each Breath: A Disabled Women's Anthology*, New Jersey: Cleis Press, 1985.

[4] See Susan Wendell, "Toward a Feminist Theory of Disability", *Hypatia*, Vol. 4, 1989, pp. 104-124.

[5] See Michelle Fine, Adrienne Asch, ed., *Women with Disabilities: Essays in Psychology, Culture, and Politics*, Philadelphia: Temple University Press, 1989.

[6] See William John Hanna, Betsy Rogovsky, "Women with Disabilities: Two Handicaps Plus", *Disability, Handicap & Society*, Vol. 6, 1991, pp. 49-63.

[7] See Jenny Morris, "Feminism, Gender and Disability", *Feminist Review*, Vol. 43, 1993, pp. 1-17

[8] See Beth A. Ferri, Noel Gregg, "Women with Disabilities: Missing Voices", *Women's Studies International Forum*, Vol. 21, 1998, pp. 429-439.

[9] See Barbara Fawcett, *Feminist Perspectives on Disability*, London, New York: Routledge, 2000.

米·林顿（Simi Linton）在其回忆录《我的身体政治：一份回忆录》中认识到政治觉醒对改变残障女性处境的意义[1]。罗斯玛丽·加兰德·汤普森（Rosemarie Garland-Thomson）在《融入残障：改造女性主义理论》一文中指出，女性主义残障理论解释了截然不同的表征系统是如何相互形塑，又彼此矛盾的[2]。戴安娜·德里杰（Diane Driedger）在著作《生活的边缘：一位残障女性读者》中将残障女性面临的不利归结于残障人和女性的双重身份，该问题的解决之道是将残障视角纳入女性主义研究[3]。安妮塔·西尔弗（Anita Silvers）在《女性主义视域下的残障问题》一文中指出，吸收残障理论和残障女性的生活经验有利于丰富女性主义研究[4]。

"解放的过程往往是从大胆的、勇敢的，甚至是尴尬的反思开始的。渐渐地，个人开始对自我经历以及社会对待自身的态度产生不同的看法，重新想象自身身份和塑造自我政治，以反对塑造自身身份政治的否定性理论建构。"[5] 女性主义残障研究的出现亦是如此。上述文献大多是由残障女性基于自身的特殊生理和社会经验所撰写的。"在经历过身心障碍和性别的双重压迫以后，残障女性开始反思她们的经历，试图寻求新的方法来理论化她们的特殊经验。"[6] 20世纪80年代，残障女性学者开始批判女性主义阵营对残障女性的忽视，呼吁并说服女性主义研究者将更多的注意力转至女性主义残障研究，将残障人的经验和知识融入女性主义理论"大厦"。由此展开的探讨具有先导性的作用，推动女性主义残障研究的兴起和发展。

另一方面是针对残障女性具体权利事项的研究。相较于整体性和理论构建层面的研究，这类研究兴起的时间相对较晚，其出现在一定程度上是

---

[1] See Simi Linton, *My Body Politic: A Memoir*, Michigan: The University of Michigan Press, 2006.
[2] See Rosemarie Garland-Thomson, "Integrating Disability, Transforming Feminist Theory", in Lennard J. Davis, ed., *The Disability Studies Reader*, London, New York: Routledge, 2006.
[3] See Diane Driedger, ed., *Living the Edges: A Disabled Women's Reader*, Toronto: Inanna Publications & Education Inc., 2010.
[4] See Anita Silvers, "Feminist Perspectives on Disability", in Edward N. Zalta, ed., *The Stanford Encyclopedia of Philosophy*, Stanford: Metaphysics Research Lab, Philosophy Department, Stanford University, 2016.
[5] Kristina R. Knoll, Feminist Disability Studies, Doctoral dissertation of Philosophy, University of Washington, 2012, p. 48.
[6] Kristina R. Knoll, Feminist Disability Studies, Doctoral dissertation of Philosophy, University of Washington, 2012, p. 48.

为了回应理论探讨的呼召。就内容而言，这类研究的范围相对广泛。结合本书关注的议题，就与下述事项有关的研究进行综述。

一是残障女性获得特殊卫生护理的权利。对普通女性来讲，月经带来的疼痛和不便使她们在工作和生活中面临诸多障碍，残障女性更是如此。文章《经期卫生权是人权》认为，月经与尊严之间存在内在关联，当女性无法获得安全的沐浴设施和有效的月经护理方法时，便无法有尊严地管理月经[1]。《妇女和女孩获得卫生设施的权利》一文宣称，女性需要厕所和浴室不仅是为排便，更是保护月经隐私和尊严的需要[2]。克里斯·波贝尔（Chris Bobel）等编著的《帕尔格雷夫批判月经手册》中，提到了残障女性的月经问题，并指出缺乏支持、卫生设施、水资源和月经产品，将导致残障女性无法有尊严地进行月经管理[3]。简·特蕾茜（Jane Tracy）等人的论文《智力障碍女性的月经问题》强调，应在将智力障碍女性的月经管理与健常女性同等对待基础上，根据残障程度进行适当调整[4]。波尼玛·塔帕（Poornima Thapa）和穆图萨米·西瓦卡米（Muthusamy Sivakami）的文章《过渡中迷失：德里智障学童的月经经历》，揭示了智力障碍女性的月经管理困境，并主张承认少女在月经管理中的主体地位[5]。

二是针对残障女性的暴力。道格·琼斯（Doug Jones）的文章《针对残障女性的家庭暴力：女性主义法律理论的分析》，从女性主义法律理论的角度分析了关于残障女性的家庭暴力问题[6]。很多研究报告亦揭示了残

---

[1] See Lauren Amadei, *Menstrual Hygiene Rights Are Human Rights. Period*, in World Vision International, February 13, 2017, https://www.wvi.org/blogpost/menstrual-hygiene-rights-are-human-rights-period, last visited on November 27, 2024.

[2] See United Nations Human Rights (UNHR), *Women and Girls and Their Right to Sanitation*, Geneva: UNHR, October 3, 2011.

[3] See Linda Steele, Beth Goldblatt, "The Human Rights of Women and Girls with Disabilities", in Chris Bobel, et al., *The Palgrave Handbook of Critical Menstruation Studies*, Singapore: Palgrave Macmillan, 2020, pp. 77-91.

[4] See Jane Tracy, et al., "Menstrual Issues for Women with Intellectual Disability", *Australian Prescriber*, Vol. 39, 2016, pp. 54-57.

[5] See Poornima Thapa, Muthusamy Sivakami, "Lost in Transition: Menstrual Experiences of Intellectually Disabled School-Going Adolescents in Delhi", *India Waterlines*, Vol. 36, 2017, pp. 317-338.

[6] See Doug Jones, "Domestic Violence Against Women with Disabilities: A Feminist Legal Theory Analysis", *Florida A & M University Law Review*, Vol. 2, 2007, pp. 207-233.

障女性遭受暴力侵害的情况。帕特里夏·A. 芬德利（Patricia A. Findley）和萨拉－贝丝·普卢默（Sara-Beth Plummer）撰写的报告《残障女性的身体体验和性虐待》显示，无论是身体，还是情感和性，残障女性受到虐待的比例都要比普通人高，因而呼吁国际社会关注此问题[1]。报告《在马拉维追诉针对残障女性的性暴力》，通过问卷调查的方式揭示了残障女性遭受性虐待及寻求司法救济的情况[2]。斯蒂芬妮·奥托列娃（Stephanie Ortoleva）等人编写的《被遗忘的姐妹：针对残障女性暴力的报告》对澳大利亚、巴西等14个国家的调查结果显示，必须解决普遍存在的针对残障女性的暴力问题[3]。尼日利亚的报告《暴力对我们而言意味着什么：残障女性说》表明，普遍存在的文化偏见使得残障女性更容易受到暴力对待[4]。瓦西姆·伯格尔（Waseem Burghal）的报告《残障妇女和女孩：性别暴力幸存者的需要及向她们提供的服务》，呈现了相关机构向遭受暴力的残障女性提供帮助的情况[5]。崔西·欧文（Trish Erwin）撰写的报告《关于残障女性的亲密关系和照顾》，专门探讨了家庭、婚姻及其他亲密关系中普遍存在的针对残障女性的暴力问题[6]。

三是干预残障女性的生育。既有的关于残障女性生育权的研究成果非常多。伊丽莎白·S. 斯科特（Elizabeth S. Scott）的文章《智障人士的绝

---

[1] See Patricia A. Findley, Sara-Beth Plummer, Women with Disabilities' Experience with Physical and Sexual Abuse: Exploring International Evidence, New Jersey: Huamin Research Center, December 10, 2013, https://www.academia.edll/92744784/Women-With-Disabilites-Exprience-With-Physical-and-Sexual-Abuse?sm=b, last visited on November 27, 2024.

[2] See Anneke Meerkotter, Annabel Raw, Prosecuting Sexual Violence Against Women and Girls with Disabilities in Malawi, Braamfontein: Southern Africa Litigation Centre, 2017, https://www.southernafricalitigationcentre.org/wp-content/uploads/2017/08/Sexual-violence-against-women-with-disabilities-in-Malawi-pdf, last visited on November 27, 2024.

[3] See Stephanie Ortoleva, et al., Forgotten Sisters – A Report on Violence Against Women with Disabilities: An Overview of Its Nature, Scope, Causes and Consequences, Boston: Northeastern University School of Law, Research Paper, 2012, p. 3.

[4] See Nigeria Stability and Reconciliation Programme (NSRP), What Violence Means to Us: Women with Disabilities Speak, Abuja: NSRP, July 30, 2018.

[5] See Waseem Burghal, Women and Girls with Disabilities: Needs of Survivors of Gender-Based Violence and Services Offered to Them, New York: United Nations Population Fund (UNFPA), March, 2019.

[6] See Trish Erwin, Intimate and Caregiver Against Women with Disabilities, Minneapolis, MN: The Battered Women's Justice Project, July, 2000.

育：生育权和家庭隐私》指出，精神障碍女性很有可能在法律的许可下被强迫绝育[1]。安东尼娜·法默（Antonina Farmer）在其论文《残障女性的生育权》中表明，国际社会应当承认残障女性的生育自主权，这是人权保障的必然要求[2]。琳达·斯蒂尔（Linda Steele）和贝丝·戈德布拉特（Beth Goldblatt）的文章《残障妇女和女孩的人权》显示，残障女性的生育权可能因为强制绝育和强制月经管理而受到侵害[3]。斯蒂尔的文章《法院准予的绝育与人权：不平等、歧视与针对残障妇女和女孩的暴力》宣称，强制绝育在本质上歧视和暴力侵犯残障女性的平等、非歧视、免受酷刑、身体完整等多项人权[4]。露西琳·恩卡塔·穆伦吉（Lucyline Nkatha Murungi）和埃比尼泽·杜罗贾耶（Ebenezer Durojaye）撰写的《非洲残障女性的性和生育权：〈残疾人权利公约〉与〈非洲妇女议定书〉之间的联系》一文认为，非洲残障女性很容易遭受与生育有关的歧视和虐待[5]。雷切尔·梅斯（Rachel Mayes）等人的文章《误解：智障女性的怀孕经历》显示，既有的关于女性生育的研究忽视了残障女性，并通过列举实例的方式阐述了智障女性的特殊怀孕经历[6]。

四是母亲角色的背离。一种观念认为，女性最重要的职能是成为母亲。然而，此种关于母亲角色的常规性预设并不适用于残障女性。具体而言，梅斯等人的文章《"这就是我的选择"：智障女性的母亲身份》表明，在既有的关于母亲身份的研究中残障女性始终处于沉默的状态，普通女性身为母亲的经验对残障女性来说是遥不可及的。文章探讨了精神障碍母亲

---

[1] See Elizabeth S. Scott, "Sterilization of Mentally Retarded Persons: Reproductive Rights and Family Privacy", *Duke Law Journal*, Vol. 1986, 1986, pp. 806-865.

[2] See Antonina Farmer, "The Reproductive Rights of Women with Disabilities", *Report Freedom News*, Vol. 9, 2000, pp. 1-3.

[3] See Linda Steele, Beth Goldblatt, "The Human Rights of Women and Girls with Disabilities", in Chris Bobel, et al., *The Palgrave Handbook of Critical Menstruation Studies*, Singapore: Palgrave Macmillan, 2020, pp. 77-91.

[4] See Linda Steele, "Court Authorised Sterilisation and Human Rights: Inequality, Discrimination and Violence Against Women and Girls with Disability", *The University of New South Wales Law Journal*, Vol. 39, 2016, pp. 1002-1037.

[5] See Lucyline Nkatha Murungi, Ebenezer Durojaye, "The Sexual and Reproductive Health Rights of Women with Disabilities in Africa: Linkages Between the CRPD and the African Women's Protocol", in *African Disability Rights Yearbook*, Pretoria: Pretoria University Law Press, 2015, pp. 3-30.

[6] See Rachel Mayes, et al., "Misconception: The Experience of Pregnancy for Women with Intellectual Disabilities", *Scandinavian Journal of Disability Research*, Vol. 8, 2006, pp. 120-131.

的问题，具体指出智力障碍导致残障女性无法妥善照顾新生儿，更难以对幼儿进行有效的家庭教育，故她们的监护权经常被剥夺。文章最后认为，有关残障母亲的探讨有助于深化对母亲的认识[1]。罗宾·鲍威尔（Robyn Powell）的文章《我们该如何对待残障母亲》，作者基于自身经历讲述了残障女性亲权被剥夺的问题。鲍威尔谈到，残障女性同样渴望成为母亲，但她们离婚以后无法获得对子女的监护权和探视权。为了和孩子生活在一起，她们不得不选择维系既有的婚姻关系，哪怕承受着严重的家庭暴力[2]。

既有的研究从总体上展开基于残障女性特殊经验的理论建构，在具体层面上揭示了残障女性面临的诸多权利困境，促进了女性主义残障研究的兴起和发展。但是，仍然存在四个方面的不足之处。

首先，现有的探讨多局限于女性主义研究领域。虽然呼吁倾听边缘化之残障女性的声音确属女性主义研究者的功劳，但针对残障女性这类特定群体的探讨是一个关涉诸多研究领域的交叉性问题。目前，针对残障女性的探讨并没有引起其他相关研究领域的充分重视，特别是法学领域。其次，研究主体的多样性有待提高。女性主义残障研究形成之初研究主体多是残障女性，内容则多为她们对自身经历的讲述及其心声的吐露等经验性的描述。但遗憾的是，这种研究路径忽视了同样重要的立场——中立旁观者[3]。再次，欠缺人权视角。残障女性面临之问题的核心是权利，从更高的层次上讲则是人权。但既有的研究很少达到人权保障的高度，也未曾使用与之相关的理论分析工具。最后，既有的研究虽然已经展开有关女性主义残障理论和身份政治的探讨，但尚未出现从正义论层面分析残障女性权利困境及其对策的研究成果。

（二）国内研究现状

关于"女性主义残障正义观研究"这个命题，国内学界目前没有专门的研究成果，既有的关于这一命题的探讨散见于不同研究领域的著述中。

---

[1] See Rachel Mayes, et al., "That's Who I Choose to Be: The Mother Identity for Women with Intellectual Disabilities", in *Women's Studies International Forum*, Vol. 34, 2011, pp. 112-120.
[2] See Robyn Powell, "How We Treat Disabled Mothers", adiosbarbie, August 1, 2018, https://www.adiosbarbie.com/2018/08/treat-disabled-mothers/, last visited on November 29, 2024.
[3] 参见陈浩:《参与者视角与旁观者视角——黑格尔论任性与自我决定判准的适用性》，载《中国人民大学学报》2016年第4期，第38页。

根据研究内容的不同,大体可以将现有的文献划分成四个不同的类别:关于残障女性面临的双重歧视和压迫问题的总体性与理论性剖析、残障女性生存和发展样态的揭示、残障女性的跨行政区域研究、权利或人权视角下的残障女性研究,这些文献从不同角度对我国残障女性及其权利保障问题展开了研究。

现有的文献中鲜有专门针对残障女性的理论研究,张薇的硕士学位论文《女性主义伦理学视域下的残障理论》,可以被视为在这方面作出了初步探索。该文章指出,作为运用女性主义理论探讨残障问题的伦理学形态,女性主义残障伦理学拓展了残障女性研究的理论视野。该文作者还批判性地审视了女性主义残障理论,并揭示了女性主义残障理论的优势和不足,认为若试图应对复杂的残障问题,则应当全面考虑女性主义残障理论[1]。陈亚亚的文章《女权与残障:基于身份政治的思考和观察》是残障女性理论研究的重要尝试。她考察了残障女性的生存状态和身份认同情况,调查了女性主义者对残障议题的认识和残障研究者对女性议题的看法,探讨了在中国语境下综合女性主义和残障视角的必要性和可行性[2]。李勇的论文《中国残障女性的双重压迫理论及其价值》试图通过借鉴社会主义女性主义的理论建构方法来探讨中国残障女性的不利处境,并在此基础上提出残障女性的双重压迫理论[3]。

现有对残障女性的研究更多的是从社会学层面对残障女性生存和发展现状的揭示。郝蕊的论文《残障妇女健康、康复基本状况分析》通过调查发现:相较于残障男性,残障女性的康复状况欠佳;相较于健常女性,残障女性的健康状况更加糟糕;相较于城镇残障女性,乡村残障女性的康复状况亦更加堪忧[4]。郭砾和闵杰的论文《残障妇女经济保障现状与对策研究》显示,残障女性的就业水平与残障男性和健常女性相比存在较大的

---

[1] 参见张薇:《女性主义伦理学视域下的残障理论》,吉首大学2014年硕士学位论文。
[2] 参见陈亚亚:《女权与残障:基于身份政治的思考和观察》,载张万洪主编:《残障权利研究》(第1卷),社会科学文献出版社2014年版,第202—216页。
[3] 参见李勇:《中国残障女性的双重压迫理论及其价值》,载张万洪主编:《残障权利研究》(第9辑),社会科学文献出版社2022年版,第108—127页。
[4] 参见郝蕊:《残障妇女健康、康复基本状况分析》,载《残疾人研究》2013年第2期,第22—28页。

差距[1]。辛浸在《残障妇女社会参与和家庭地位调查分析》一文中提出，残障女性很难知悉相关的法律文书，因此她们的参政比例相对低下。而在家庭内部，她们不仅需要承担绝大部分的家务劳动，还更容易遭受家庭暴力[2]。赵云的文章《残障妇女与教育公平思考》，揭示了残障女性受教育情况在性别、城乡等方面与健常女性之间的差距[3]。杨晶在论文《农村残疾女性择偶过程的扎根理论研究》中，以独到的视角阐释了农村残障女性"双重筛选"的择偶过程[4]。刘伯红等人的论文《中国残障妇女发展困境、利益需求与对策研究》指出了残障女性生存状态的改善、存在的缺陷及原因[5]。

基于地域划分、从整体层面或就具体事项探讨残障女性议题的论文相对较多。徐宏的论文《对四川女性残疾人口现状的思考》，就四川省残障女性的状况和面临的主要问题进行了分析[6]。李韧的论文《甘肃省女性残疾人口现状与分析》基于全国残疾人抽样调查数据，总结了甘肃残障女性面临的特殊问题[7]。郭毅和陈凌的文章《广西残疾女性多维贫困的状况、原因和对策分析——基于中残联调查数据的分析》，根据残联调查数据构建起了反映广西残障女性多维贫困的指数，据此分析了残障女性的贫困状况、致贫原因，并提出相应的对策建议[8]。冯朝柱的论文《江苏省残疾老年女性状况调查与救助机制研究》，根据江苏省的抽样调查资料，针对残障老年女性进行研究，发现她们在婚姻、经济、社会保障等各方面

---

[1] 参见郭砾、闵杰：《残障妇女经济保障现状与对策研究》，载《残疾人研究》2013年第2期，第20—24页。
[2] 参见辛浸：《残障妇女社会参与和家庭地位调查分析》，载《残疾人研究》2013年第2期，第35—39页。
[3] 参见赵云：《残障妇女与教育公平思考》，载《残疾人研究》2013年第2期，第29—34页。
[4] 参见杨晶：《农村残疾女性择偶过程的扎根理论研究》，载《贵州社会科学》2015年第6期，第73—78页。
[5] 参见刘伯红等：《中国残障妇女发展困境、利益需求与对策研究》，载《残疾人研究》2013年第2期，第13—19页。
[6] 参见徐宏：《对四川女性残疾人口现状的思考》，载《四川省情》2008年第3期，第24—25页。
[7] 参见李韧：《甘肃省女性残疾人口现状与分析》，载《甘肃社会科学》1991年第6期，第78—83页。
[8] 参见郭毅、陈凌：《广西残疾女性多维贫困的状况、原因和对策分析——基于中残联调查数据的分析》，载《改革与策略》2017年第10期，第62—65页。

均处于弱势地位[1]。唐瑞瑞等人的调研报告《上海市女性残疾人妇科检查结果分析》显示，残障女性宫颈疾病的检出率较高[2]。王莉娜等人的调研报告《安徽省某农村地区智力残疾妇女生殖健康危害现况调查》显示，智障女性在生育方面通常较易面临新生儿死亡、流产、先天畸形、死胎死产等风险[3]。

随着人权理念的传播和权利话语高涨，有关残障女性权利/权益议题的研究开始出现。程绍珍的《关注农村残疾女性：权益保障与能力发展并重》一文关注农村残障女性的特殊脆弱性，认为必须尊重她们的主体性，确保其共享发展成果[4]。夏吟兰、夏江皓的论文《〈民法典〉视野下残疾妇女离婚经济帮助权利的实现》指出，"残疾妇女在离婚经济帮助权的实现上处于实质不平等状态，需要对相关条款提出合理的适用建议和法律解释，确保她们离婚经济帮助权利的更好实现"[5]。王竹青的论文《论残疾妇女的自主权》强调，性别和残障的双重压迫导致残障女性在享有和行使自主权方面面临诸多困难[6]。马志莹的论文《因爱之名，以医之义？从权利角度看精神病院住院女性的体验》，基于权利视角探讨了精神病院住院女性在自由、婚育、健康等方面面临的权利保障困境[7]。陈爱武在《新中国 70 年妇女人权保障之回顾与展望》一文中强调，应当加强对边缘群体之残障女性的人权保障[8]。王歌雅在《〈民法典·继承编〉的人文观照与制度保障》一文中宣明，《继承编》所贯彻的性别平等原则有助于维

---

[1] 参见冯朝柱：《江苏省残疾老年女性状况调查与救助机制研究》，载《南京人口管理干部学院学报》2008 年第 3 期，第 42—46 页。
[2] 参见唐瑞瑞等：《上海市女性残疾人妇科检查结果分析》，载《中国全科医学》2016 年第 34 期，第 4247—4251 页。
[3] 参见王莉娜等：《安徽省某农村地区智力残疾妇女生殖健康危害现况调查》，载《中国全医科学》2004 年第 7 期，第 476—477 页。
[4] 参见程绍珍：《关注农村残疾女性：权益保障与能力发展并重》，载《中国妇女报》2021 年 4 月 13 日，第 5 版。
[5] 夏吟兰、夏江皓：《〈民法典〉视野下残疾妇女离婚经济帮助权利的实现》，载《人权》2020 年第 5 期，第 60—75 页。
[6] 参见王竹青：《论残疾妇女的自主权》，载《人权研究》2020 年第 2 期，第 32—43 页。
[7] 参见马志莹：《因爱之名，以医之义？从权利角度看精神病院住院女性的体验》，载张万洪主编：《残障权利研究》（第 1 卷），社会科学文献出版社 2014 年版，第 217—239 页。
[8] 参见陈爱武：《新中国 70 年妇女人权保障之回顾与展望》，载《法律科学（西北政法大学学报）》2019 年第 5 期，第 53—70 页。

护残障女性的继承权及相关利益[1]。

上述文献在综合女性和残障视角充分发挥二者的交叉作用，拓宽这两个领域的研究视野，建构女性主义残障研究等方面进行了积极的探索。各类调研报告更是鲜明地揭示了我国残障女性整体及各地区残障女性的生存和发展现状。人权话语的推进亦促使研究者展开有关残障女性权利议题的探讨。但从总体上看，我国的残障女性及其权利议题研究仍然处于初级阶段。

首先，关于残障女性的研究较为少见，性别和残障研究都较少关注这类更脆弱的群体。其次，理论研究裹足不前。既有的文献鲜有涉及抽象理论层面的研究，毋论上升到正义论层面，从更根本上对残障女性权利议题的探讨明显不足。再次，研究没有引起法学界的重视，欠缺权利的视角。就权利和法律的关系而言，"如果从法律上来描述我们当下所处的时代，与其说这是个迈向法治的时代，不如说是个迈向权利的时代"[2]。权利是法律问题的集结，亦被认为是法学的核心范畴[3]。纳入权利视角成为法学和其他研究领域的"连接线"。最后，较少梳理和借鉴西方既有的残障女性理论研究成果。自20世纪80年代初期女性主义残障研究兴起以来，与残障女性权利问题有关的研究在西方国家已形成丰富的理论成果。反观我国，相关研究仍局限于描述性阐释，缺乏对西方国家理论成果的反思和借鉴，这实为我国残障女性理论研究发展的一大缺憾。

三、方法与创新

（一）研究方法

第一，性别分析法。性别（Sex & Gender）分析法是本书尝试采用的核心研究方法。自美国历史学家琼·斯科特（Joan Scott）于1988年提出

---

[1] 参见王歌雅：《〈民法典·继承编〉的人文观照与制度保障》，载《法学杂志》2020年第2期，第52—53页。
[2] 尹奎杰：《权利发展研究》，吉林大学出版社2014年版，第34页。
[3] 参见尹奎杰：《权利发展研究》，吉林大学出版社2014年版，第35页。

"性别：一个有用的历史分析类别"[1]以来，该论点几乎立刻成为经典口号，很少有人再质疑将性别作为一种分析的类别。性别分析强调的是纳入性别角色分工和性别需求等文化与生理因素，来探讨待解释议题[2]。需要注意的是，本书使用的"性别"分析不限于当下流行的"社会性别"分析。除对社会性别的强调外，不能简单地把生理性别的差异忽略不计[3]。具体到残障女性来说，本书旨在探讨：此类特殊群体是否会因女性身份而受到歧视？如果有，这种歧视是独立性的、叠加性的，还是交叉性的，主要表现在哪些领域或事项上？又如何基于性别视角提出有针对性的建议？

第二，案例研究法。"案例是尺度……是经验。它凝结着前辈贡献出的司法知识和智慧。尊重案例就是尊重经验，也是学习和传承司法经验。"[4]本书在行文中穿插了相关典型案例，所使用的案例来源广泛。从国别看，既包括中国，又涵盖美国、英国、加拿大、爱尔兰、西班牙、澳大利亚、菲律宾等国家；从层级上看，既包括最高法院，又涵盖地方法院。具体的研究分为两个步骤：第一步，从各大案例库中搜寻与研究主题有关的典型案例；第二步，通过典型案例的分析来佐证本书提出的观点，或基于案例背后相关理论的探讨提出新观点。

第三，实证研究法。社会学是专注研究社会发展规律的学科，基于观察的实证方法是社会学的研究方法之一，本书的研究也离不开这一方法。具体来说，有关残障女性权利困境的确定是依托西北政法大学医药卫生法律与政策研究中心、武汉东湖公益服务中心以及重庆某基层政府组织展开的社会调查进行的。就司法无障碍环境的呈现而言，是通过法院的实地调研得出的。从单个残障女性角度讲，本书主要采取书面或当面访谈等途径来确定她们在具体权利上的困境。概言之，只有依托并回归现实，才能够让经验本身的逻辑得以展开和贯通，从而促使理论研究的扎根及落实。

---

[1] See Joan Wallach Scott, *Gender and the Politics of History*, New York: Columbian University Press, 1988.

[2] 参见陈劲、吴欣桐：《性别化创新的理论内涵与实践应用——性与性别分析法的贡献》，载《社会科学战线》2018年第4期，第67—74页。

[3] 参见［美］贝尔·胡克斯：《激情的政治：人人都能读懂的女权主义》，沈睿译，金城出版社2008年版，第176页。

[4] 于同志：《我们为什么要重视司法案例》，载《人民法院报》2017年8月2日，第2版。

（二）创新之处

本研究的创新之处主要包含如下三方面：

第一，从研究主题上看，本书对残障女性的研究具有一定的前沿性。中国学者对残障议题的研究总体上起步较晚，学术专著对残障权利和正义问题的研究非常少，对残障女性的研究更是如此。学术专著层面并没有与残障女性及其权利相关的研究。然而，没有学术专著研究残障女性议题，不意味着它不重要。一方面，这表明残障女性议题是一个新兴议题，其在西方学界出现不过四十余年，受到学界关注只有不到三十年，在中国相关研究开始的时间则更晚；另一方面，作为双重弱势群体的残障女性还没有引起学术界的足够关注。鉴于此，本书力图填补学术专著层面残障女性研究的空白。

第二，从研究领域上看，注重法学、政治学、女性学、残障学等多领域的交叉。从研究方法来看，这四个领域的研究方法各有侧重，而不同研究方法的交叉使用能够充实本书的研究。在内容方面，四个领域内容的融合亦可丰富本书的研究。需要注意的是，本书注重基于法学、政治学、女性学、残障学的结合来展开残障女性权利与正义议题的探讨，不是不同研究领域内容的简单拼凑，而是寻求四者交叉碰撞所产生的新火花。

第三，从研究视角上来说，本书在社会性别的基础上重新纳入生理性别视角。自第四届世界妇女大会以来，"社会性别"[1]引入中国，成为女性研究的主导方法[2]。社会性别的核心主张为："一是社会性别乃文化构建的产物；二是社会性别预示人与人之间的差别，是两性社会功能和社会角色之间的差别。"[3]社会性别理论亦存在不可忽视的局限性——割裂生理性别和社会性别的关系，抹杀生理性别差异[4]。故本书一方面认同社会

---

[1] "社会性别"（gender）理念是女性运动的创始人之一西蒙娜·德·波伏瓦（Simone de Beauvoir）提出来的，她认为女人不是天生的，而是后天形成的。参见[法]波伏瓦：《第二性Ⅰ》，郑克鲁译，上海译文出版社2011年版，第9页。

[2] 参见马姝：《我国女性主义法学研究的回顾与展望》，载《河北法学》2012年第11期，第102页。

[3] 刘霓：《社会性别——西方女性主义理论的中心概念》，载《国外社会科学》2001年第6期，第52页。

[4] 参见杨凤：《社会性别的马克思主义诠释》，载《妇女研究论丛》2005年第5期，第5页。

文化建构在造成残障女性不利处境方面所扮演的角色；另一方面纳入生理性别视角，主张对残障女性的研究不能忽视月经、性、怀孕、分娩、更年期等重要身体经历。

四、意义与不足

从理论角度看，本书的研究有助于拓宽女性主义法学的研究视域。伴随女性主义残障研究者质疑主流女性主义理论而来的是对主流女性主义法学的批判。主流女性主义法学聚焦解决女性在法律规定和司法实践层面面临的不平等及歧视等问题，描绘的是同残障女性相去甚远的图景。吸收残障视角，一方面呼吁女性主义法学研究者关注残障女性，拓宽理论研究的对象范围；另一方面注重女性身体的持续痛苦，扩大理论研究的内容视域，促使女性主义法学研究者展开关于身体超越性的讨论。概言之，残障理论不仅为女性主义法学理论"大厦"建设提供了新视角，更以全新的方式阐明了与性别和法律有关的诸多传统议题，拓宽了女性主义法学的研究视域。

就实践而言，"学术行动主义"[1]（Academic Activism）是本书始终坚持的立场，权利保障则是出发点和落脚点。二者的综合作用有助于在法治实践层面消除观念和现实的阻碍，强化残障女性的权利保障。无论是女性主义残障研究，还是女性主义残障正义观，其落脚点均是实际的权利保障，这也是残障女性及其权利组织主张、呼求的最终目的所在。现实中，残障女性往往面临着种种困难，她们在权利保障的各方面都处于不利地位。研究残障女性，旨在揭示她们背负的双重身份及其遭受的双重压迫，呼吁各层级主体关注此类特殊的女性群体，为强化她们的权利保障奠定基础。此外，有关女性主义残障正义观的研究，呼吁各层级主体在解决性别不平等问题时充分考虑残障女性的特殊性，确保她们的能力和才华得到充分的释放。

本书的研究也有不足之处：在内容上，作为独立的人，残障女性的权利范围广泛。本书罗列的只是残障女性由于性别因素更可能被侵犯的权利，即从女性性征出现到消失的整个过程中，残障女性基于女性身份所应

---

[1] "学术行动主义"强调的是理论研究和实践改革的相关性，通过理论研究关注实践来促进实践层面的改革。参见 Kristina R. Knoll, Feminist Disability Studies, Doctoral dissertation of Philosophy, University of Washington, 2012, p.54。

享有之最核心的权利，具体为获得特别卫生护理的权利、性自主权、婚姻自主权、生育权、亲权、更年期特殊健康护理权。本书仅以这六类典型的权利为例来阐释残障女性的权利困境，并不代表她们的其他权利都已经得到很好的保障，而是为聚焦研究内容所做的必要裁剪。就生命历程而言，对于作为本书探讨对象的残障女性也有限制，即主要是青年、成年期的残障女性群体。因此，本书在一些具体问题上可能无法精准地呈现并回应残障女童和老年残障女性的权利困境。

第一章　残障女性权利议题的缘起

　　残障女性争取权利的历史实际上是一部斗争的历史，一部权利不断被国际化、现代化和实践化的历史。[1] 在人类历史的较长一段时间里，残障女性都是被忽视的群体。随着社会的进步，这种情况逐渐发生了改变。残障女性开始勇敢地站出来，谴责对她们的忽视，并呼吁保障她们的权利。在权利这个结构里，"每一个人都有尊严和自由用权利与责任的音符，循着法治的规则，奏出天籁之声。每个人的基本权利，都是因维护尊严和自由之需，都得到最低限度的保障"[2]"在妇女人权界，人们把鼓励妇女以自己的声音和经历来参与对权利的探讨称为'权利战略'"。[3] 这种强有力的"权利战略"被用于争取残障女性的权利。以权利为旗帜，残障女性有关自身需求的主张具有道德和法律的双重"合法性"。转化为权利后的残障女性的需求，则可通过相关义务主体的实际行动来落实，以促使残障女性以独立、自主和有尊严的形象出现在世人面前。

---

[1] 参见尹奎杰：《权利发展研究》，吉林大学出版社2014年版，第101页。
[2] 夏勇：《中国民权哲学》，生活·读书·新知三联书店2004年版，第11页。
[3] 黄列：《当今妇女人权运动的新理论》，载《外国法译评》1995年第3期，第60页。

第一节 作为"社会群体"的残障女性

一、"聚集模式"的批判

何谓残障女性？这是本书首先需要回答的问题。与残障概念模式的发展相对应，对残障女性的界定存在两种不同的情况。在早期，人们对残障的认知秉持的是医疗模式。在该模式之下，"因为障碍、损伤和功能限制，残障人被认为是'异常'、'偏离'、'不正常'等范畴的人口，他们的生活必须依赖医师的帮助"[1]。由此角度审视残障女性，则医疗模式关注的是她们的身心障碍和生理性别。从此意义上讲，残障女性就是具有身心障碍的女性。这是对残障女性"聚集模式"[2]（Model of Aggregates）的理解，体现的是个人主义概念。在这种模式下，残障女性的特殊之处在于她们基于残障和女性的生物特征所具有的属性。即使残障女性能够形成集合体，也只是一种松散的联合。因为，"人们可以根据任何属性被划归为不同的集合体"[3]。

相应地，残障女性是身心障碍和生理性别的综合体。就残障而言，医疗模式为其指明了方向，国家法律也为其设定了相对完备的残障鉴定标准。以我国为例，根据《残疾人保障法》第2条的规定，残疾人是指在心理、生理、人体结构上，某种组织、功能丧失或者不正常，全部或部分丧失以正常方式从事某种活动能力的人。具体包括，有肢体障碍、听力障碍、视力障碍、言语障碍、精神障碍、智力障碍、多重障碍及其他障碍的人。以此类推，符合法律规定的残障标准，具有女性生理性别特征的便是残障女性。但据此形成的残障女性是个体意义上的概念。现实中，肢体障碍女性、脑瘫女性、盲人女性等都可以自称为残障女性。然而很多时候，

---

[1] 王国羽等：《障碍研究：理论与政策应用》，台湾巨流图书股份有限公司2012年版，第58页。
[2] [美]艾丽斯·M.杨：《正义与差异政治》，李诚予、刘靖子译，中国政法大学出版社2017年版，第51页。
[3] [美]艾丽斯·M.杨：《正义与差异政治》，李诚予、刘靖子译，中国政法大学出版社2017年版，第52页。

她们对残障的认知是不同的，甚至还会出现群体内部的等级划分，因此很难形成关于残障女性的整体认知。

就结果来说，基于"聚集模式"形成之残障女性的概念的核心弊端在于：欠缺凝结不同障别、所处社会阶层、年龄阶段、种族等存在其他外在因素差异之残障女性的"主心骨"，难以形成稳定的残障女性共同体。就个人而言，若试图真正认清自己，就必须跳出自身在身体和观念层面的限制。局限于个人主义的残障女性认知，使她们难以真正认识自己，亦无法明白自己的身份和权利具有的政治意义。从整体上看，残障女性共同体的形成对提高国家、社会和公民对残障女性的重视程度，促使这些主体采取措施保障残障女性的权利具有重要的意义。共同体的形成使得残障女性在权利呼吁、政治和社会参与、诉讼支持等方面更具话语权，以逐渐消除她们在社会生活各方面面临的歧视和压迫。

二、基于认同形成的社群

相较于在残障医疗模式基础上形成的"聚集模式"意义上的残障女性概念，"社群模式"层面上的残障女性概念是从残障社会模式出发构建起来的。残障社会模式是在批判医疗模式的基础上形成的，它旨在从社会和文化建构的角度来认识身心障碍[1]。残障社会模式论者普遍认为，"能力、正常、常模都是由社会构建起来的，规范与制度本身隐含着对于社会的想象，残障人在这些规范与想象中被迫边缘化"[2]。"社会模式论者的主要贡献在于倡导残障者的基本公民权利，认为身心障碍者被社会排除的根源不是个人的不幸或损伤。"[3] 社群模式下的残障女性正是在分享社会建构之障碍和差异的基础上形成的，她们都具备最基本而且普遍的特性——非常态化[4]。由此，基于内部认同的残障女性社会群体形成了。

---

[1] See Tom Shakespeare, "The Social Model of Disability", in Lennard J. Davis, ed., *The Disability Studies Reader*, London, New York: Routledge, 2010, pp. 266-273.
[2] 王国羽等：《障碍研究：理论与政策应用》，台湾巨流图书股份有限公司2012年版，第58页。
[3] 王国羽等：《障碍研究：理论与政策应用》，台湾巨流图书股份有限公司2012年版，第58页。
[4] See Rosemarie Garland-Thomson, "Integrating Disability, Transforming Feminist Theory", *National Women's Studies Association Journal*, Vol. 14, 2002, pp. 1-32.

根据诸如性别、年龄、种族和族群等，人类被区分为不同的社会群体。"这些社会群体不是属性相同的人的简单结合，而是人们认为属于自己身份之更基础性的勾连。"[1] 尽管客观的身心障碍和生理性别，确实可以成为联合不同残障女性的重要因素，但作为社会群体之残障女性的同质性"不是在生理要素基础上，而是在次要的社会学和人类学一般特征基础上产生的"[2]。从主观要素看，残障女性是以文化认同为前提的社会群体，前提条件是残障女性希望自身能够成为具有典型特征，从而不被其他社会群体所同化的群体[3]。相应地，只有单个残障女性的自我认同嵌入所有残障女性均认可的"共同意义"框架中，就残障女性作为特殊群体共享的社会地位达成一定的共识，不同障别之残障女性的命运以强有力的形式勾连在一起，才会真正形成独立的社会群体[4]。这在残障女性研究者林顿的论述中得到体现，即"我们团结在一起不是基于集体症状的清单，而是塑造我们成为群体的社会和政治环境。在这些环境中，我们找到了彼此，学会了如何表达对命运的绝望"[5]。

群体共识的形成存在如下两种情况：一是基于优势地位形成的群体认同，此种群体认同的形成主要基于他们分享的特权和为维持特权达成的共识与付出的努力[6]。二是基于排斥形成的群体认同，这种认同本质上是"例外主义"[7]（exceptivism）的创造性转化。被排斥的人在共同承受歧视和压迫的基础上，意识逐渐觉醒。为团结起来表达自己的主张，争取自身

---

[1] [美] 艾丽斯·M. 杨：《正义与差异政治》，李诚予、刘靖子译，中国政法大学出版社2017年版，第51页。

[2] [美] 钱德拉·塔尔佩德·莫汉蒂：《在西方人的眼里——女权主义学术成果与殖民主义的论述》，王昌滨译，载李银河主编：《妇女：最漫长的革命：当代西方女权主义理论精选》，生活·读书·新知三联书店1997年版，第212页。

[3] 参见周勇：《少数人权利的法理》，社会科学出版社2002年版，第32页。

[4] 参见[法] 詹妮·佩拉贝：《社群主义的平等：按对群体认同的贡献分配》，曲云英译，载《国际社会科学杂志（中文版）》2019年第4期，第35页。

[5] Simi Linton, *Claiming Disability: Knowledge and Identity*, New York: New York University Press, 1998, pp. 3-4.

[6] 参见[美] 艾丽斯·M. 杨：《正义与差异政治》，李诚予、刘靖子译，中国政法大学出版社2017年版，第56页。

[7] "例外主义"最初关注的是人的不同，但这种不同被排斥在正常的理性之外。See Valerie Ann Johnson, Bringing Together Feminist Disability Studies and Environmental Justice, Barbara Faye Waxman Fiduccia Papers on Women and Girls with Disabilities Center for Women Policy Studies, February, 2011.

的权利，他们开始将自身理解为某个群体中的一员，残障女性的群体认同即依此脉络形成[1]。虽从物质现实的层面看，残障女性之间确实存在障别的差异，但她们都受到基于残障人和女性身份的双重压迫[2]。现实中，这种压迫突破了文化和发展水平的限制而广泛存在于残障女性生活的场域中。在男性主导构建的社会中，残障女性面临男权统治下的种种压迫，她们比残障男性处于更加不利的地位[3]。在健常人主导的社会中，残障女性不仅承受着身为障碍者遭遇的身心历练，而且残障和女性身份的交叉使残障女性的处境更加恶劣[4]。

为了延续有色人种争取平权的路径，在司法裁判过程中获得更严格的审查标准或必要的差异性保护，残障女性必须证明：她们受到的歧视长期以来就存在；她们没有足够的力量在政治活动中保护自身的利益；致使她们成为特定群体的特征很难改变而且与自身的能力无关[5]。随着残障女性的意识觉醒，上述目标逐步得到实现，她们认识到自己既要承受残障男性无法想象的痛苦，亦面临健常女性难以体味到的艰难，由此形成的双重压迫使其在家庭和社会各领域中都处于极为不利的境地。慢慢地，分享这些认同的残障女性社群得以形成。至此，残障女性不再靠个人的苦难引起同情，而是作为社会群体有了政治意义。她们开始有组织和有策略地开展活动，并主张残障女性身份的政治和社会认同，呼吁各层级主体关注她们所受到的排斥和压迫。

---

[1] See Richard Sennett, *The Fall of Public Man*, New York: Knopf, 1977, pp. 277-279.
[2] See Asma Abdulla M. Al-Attiyah, Elsayed Elshabrawy A. Hassanein, "Women with Disabilities in the State of Qatar: Human Rights, Challenges and Means of Empowerment", *International Journal of Special Education*, Vol. 32, 2017, pp. 507-519.
[3] See Michelle Fine, Adrienne Asch, ed., *Women with Disabilities: Essays in Psychology, Culture, and Politics*, Philadelphia: Temple University Press, 1989, p. 3. Denise Thompson, et al., *Community Attitudes to People with Disability: Scoping Project*, Occasional Paper No.39, Canberra: Commonwealth of Australia, 2011.
[4] 参见王竹青：《论残疾妇女的自主权》，载《人权研究》2020年第2期，第33页。
[5] 参见［美］朱莉·奈斯：《性别正义与美国宪法》，马越译，载［美］辛西娅·格兰特·鲍曼、於兴中主编：《女性主义法学：美国和亚洲跨太平洋对话》，中国民主法制出版社2018年版，第138页。

第二节　女性运动中残障女性的边缘化

一、女性运动的宗旨

西方世界大致经历过两次较为宏大的女性运动[1]。第一次女性运动发生在19世纪中叶到20世纪初期，此阶段的女性运动以争取选举权为核心。第二次女性运动发生在20世纪60、70年代，此时，女性主义者开始着手解决性骚扰、家庭暴力、性侵犯和色情文学等问题，争取家务工资、生育自主，财产权、隐私权、平等受教育权等权利。与旨在争取政治权利的第一次女性运动相比，第二次女性运动与残障女性的生活具有更直接的关联，基于残障和性别的双重歧视表现得也更明显。本书重点关注的是残障女性在女性复兴运动中的失落，故这里说的女性运动主要是指第二次女性运动，为残障女性主义者竭力批判的亦是此阶段的女性运动。

第二次女性运动的导火索是女性先驱贝蒂·弗里丹（Betty Friedan）的著作《女性的奥秘》[2]的出版。该著作的出版揭开了父权制的面纱，并指出中产阶级白人女性普遍遇到的"无名问题"[3]。另外，弗里丹提出社会文化结构对女性的影响，旨在促使女性走出"惬意的集中营"[4]——家庭，以在政治、经济、社会、文化等公共领域中追求自身的独立和发展。为了达到这一目标而形成的自由主义女性主义和激进女性主义，是此阶段女性运动中两个核心流派。较早出现的自由主义女性主义是以自我为中心的女性主义理论，关注女性凭借自身行动和选择来保持其与男性平等

---

[1] 有人说随着21世纪的到来，女性主义的"第三次浪潮"已经到来。参见马姝：《法律的性别问题研究》，中国社会科学出版社2017年版，第1页。考虑到第二次女性浪潮辐射范围的深度和广度，本书赞同多诺万的说法，第二次浪潮一旦升起，将永不退潮。参见[美]约瑟芬·多诺万：《女权主义的知识分子传统》，赵育春译，江苏人民出版社2002年版，前言。
[2] 参见[美]贝蒂·弗里丹：《女性的奥秘》，程锡麟等译，四川人民出版社1988年版。
[3] "无名问题"是20世纪中叶的美国女性普遍经历的奇怪躁动、不满足感、渴求。参见[美]贝蒂·弗里丹：《女性的奥秘》，程锡麟等译，四川人民出版社1988年版，第1页。
[4] [美]贝蒂·弗里丹：《女性的奥秘》，程锡麟等译，四川人民出版社1988年版，第373页。

地位的能力。相应地，自由主义女性主义批判以男性中心主义为基础的自由主义传统，关注女性在家庭中承担的家务、生育、教导和消费性的工作[1]；强调所有女性都应拥有与男性同样的自由，反对任何基于性别的差别对待[2]。

较晚出现的激进女性主义是由泰格蕾斯·阿特金森（Ti-Grace Atkinson）和舒拉米斯·费尔斯通（Shulamith Firestone）提出[3]，经凯瑟琳·A. 麦金农（Catharine A. Mackinnon）发展起来的女性主义流派。相较于自由主义女性主义试图达到的男女平等状态，激进女性主义旨在让女人成为"人"。激进女性主义者认为，性别压迫的关键在于男性对女性的宰制，据此形成的平等观被称为宰制论平等观。宰制论平等观特别关注与性有关的问题，认为性别不平等是性化的，"女人的共通处境就是在异性恋男性宰制下的臣属位置"[4]。由此，性不是道德和选择问题，而是蕴含着浓厚的权力色彩。在结果上，宰制论平等观认为"女人的平等不是让女人做男人做的事情，而是让女人不因为性别受到歧视，不因为身为女人成为次等人类"[5]。

无论主张多么不同，解决路径存在多大分歧，不同流派的女性主义理论都具有某些共通之处。它们的"敌人"都是父权制以及由此形成的消极权力关系，均认为"女性遭受的压迫在于……过度工具化、独裁的男性文化，否定且贬低特定的女性价值和活动"[6]。这些理论假定的主体都是拥有健康的、美丽的身体的三十岁女性。这种假定之于建立女性的团结固然很

---

[1] 参见［美］西尔维亚·A. 劳尔：《自由女性主义之辩》，张凌寒译，载［美］辛西娅·格兰特·鲍曼、於兴中主编：《女性主义法学：美国和亚洲跨太平洋对话》，中国民主法制出版社2018年版，第2页。

[2] 参见［美］贾格尔：《妇女解放的政治哲学》，王昌滨译，载李银河主编：《妇女：最漫长的革命：当代西方女性主义理论精选》，生活·读书·新知三联书店1997年版，第284页。

[3] 参见［美］贾格尔：《妇女解放的政治哲学》，王昌滨译，载李银河主编：《妇女：最漫长的革命：当代西方女性主义理论精选》，生活·读书·新知三联书店1997年版，第289页。

[4] 陈昭如：《麦金农的宰制论》，载［美］辛西娅·格兰特·鲍曼、於兴中主编：《女性主义法学：美国和亚洲跨太平洋对话》，中国民主法制出版社2018年版，第31页。

[5] 陈昭如：《麦金农的宰制论》，载［美］辛西娅·格兰特·鲍曼、於兴中主编：《女性主义法学：美国和亚洲跨太平洋对话》，中国民主法制出版社2018年版，第42页。

[6] ［美］约瑟芬·多诺万：《女权主义的知识分子传统》，赵育春译，江苏人民出版社2002年版，第256页。

重要，但"当一种理论成为意识形态，它便开始没有自知之明"[1]。"它在开始时反对否定性的真理，现在却是否认任何不符合其规范的真理。"[2] 这反映的是女性主义思想的霸权统治，体现的是女性运动中蕴含的性别本质主义色彩。这种霸权统治和本质主义策略，难以回答如下两方面的问题：第一，是否存在在某种统一的"女性身份"基础上可以分享的"女性经验"？第二，这种对于女性特殊道德的强调，是否会走向它所反对的那种权威，反过来赞成具有"同一性"的特殊女性道德？[3]

二、残障女性的偏离

女性运动的"性别本质主义源自于抽离个体处境多样性的历史现实，忽视了不同女性之间的差异性，试图以普遍主义的模式一劳永逸地解决女性在现实中面临的种种困难"[4]。由此导致"女性主义从来没有在遭受压迫最重，每天受到精神、身体和灵魂多重摧残的女性——无力改变她们生活状况的女性中出现过"[5]。残障女性即是如此。正如马克思主张"社会的进步可以用女性的社会地位来精确地衡量"[6]，一个国家的民主和法治水平通常亦应当由更弱势群体的生存和发展状况来衡量。如果说女性的社会地位决定了社会进步的程度，那么女性整体的社会地位便是由处于更弱势地位的残障女性的存在样态决定的。然而，"某群人一边愿意对某种形式的统治进行谴责，一边对另一种形式的统治表示支持"[7]。健常女性主义者在集中力量反抗父权统治的同时，也在一定程度上形成了对残障女性的统治。

---

[1] [美] 贝尔·胡克斯：《女权主义理论：从边缘到中心》，晓征、平林译，江苏人民出版社2001年版，第12页。
[2] [美] 贝尔·胡克斯：《女权主义理论：从边缘到中心》，晓征、平林译，江苏人民出版社2001年版，第12页。
[3] 参见宋建丽：《政治哲学视域中的性别正义》，载《妇女研究论丛》2008年第4期，第55页。
[4] 宋建丽：《正义与关怀：女性主义的视角》，厦门大学出版社2018年版，导言第10—11页。
[5] [美] 贝尔·胡克斯：《女权主义理论：从边缘到中心》，晓征、平林译，江苏人民出版社2001年版，第1页。
[6] 《马克思恩格斯文集》（第10卷），人民出版社2009年版，第299页。
[7] [美] 贝尔·胡克斯：《反抗的文化：拒绝表征》，朱刚等译，南京大学出版社2011年版，第6页。

在这里，"女性主义者犯了一个不可原谅的错误，即她们在工作中忘记了残障女性"[1]。从主体层面讲，女性主义者认为，残障女性体现的既"虚弱"又"脆弱"的角色不仅不符合打破"女性柔弱、不如男性"等否定性观念的基本目标设定，亦与其力图形塑的既坚强又独立的女性形象背道而驰。正如黛博拉·肯特（Deborah Kent）在对残障女性进行评论时提到的，"身心障碍似乎毁掉了她们女性气质的根本"[2]。这会导致残障女性被视作从属性的存在，甚至使人们对她们产生厌恶感。西方女性运动主要是由中产阶级白人女性主导开展起来的，她们表面上宣称代表所有女性的利益，实际关注的不过是特权阶级女性群体。这些女性本身是健康、独立的，排斥病态和依赖，试图形塑健康的、能够与男性同台竞争的女性形象。此种女性形象与病态、脆弱、不健康的残障女性形象相去甚远。从策略上讲，纳入病态、脆弱和不健康等因素，很难达到女性主义者呼吁女性加入女性运动以寻求自身解放的目的。

与此同时，主流女性运动关注的事项无法涵盖残障议题。尽管女性主义者基于寻求女性解放之路径和目标的差异分裂为不同的流派，但她们关注的问题有共通性。总体上，女性主义者都试图找寻男女不平等的根源，就此找出可能的解决之道。在具体问题上，女性主义者关注的多是性行为、月经、怀孕、分娩等身体经历相关的事项，以及性骚扰、色情、强奸等基于性的暴力。对残障女性来说，这些事项无疑是适用于她们的。问题是，残障女性之于健常女性的特殊性在于前者的残障身份。女性主义者关注的议题无法回应残障女性作为身心障碍者的特殊脆弱性。[3] 与健常女性相比，残障女性在月经管理上面临更多不便，她们的性需求更可能被抑制，生育权更容易被剥夺，即便有幸生下子女也难行使亲权，她们在更年期的健康问题更突出。另外，残障女性还涉及无障碍环境、合理便利、长

---

[1] Kicki Nordstrom, "Human Rights Perspective on Girls and Women with Disabilities", in Luis Cayo, Pérez Bueno, ed., Recognizing the Rights of Girls and Women with Disabilities: An Added Value for Tomorrow's Society, Madrid: European Conference, 2007, p.40.

[2] Deborah Kent, "Disabled Women: Portraits in Fiction and Drama", in Alan Gartner, Tom Joe, ed., *Images of the Disabled*, *Disabling Images*, New York: Praeger, 1986, p.63.

[3] See Rosemarie Garland-Thomson, "Integrating Disability, Transforming Feminist Theory", *National Women's Studies Association Journal*, Vol.14, 2002, pp.1-32.

期看护及其他残障人士面临的问题[1]。这些都决定了主流女性运动无法回应残障女性的特殊需求。

还需要注意的是，即便主流女性运动中偶尔会有残障女性的身影，她们往往也只是极度边缘化的存在。"在多数情况下，残障女性不过是女性主义者希冀表达更广泛主题的标志。"[2] 换言之，她们这样做"只是为彰显女性运动的包容性，所营造的亦是政治表象，而不是试图对残障女性的问题作出任何实质性的回应或承诺。通常，女性主义者只有在照相时才会把残障女性叫到前排就座，或仅是将她们作为象征或吉祥物"[3]。在此过程中，残障女性未被健常女性主义者以姐妹的身份平等相待。一些国家的女性主义者虽试图从弱势者权利保障的角度为残障女性提供支持，但这种支持大多涉及的是福利救济和慈善，未曾触及她们的能力和发展问题[4]。尽管残障女性渴望融入主流女性运动，大多数健常女性却认为，没有必要同她们一道倡导残障女性的权利[5]。

三、女性分离主义与残障女性的觉醒

"没有一个被奴役的阶级或群体是一开始就要求完全自由的。"[6] 意识觉醒是被奴役群体奋起反抗的关键性内在因素。残障女性的意识觉醒与女性运动内部的分裂之间存在着紧密的关联。随着第二次女性运动的推进，女性内部的差异受到关注，特别是"在后现代女性主义看来，女性之

---

[1] See Diane Driedger, ed., *Living the Edges: A Disabled Women's Reader*, Toronto: Inanna Publications & Education Inc., 2010, p. 66.

[2] Deborah Kent, "Disabled Women: Portraits in Fiction and Drama", in Alan Gartner, Tom Joe ed., *Images of the Disabled, Disabling Images*, New York: Praeger, 1986, p. 63.

[3] Janet Price, The Seeds of a Movement: Disabled Women and Their Struggle to Organize, Published by Association for Women's Rights in Development (AWID), Toronto, Mexico City, July, 2011.

[4] See Janet Price, The Seeds of a Movement: Disabled Women and Their Struggle to Organize, Published by Association for Women's Rights in Development (AWID), Toronto, Mexico City, July, 2011.

[5] See Janet Price, The Seeds of a Movement: Disabled Women and Their Struggle to Organize, Published by Association for Women's Rights in Development (AWID), Toronto, Mexico City, July, 2011.

[6] [英] 约翰·斯图尔特·穆勒：《妇女的屈从地位》，汪溪译，商务印书馆1995年版，第267页。

间的差异甚至超过男女之间的差异"[1]。相应地，"到20世纪70年代末期，有人愤怒地指控女性运动的性别本质主义色彩，主张阐发异质性的女性经验，以寻求改变女性群体内部的特权和压迫关系"[2]。黑人女性主义理论家贝尔·胡克斯（Bell Hooks）对女性运动展开了尖锐批判，"她认为白人女性表现得好像这场运动是属于她们似的，但她们忽视了这样一个事实：女性内部也因为各种各样的偏见而四分五裂"[3]。渐渐地，女性运动因受到边缘女性的质疑而走向分裂，由此形成分离主义。"女性分离主义通过自我组织推动女性赋权，创造独立和安全的空间，让女性分享彼此的经验，表达她们共同的愤怒。"[4]

实践中，"在社会利益上，每个人都是为权利而斗争的天生斗士"[5]。考虑到主流女性主义的限定性，不符合预设形象的女性意识到自身的特殊经验在主流女性运动中被忽视[6]。相应地，"她们建立起很多以分离主义为导向的社会团体，运动的中心转至对身份的强调"[7]。这些女性社会团体强调自身文化和经验特性蕴含的积极价值，进而通过行动来主张自身的权利。[8] 依此，有色人种女性开始谴责白人女性领导之女性运动的不足，亚裔女性指责既有的女性主义理论对她们生活经历的忽视，土著印第安女性亦诘问将她们排除在外的白人女性主义者所宣称的女性主义普世理论……概言之，受压迫的、弱势的、被特别标记出来的女性呼吁构建基于自身经验的女性主义。她们用实际行动表明，"反抗不需要以指向核心的、自律的、精神层面的、追求普遍原则的自我为基础。反抗实际上存在于我

---

[1] 马姝：《法律的性别问题研究》，中国社会科学出版社2017年版，第39页。
[2] [美]艾丽斯·M.杨：《正义与差异政治》，李诚予、刘靖子译，中国政法大学出版社2017年版，第187页。
[3] [英]玛格丽特·沃特斯：《女权主义简史》，朱刚、麻晓蓉译，外语教学与研究出版社2008年版，第268页。
[4] [美]艾丽斯·M.杨：《正义与差异政治》，李诚予、刘靖子译，中国政法大学出版社2017年版，第197页。
[5] 梁慧星主编：《为权利而斗争》，中国法制出版社2000年版，第29页。
[6] 参见马姝：《法律的性别问题研究》，中国社会科学出版社2017年版，第9页。
[7] [美]贝尔·胡克斯：《女权主义理论：从边缘到中心》，晓征、平林译，江苏人民出版社2001年版，第34页。
[8] 参见[美]艾丽斯·M.杨：《正义与差异政治》，李诚予、刘靖子译，中国政法大学出版社2017年版，第195页。

们既有的'受压迫观念'中"[1]。

受双重压迫和边缘化的残障女性也不例外。当女性运动对她们极少过问时，每位残障女性只有去听自己的声音，以便在这个世界中找到自己。沿着其他边缘女性群体反抗压迫并争取解放的路径，珍妮·莫尼斯（Jenny Morris）、萨莉·弗伦奇（Sally French）、卡尔因·巴伦（Karin Barron）、苏珊·温德尔（Susan Wendall）等女性研究者开始基于自身经验揭示主流女性运动对残障女性的不友好，并将性别视角用于思考自身处境。在公民参与、生育、母职、家庭、照顾角色、家庭责任等议题上纳入残障女性的经验，以此审视她们的生存和发展状况[2]。得益于理论研究的指引，很多残障女性形成了集体化的意识，并通过组织运动来倡导自身权利。残障女性依靠如下信念团结起来：将残障女性置于与残障男性、健常女性乃至所有健常人不平等的处境中，是明显不公正且亟待改变的。具有里程碑意义的节点是在1995年，这一年，来自30多个国家的200多名残障女性参加了联合国第四次世界妇女大会。

第三节　第四次世界妇女大会中的残障女性

随着残障女性组织的形成和残障女性权利运动的展开，残障女性逐步形成社会群体。残障女性不再局限于对自身特殊经验的叙述，而是不断向政治领域进军，试图让国际决策和法律吸收她们关于权利的主张[3]。第四次世界妇女大会的召开是残障女性踏上国际舞台的首次尝试。对残障女性而言，此次大会既是残障女性此前十余年不断斗争的结果，也是她们展开策略性斗争的关键场所。大会不仅吸引来自世界各地的残障女性参加，会议文件《北京宣言》和《行动纲领》亦涵盖与残障女性权利保障有关的内

---

[1] Susan J. Hekman, *Moral Voices, Moral Selves*, Pennsylvania: Pennsylvania State University Press, 1995, pp. 157-158.

[2] 参见王国羽等：《障碍研究：理论与政策应用》，台湾巨流图书股份有限公司2012年版，第287页。

[3] See United Nations, International Norms and Standards Relating to Disability, https://www.un.org/esa/socdev/enable/comp500.htm, last visited on November 28, 2024.

容。可以说，第四次世界妇女大会是残障女性争取权利斗争的分水岭[1]。

一、残障女性组织的推动

虽然很少被看见，但主流女性运动中确实活跃着残障女性的身影，比较有代表性的是被称为"残障女性参政论者"的罗莎·梅·比林赫斯特（Rosa May Billinghurst），小儿麻痹症引起的高位截瘫使她必须依靠一辆改装三轮车来参加支持女性选举权的游行示威活动。比林赫斯特领导成立了激进选举权组织——女性社会和政治联盟的格林威治分会，组织开展绝食示威活动[2]。但从总体上看，从第一次女性运动到第二次女性运动初期，残障女性并没有形成自己的组织。残障女性组织自身的努力，需要追溯至20世纪60、70年代的第二次女性运动[3]。在风起云涌的第二次女性运动中，认识到共同面临的消极处境后，残障女性逐渐聚集到一起，20世纪80年代，她们开始围绕共同分享的身心障碍者和女性身份组建自己的核心小组。

加拿大残障女性网络是残障女性的首批组织之一，也是最成功的组织之一[4]。残障姐妹协会（Sisters Against Disablement，SAD）于1982年成立，随之开展游行示威活动，还创建了旨在收集建筑无障碍信息的"场所信息银行"[5]。女性主义音频图书组织（Feminist Audio Books，FAB）的成员开始将女性主义文学作品录制在磁带上，使盲人及其他残障女性也可以欣赏[6]。随后，类似的组织不断出现。至1995年第四次世界妇女大会

---

[1] See Janet Price, The Seeds of a Movement: Disabled Women and Their Struggle to Organize, Published by Association for Women's Rights in Development (AWID), Toronto, Mexico City, July, 2011.

[2] See Beckie Rutherford, "Disabled Women Organising: Feminism and Disability Rights Activism", article is Written for British Library Website Unfinished Business: The Fight for Women's Rights, October 19, 2020.

[3] See Janet Price, The Seeds of a Movement: Disabled Women and Their Struggle to Organize, Published by Association for Women's Rights in Development (AWID), Toronto, Mexico City, July, 2011.

[4] See Beckie Rutherford, "Disabled Women Organising: Feminism and Disability Rights Activism", in Women's Rights, October 19, 2020.

[5] See Beckie Rutherford, "Disabled Women Organising: Feminism and Disability Rights Activism", in Women's Rights, October 19, 2020.

[6] See Beckie Rutherford, "Disabled Women Organising: Feminism and Disability Rights Activism", in Women's Rights, October 19, 2020.

召开，全球范围内已建立起很多残障女性组织[1]。就工作内容而言，这些组织针对残障女性面临的歧视和压迫展开调研。更重要的是，它们开始讲述自身经历并发表有关残障和性别的政治观点[2]。在组织工作上，第一次国际残障女性领导能力研讨会于1988年在牙买加召开。在奥地利女性事务部部长汉娜·多纳尔（Johanna Dohnal）的帮助下，关于残障女性性侵与家庭暴力的首次国际会议于1992年在维也纳召开。联合国残疾人十年（1983—1992年）项目支持这些发展，残障女性组织在这十年纷纷成立[3]。

经过残障女性组织十余年的努力，残障女性得以正式参与到第四次世界妇女大会中，这也是她们融入主流女性运动的重要标志[4]。按照第四次世界妇女大会的议程安排，1995年8月30日到9月7日举办非政府组织论坛。但在8月29日，也就是非政府组织论坛开始的前一天，残障女性国际联盟在北京组织了一次关于残障女性问题的国际研讨会，来自30多个国家的200多名残障女性及其盟友参加了此次研讨会[5]。此次研讨会是国际残障女性第一次集会[6]。会议核心组织者苏珊·西格尔（Susan Sygall）表示，残障女性渴望参与决策，并出席第四次世界妇女大会[7]。研讨会的目标非常明确，也即让残障女性参与自身问题的决策，明确如何在接下来的非政府组织论坛和大会上处理这些问题[8]。

---

[1] 参见[美]凯利·D.阿斯金、多萝安·M.科尼格编：《妇女与国际人权法案（第3卷）：走向赋权》，黄列等译，生活·读书·新知三联书店2012年版，第285页。

[2] 参见[美]凯利·D.阿斯金、多萝安·M.科尼格编：《妇女与国际人权法案（第3卷）：走向赋权》，黄列等译，生活·读书·新知三联书店2012年版，第285页。

[3] 参见[美]凯利·D.阿斯金、多萝安·M.科尼格编：《妇女与国际人权法案（第3卷）：走向赋权》，黄列等译，生活·读书·新知三联书店2012年版，第285页。

[4] See "Disabled Women: Visions and Voices from the 4th World Conference on Women", in You Tube, last visited on November 21, 2024.

[5] 参见杜宇：《相聚在北京——1995年世妇会NGO论坛侧记》，载《中国残疾人》1995年第11期，第17页；See United Nations, International Norms and Standards Relating to Disability, https://www.un.org/esa/socdev/enable/comp500.htm, last visited on November 28. 2024.

[6] See United Nations, International Norms and Standards Relating to Disability, https://www.un.org/esa/socdev/enable/comp500.htm, last visited on November 28. 2024.

[7] See "Disabled Women: Visions and Voices from the 4th World Conference on Women", in You Tube, last visited on November 21, 2024.

[8] See "Disabled Women: Visions and Voices from the 4th World Conference on Women", in You Tube, last visited on November 21, 2024.

二、残障女性参与的情况

经过国际残障女性研讨会的策略性安排,在北苑饭店参加研讨会的200多名残障女性[1]全班人马转移到了怀柔主会场,通过游说组织者、向其他与会者宣讲、举办非政府组织论坛等方式,展开关于她们权利的"斗争"。实际与会者虽为少数,但这对全球残障女性都具有重要意义,这是"在各国女性有组织地参加联合国会议20多年以来,全世界被忽视的残障女性群体的数百名代表第一次加入她们的非残障姐妹群体"[2]。来自世界各地的残障女性克服重重困难、不远千里来到北京参加第四次世界妇女大会,是残障女性本身和很多国际残障女性组织努力工作的结果,充分反映了她们致力于增加自身可见度、寻求自身权利的决心和勇气。由残障女性组织的集会也是第四次世界妇女大会中规模最大的集会之一。[3]

《残障女性:第四次世界妇女大会的愿景和声音》的记录视频显示,一些参与第四次世界妇女大会的残障女性讲述了她们的故事和经历,展示了她们的有力参与。[4] 西格尔谈道,"我们将实现作为残障女性应享有的权利和尊严"[5]。另有残障女性与会者表示,"残障是可以容忍的,但缺乏人权、被剥夺平等机会以及结构性歧视,则是无法接受的"[6]。根据在场人员回忆,残障女性到达现场时高声呼喊着"Wheelchair's coming

---

[1] 据估计,原本打算参加第四次世界妇女大会的残障女性远远不止这些,只是她们中有的人因为无法获得资金支持、缺少后勤保障及其他外在因素,而无法参会。See Jahda Abu-Khalil, "Taking the World Stage: Disabled Women at Beijing", in Lina Abu-Habib, ed., *Gender and Disability: Women's Experiences in the Middle East*, Skipton, UK: Oxfam GB, 1997, p. 68.

[2] Khandakar Kohinur Akter, "Ensuring Rights of the Women with Disability", The Daily Star, October 18, 2016, https://www.thedailystar.net/law-our-rights/ ensuring-rights-the-women-disability-1300387, last visited on December 1, 2021.

[3] See Stephanie Ortoleva, Enabling a Global Human Rights Movement for Women and Girls with Disabilities, Geneva: United Nations Committee on the Status of Women, 2012.

[4] See Stephanie Ortoleva, Enabling a Global Human Rights Movement for Women and Girls with Disabilities, Geneva: United Nations Committee on the Status of Women, 2012.

[5] "Disabled Women: Visions and Voices from the 4th World Conference on Women", in YouTube. last visited on November 21, 2024.

[6] "Disabled Women: Visions and Voices from the 4th World Conference on Women", in YouTube. last visited on November 21, 2024.

through!"（轮椅来了）和"We are here!"（我们在这里）[1]。残障女性的到来似乎在告诉所有健常女性：我们是你们的姐妹，你们关心的事情也是我们关心的事情。得益于大会召开前的呼吁，这一次，残障女性没有被忽视，她们有专门的"残障人帐篷"作为聚集的大本营[2]。以残障和女性为主要论题的18场论坛及其他一般性讨论都在"残障人帐篷"中举行。这些论坛由来自各国的残障人自助组织和国际残疾人组织主办[3]。论坛大多以工作坊（workshop）的形式举办[4]，所涉议题集中在：

· 怎样行动起来，解决残障女性遇到的问题；
· 介绍本国残障女性面临的各种问题及相关组织就此提供的服务；
· 残障女性的教育和职业培训；
· 残障女性的康复与心理健康；
· 1993年通过的《残疾人机会均等标准规则》[5]。

除举办和参与非政府组织论坛以外，残障女性还在集中举行的大会上积极地表达其主张。一方面，残障女性不断呼吁她们有权利成为健康的、自主的和有尊严的人，拥有生育子女、为人母亲、获得职业发展、接受教育、免受暴力、保持身体完整性等权利；另一方面，她们极力倡导大会组织者、领导者及其他与会女性关注残障女性群体，以促使她们将残障女性视作姐妹，并关注残障女性的权利保障问题[6]。得益于残障女性的不断呼吁，她们的主张最终被会议文件《北京宣言》和《行动纲领》充分吸纳[7]。

---

[1] 参见杜宇：《相聚在北京——1995年世妇会NGO论坛侧记》，载《中国残疾人》1995年第11期，第17页。

[2] 参见杜宇：《相聚在北京——1995年世妇会NGO论坛侧记》，载《中国残疾人》1995年第11期，第17页。

[3] 参见杜宇：《相聚在北京——1995年世妇会NGO论坛侧记》，载《中国残疾人》1995年第11期，第17页。

[4] 参见杜宇：《相聚在北京——1995年世妇会NGO论坛侧记》，载《中国残疾人》1995年第11期，第17页。

[5] 参见杜宇：《相聚在北京——1995年世妇会NGO论坛侧记》，载《中国残疾人》1995年第11期，第18页。

[6] See "Disabled Women: Visions and Voices from the 4th World Conference on Women", in You Tube, lasted visited on November 21, 2024.

[7] See *Disabled Women: Visions and Voices from the Fourth World Conference on Women*, a booklet produced by wide vision productions.

还应注意的是,在大会召开之前的一个月,以美国为首的西方国家残障女性便游说组织者,要求确保不同障别的残障女性都能进入大会会场及其他工作坊。但结果是,联合国非政府组织委员会仍将"残障人帐篷"搭置在距离其他帐篷较远的、出行不便的地方[1],同时,会场还存在其他无障碍设施和保障缺陷。具体而言,与会残障女性这样描述:必经通道崎岖不平,轮椅使用者根本无法通过;会议没有手语翻译,听力障碍女性既无法接收会议信息,亦难同其他人交流;会议材料没有盲文或大字版,视力障碍女性无法阅读[2];没有无障碍卫生间,无法使用通勤班车[3];等等。相应地,残障女性举行了和平的示威抗议和集会演说活动[4],从而出现参会组织在会议期间举行示威抗议的情况[5]。残障女性在街道上手持标语,呼吁获得无障碍设施,表示她们不想被边缘化[6]。残障女性的呼求得到及时的回应,她们不仅获得了地形条件更好、容量更大的新帐篷及其他无障碍设备和服务,还提高了与会者残障女性的权利意识,残障女性应受到重视[7]。

---

[1] 有论者基于自身经历谈到,其作为健常人,找残疾人帐篷都花了两天的时间。See Jahda Abu-Khalil, "Taking the World Stage: Disabled Women at Beijing", in Lina Abu-Habib, ed., *Gender and Disability: Women's Experiences in the Middle East*, Skipton, UK: Oxfam GB, 1997, p. 70.

[2] 参见杜宇:《相聚在北京——1995年世妇会NGO论坛侧记》,载《中国残疾人》1995年第11期,第18页。

[3] See Jahda Abu-Khalil, "Taking the World Stage: Disabled Women at Beijing", in Lina Abu-Habib, ed., *Gender and Disability: Women's Experiences in the Middle East*, Skipton, UK: Oxfam GB, 1997, pp. 70-71.

[4] See Jahda Abu-Khalil, "Taking the World Stage: Disabled Women at Beijing", in Lina Abu-Habib, ed., *Gender and Disability: Women's Experiences in the Middle East*, Skipton, UK: Oxfam GB, 1997, pp. 70-71.

[5] 参见杜宇:《相聚在北京——1995年世妇会NGO论坛侧记》,载《中国残疾人》1995年第11期,第18页。

[6] See Jahda Abu-Khalil, "Taking the World Stage: Disabled Women at Beijing", in Lina Abu-Habib, ed., *Gender and Disability: Women's Experiences in the Middle East*, Skipton, UK: Oxfam GB, 1997, p. 70.

[7] See Jahda Abu-Khalil, "Taking the World Stage: Disabled Women at Beijing", in Lina Abu-Habib, ed., *Gender and Disability: Women's Experiences in the Middle East*, Skipton, UK: Oxfam GB, 1997, pp. 70-71.

三、《北京宣言》和《行动纲领》吸纳残障视角

"除非最弱势之人的呐喊被采纳，否则正义不会到来。"[1]在与会残障女性不断主张、呼吁和游说之下，第四次世界妇女大会形成的文件《北京宣言》和《行动纲领》充分吸收了残障视角，载入许多与残障女性有关的内容。[2]其中，《北京宣言》要求将残障女性纳入法律条文，呼吁并鼓励各国政府加强执行《残疾人机会平等标准规则》[3]载明的各项建议，倡导各国出台相关举措改变对残障人，特别是残障女性的婚姻、性和生育方面的否定性态度。[4]

《北京宣言》提出决心"加强努力以确保在权力赋予和地位提高方面由于种族、年龄、语言、族裔、文化、宗教或残疾，或由于是土著人民而面对重重障碍的所有妇女和女童平等享有一切人权和基本自由"。《行动纲领》全面考量残障因素，重点在教育、保健、人权和经济等领域提升残障女性的地位，并进一步认识到"残障女性面临更多障碍"[5]。它还强调残障女性存在特殊脆弱性，这使她们在暴力、战争和武装冲突的环境中需要得到特殊保护（表1）。[6]

---

[1] Bell Hooks, *Ain't I a Women: Black Women and Feminism*, Boston: South End Press, 1981, p. 9.
[2] 参见［美］凯利·D. 阿斯金、多萝安·M. 科尼格编：《妇女与国际人权法案（第3卷）：走向赋权》，黄列等译，生活·读书·新知三联书店2012年版，第289页。
[3] 《残疾人机会均等标准规则》是残障女性人权进步的标志，该文件体现了性别意识，可以被视为从性别中立的残疾人人权文书向有性别意识的残疾人人权文书的转变。参见［美］凯利·D. 阿斯金、多萝安·M. 科尼格编：《妇女与国际人权法案（第3卷）：走向赋权》，黄列等译，生活·读书·新知三联书店2012年版，第293页。
[4] See Report of the Fourth World Conference on Women, UN Doc A/CONF 177/20/Rev 1 (17 October 1995), art. 32.
[5] Report of the Fourth World Conference on Women, UN Doc A/CONF 177/20/Rev 1 (17 October 1995), art. 270.
[6] See Report of the Fourth World Conference on Women, UN Doc A/CONF 177/20/Rev 1 (17 October 1995), art. 270.

表1 《行动纲领》中有关残障女性的内容

领域	条目	内容
经济	60（a）	消除残障女性的贫困
	175（d）	支持促进残障女性自力更生的方案
	178（f）	解决针对残障女性的就业歧视问题
	178（j）	在调整工作条件的基础上确保残障女性进入劳动力市场
教育	80（a）	消除针对残障女性的教育歧视
	81（a）	将降低残障女性的文盲程度作为工作重点
	82（k）	确保残障女性拥有获得适当级别的良好教育和培训机会
健康	101	特别关注残障女性的健康问题
	106（c）	注意残障女性的多重脆弱性之于健康的影响
	106（o）	创造残障女性在获得医疗服务方面的无障碍条件
暴力	116	指出残障女性特别容易遭受暴力侵害
	124（r）	确保残障女性能够获得与暴力侵害相关的信息和服务
	126（d）	采取特别措施消除针对残障女性的暴力
武装冲突	131	残障女性的人权在武装冲突中更容易受到侵害
决策权	195（a）	展开针对残障女性领导力和自尊心的培训
人权	225	指出残障女性因为身心障碍而面临的人权困境
	232（p）	强调残障女性在非歧视和平等的基础上享有权利和自由
	233（b）	在具体的信息宣传上需要满足无障碍的要求
女童	259	女童不得因为身心障碍而受到歧视
	270	残障女童面临诸多障碍
	278（d）	为抚育残障女童的家庭提供支助服务
	280（c）	确保残障女童获得适当的教育和培训

《北京宣言》和《行动纲领》是关注和促进残障女性权利的真正进步，是将残障视角纳入国际妇女人权文件的开创性尝试，标志着备受双重压迫和歧视的残障女性正式进入国际人权法的视野。上述文件从两个维度将残障女性纳入其中：一是承认残障女性基于残障人和女性的双重身份而面临的双重歧视，即在纳入地域、年龄、种族等附加性因素后，某些残障女性的脆弱性程度会更高，进而呼吁缔约国在立法中充分考虑残障女性面临的双重甚至是多重歧视。二是在"承认"和"认识"的基础上，通过给予残

障女性必要的特殊保障，帮助她们走出基于双重或多重歧视面临的权利困境，使其能够像健常女性那样享有平等和自由。需要注意的是，此种特殊保障不是残障女性的特权，而是为达到实质平等所采取的具有合理差异性的举措。因此，《北京宣言》和《行动纲领》的通过，是保障残障女性的权利以及增加她们可见度的重大进步。

第四节 纳入"双轨制"的《残疾人权利公约》的出台

第四次世界妇女大会取得极大的成功以来，"女性与残障"等残障女性国际组织得以成立。[1] 在残障女性及其权利组织的努力下，残障女性的声音越发受到重视，残障女性权利问题也成为全球性的政治问题。这些努力及取得的进展最终被国际人权法吸收，《残疾人权利公约》的出台即是典型。"《残疾人权利公约》特别承认残障女性基于残障和女性的双重身份经历的额外歧视及遭遇的不利。"[2] 它从两个层面回应了残障女性及其权利组织的呼求：一是为残障女性设置专门条文，并提出一般性意见；二是纳入社会性别主流化的方针，将社会性别平等视角全面而实质性地融入《残疾人权利公约》的所有条文中。[3] 故对残障女性而言，《残疾人权利公约》是具有里程碑意义的成就。

一、第6条："残疾妇女"的提出

从第四次世界妇女大会召开到20世纪初期，联合国的文件显示，人们越来越多地认识到残障女性是具有特殊利益、需要，以及特殊脆弱性的社会群体。故不能仅分别关注其身心障碍或性别问题，而是需要将二者结合起来，以回应残障女性面临的权利困境。此外，可从联合国的建议、规则

---

[1] See United Nations, International Norms and Standards Relating to Disability, https://www.un.org/esa/socdev/enable/comp500.htm, last visited on November 11, 2024.

[2] National Foundation for Australian Women (NFAW), Budget 2021-Women with Disabilities, Nowra DC: NFAW, 2021.

[3] See The Committee on The Rights of Persons with Disabilities, General Discussion of Women and Girls with Disabilities, Madrid: Area de Documentacion y Publicaciones, 2014, p.8.

和评论中管窥性别和身心障碍的共同作用造成残障女性复杂的受歧视经历。[1] 尽管已发表各项声明，但在《残疾人权利公约》颁布前，没有具有法律约束力的联合国文件明确提出残障女性遭受的基于性别、身心障碍的歧视问题。故当决定制定《残疾人权利公约》时，残障女性及其权利组织看到了希望，进而坚决主张为残障女性设置专门的条款。

最早提出并主张设置残障女性专门条款的是国际残疾人组织核心成员组。[2] 韩国代表团对这一提议尤其表示支持，并在特设委员会第三次会议期间提出了关于残障女性的公约条款草案（第15条第2款）。[3] 在特设委员会第六次会议上，韩国代表团指出，"残障女性的困境不仅是残障人和女性面临困境的总和，而是被全然忽视。无论是在主流残障语境下，还是女性权利话语中，残障女性都难觅踪影，无以维系。特设委员会的目标应当是将残障女性纳入公众视野"[4]。在特设委员会第七次会议上，特拉西亚·德格纳（Theresia Degener）提出了具体的办法，也即或是在第4条有关一般义务的规定中增加一款明确有关残障女性的内容，或是在第6条中将之单列出来阐明残障女性面临的双重歧视和压迫问题。[5]

设立残障女性独立条款的突破性提议一度引起了国际社会的激烈争论，特别是在国际残疾人组织核心成员组提出议案的初期，很多国家都极

---

[1] See Ilias Bantekas, et al., *The UN Convention on the Rights of Persons with Disabilities: A Commentary*, New York: Oxford University Press, 2018, p. 380.

[2] 参见［奥］玛丽安娜·舒尔泽：《平权的法理——〈残疾人权利公约〉解读》，谷盛开、张弦译，华夏出版社2018年版，第57页。国际残疾人核心成员组是联合全球残疾人组织和非政府组织的网络，也是非政府组织参与《残疾人权利公约》拟定的重要渠道。

[3] 草案的重点是缔约国在促进残障女性平等方面的积极责任，阐明各国在立法和政策中吸收性别视角的义务，规定缔约国将残障女性纳入社会调查中，按性别分列收集数据，制定并传播政策，回应残障女性在生育方面的特殊需求，保障残障女性的就业权，确保残障女性免受性剥削和性虐待。See Ad Hoc Committee on a Comprehensive and Integral International Convention on the Protection and Promotion of the Rights and Dignity of Persons with Disabilities, Report of the Third Session on a Comprehensive and Integral International Convention on the Protection and Promotion of the Rights and Dignity of Persons with Disabilities, UN Doc A/AC. 265/2004/5, May 24 – June 4, 2004.

[4] ［奥］玛丽安娜·舒尔泽：《平权的法理——〈残疾人权利公约〉解读》，谷盛开、张弦译，华夏出版社2018年版，第58页。

[5] See Ilias Bantekas, et al., *The UN Convention on the Rights of Persons with Disabilities: A Commentary*, New York: Oxford University Press, 2018, p. 389.

力反对这种做法。[1] 最初，力度较弱但更普遍的理由是，该提案的措辞不够充分、规范不完善，欧盟、新西兰、澳大利亚、塞尔维亚、墨西哥、日本、挪威和约旦等地区和国家都以此为由反对设立独立条款的提案。[2] 此外，还有三种主要的反对理由：一是具有普遍面向的《残疾人权利公约》不应特别提及某一群体，否则恐有将"另一些人"排除在外的嫌疑；二是将残障女性问题单列出来会削弱公约文本的效力，并将破坏一般性条款的聚合力；三是这样的规定会造成规范层面的不确定性。[3]

经过对不同观点和主张的讨论和研究，特设委员会第八次会议最终采纳了德格纳的提案，并将之运用至《残疾人权利公约》的最后版本中。具体而言，第 6 条的最终版本在阐明残障女性遭遇之不利处境的多样性上取得了重大的进展，即第 1 款：缔约国确认残疾妇女和残疾女孩受到多重歧视，在这方面，应当采取措施确保她们充分和平等地享有所有人权和基本自由。列入"多重歧视"一词促使我们认识到，残障女性由于重叠的、不可变更的和系统性因素的共同作用而面临不利处境。[4] 在此基础上，明确缔约国有义务保障和促进实现性别平等，以及对残障女性权利的特殊保障，呈现为第 2 款：缔约国应当采取一切适当措施，确保妇女充分发展，地位得到提高，能力得到增强，目的是保证妇女能行使和享有本公约所规定的人权和基本自由。有关义务的规定，使第 2 款成为第一个体现缔约国对残障女性负有积极人权责任的公约条款。换言之，第 6 条的提出使缔约国有义务采取具有性别敏感性的措施以消除不利影响，并确保残障女性拥有与生俱来的权利、自由和尊严。[5]

---

[1] 参见[奥]玛丽安娜·舒尔泽：《平权的法理——〈残疾人权利公约〉解读》，谷盛开、张弦译，华夏出版社 2018 年版，第 58 页。
[2] 参见[奥]玛丽安娜·舒尔泽：《平权的法理——〈残疾人权利公约〉解读》，谷盛开、张弦译，华夏出版社 2018 年版，第 58 页。
[3] 参见[奥]玛丽安娜·舒尔泽：《平权的法理——〈残疾人权利公约〉解读》，谷盛开、张弦译，华夏出版社 2018 年版，第 58—59 页。
[4] See Ilias Bantekas, et al., *The UN Convention on the Rights of Persons with Disabilities: A Commentary*, New York: Oxford University Press, 2018, p. 383.
[5] See Ilias Bantekas, et al., *The UN Convention on the Rights of Persons with Disabilities: A Commentary*, New York: Oxford University Press, 2018, p. 383.

二、第 3 号一般性意见的发布

就残障女性权利保障而言，与《残疾人权利公约》第 6 条紧密相关的还有残疾人权利委员会于 2016 年发布的第 3 号一般性意见。第 3 号一般性意见是由残疾人权利委员会根据第 47 条议事规则发布的[1]。该条款规定，委员会可以根据《残疾人权利公约》的各条款编写一般性意见，以帮助缔约国履行定期报告义务。

一般性意见涉及内容广泛，既可以是就具体条款的解读，也包含对履约报告提供一般性指导，旨在促进缔约国落实《残疾人权利公约》的规定。具体到第 3 号一般性意见来说，它是根据第 6 条提出来的，共 17 页、5 部分、65 条的篇幅，就相关概念、条款内容、缔约国义务、第 6 条与其他条款的关系、缔约国义务的落实等，对残障女性及其权利保障问题作出了全面阐释[2]。在总体上，第 3 号一般性意见指出，有强有力的证据表明残障女性在生活的诸多领域中都面临阻碍，这些阻碍对她们造成多重乃至交叉歧视，特别是在平等获得教育、就业机会，社会互动，司法，法律平等承认，参政和控制自身生活能力等方面。在具体层面，第 3 号一般性意见主要是对《残疾人权利公约》第 6 条的细化和补充，大体表现在如下两方面。

一是对第 6 条的细化。就第 1 款而言，第 3 号一般性意见明确了"多重歧视"的概念，并表示缔约国不仅应当禁止基于残障的任何歧视，亦需要保护残障女性免受基于其他理由的歧视，还罗列了具体的歧视类型[3]。针对第 2 款，第 3 号一般性意见则就缔约国应采取的详细措施，如何对"适当"作出恰当的理解，缔约国采取之应对措施的性质等作出相应的解释。另外，意见还明确了缔约国采取的措施既可以是暂时的，亦可以是长期的，目的都是克服残障女性在法律和事实层面的不平等。二是对《残疾

---

[1] 《残疾人权利委员会议事规则》第 47 条第 1 款的规定，"委员会可根据《公约》的各项条款拟定一般性意见，以促进《公约》的进一步实施并协助缔约国履行其报告义务"。

[2] See Committee on the Rights of Persons with Disabilities, General Comment No. 3 (2016) on women and girls with disabilities, CRPD/C/GC/3, art. 17.

[3] See Committee on the Rights of Persons with Disabilities, General Comment No. 3 (2016) on women and girls with disabilities, CRPD/C/GC/3, art. 17.

人权利公约》作出的延伸性补充。例如，意见指出，残障女性本身并不是具有同质性的群体[1]，对残障女性的陈旧观念[2]，无障碍环境之于残障女性的特殊性[3]，危难情况下对残障女性的特殊救济[4]，残障女性在获得法律的平等承认和司法救济方面的不利处境[5]，残障女性更可能遭遇强制干预[6]，残障女性在居住方面更容易受到社会文化规范和父权制家庭价值观的影响[7]，性别歧视导致残障女性无法充分接受教育[8]，残障女性在就业时面临特殊的障碍[9]，等等。

三、《公约》中的社会性别主流化

除在第6条独立设置"残疾妇女"条款，以及第3号一般性意见专门就此作出阐释外，"双轨制方法"（Twin-Track-Approach）还要求起草者在《残疾人权利公约》的核心思想和所有条文中都体现社会性别主流化（gender mainstreaming）的要求，宣明男女平等的基本原则，并在《残疾人权利公约》文本的其他适当地方明确提及残疾妇女和残疾女孩，以促使《残疾人权利公约》充分体现实质性别平等。[10] 在社会性别主流化观念的

---

[1] See Committee on the Rights of Persons with Disabilities, General Comment No. 3 (2016) on women and girls with disabilities, CRPD/C/GC/3, art. 5.

[2] See Committee on the Rights of Persons with Disabilities, General Comment No. 3 (2016) on women and girls with disabilities, CRPD/C/GC/3, art. 47.

[3] See Committee on the Rights of Persons with Disabilities, General Comment No. 3 (2016) on women and girls with disabilities, CRPD/C/GC/3, art. 48.

[4] See Committee on the Rights of Persons with Disabilities, General Comment No. 3 (2016) on women and girls with disabilities, CRPD/C/GC/3, art. 49.

[5] See Committee on the Rights of Persons with Disabilities, General Comment No. 3 (2016) on women and girls with disabilities, CRPD/C/GC/3, art. 12, 13.

[6] See Committee on the Rights of Persons with Disabilities, General Comment No. 3 (2016) on women and girls with disabilities, CRPD/C/GC/3, art. 54.

[7] See Committee on the Rights of Persons with Disabilities, General Comment No. 3 (2016) on women and girls with disabilities, CRPD/C/GC/3, art. 55.

[8] See Committee on the Rights of Persons with Disabilities, General Comment No. 3 (2016) on women and girls with disabilities, CRPD/C/GC/3, art. 24.

[9] See Committee on the Rights of Persons with Disabilities, General Comment No. 3 (2016) on women and girls with disabilities, CRPD/C/GC/3, art. 27.

[10] 参见［奥］玛丽安娜·舒尔泽：《平权的法理——〈残疾人权利公约〉解读》，谷盛开、张弦译，华夏出版社2018年版，第58页。

积极影响下，整个《残疾人权利公约》50个条文中共标明"男女平等"2次、提及"残疾妇女和残疾女孩"12次。具体来说，《残疾人权利公约》在序言第16、第17、第19段，正文第16条（免受剥削、暴力和凌虐）、第25条（健康）、第28条（适足的生活水平和社会保护）、第34条（残疾人权利委员会）中，都明确提到"残疾妇女和残疾女孩"，或间接性地提到性别歧视问题（表2）。

表2 《残疾人权利公约》其他条款关于残障女性的规定

条款		内容
序言	第17段	确认残疾妇女和残疾女孩在家庭内外往往面临更大的风险，更易遭受暴力、伤害或凌虐、忽视或疏忽、虐待或剥削
	第19段	强调必须将两性平等观点纳入促进残疾人充分享有人权和基本自由的一切努力之中
第3条（原则）第7款		男女平等
第16条（免受剥削、暴力和凌虐）		缔约国应当制定有效的立法和政策，包括以妇女和儿童为重点的立法和政策，确保查明、调查和酌情起诉对残疾人的剥削、暴力和凌虐事件
第25条（健康）		防止基于残疾而歧视性地拒绝提供医疗保健或医疗卫生服务，或拒绝提供食物和液体
第28条第2款第2项（适足的生活水平和社会保护）		确保残疾人，尤其是残疾妇女、女孩和老年人，可以利用社会保护方案和减贫方案
第34条第4款（残疾人权利委员会）		选举须顾及公平地域分配原则，各大文化和各主要法系的代表性，男女成员人数的均衡性以及残疾人专家的参加

概言之，《残疾人权利公约》中的社会性别主流化主要是通过两种方式来实现的：一是在序言和一般性原则中总体性地规定男女平等；二是在具体事项上充分考虑残障女性的特殊脆弱性，并在此基础上作出残障女性权利保障的针对性规定。二者对于将残障女性的需求纳入《残疾人权利公约》的特殊考量及其权利的实现都具有重要的价值。就前者而言，序言和一般性原则反映的是指导思想和观念层面的事物，它们不仅可以对后续条款的理解发挥指导作用，还能够为缔约国妥当地采取各项举措提供原则性的指引，并促使其在残障法律政策的制定过程中考量性别因素。后者则有助于在具体层面改善残障女性的生活处境，其在范围和领域上的广泛性可推动从现实角度保障残障女性的权利。

第二章　残障女性权利的类型及困境

对其他人来说，或许只有当失去了被视作理所当然的权利时，他们才开始珍视权利。[1]就残障女性而言，她们珍视权利的原因却在于她们从来都没有真正地享有和实现过那些与人的生存和发展紧密相关的权利。[2]现实生活中，"因为性别和身心障碍合力形成之双重歧视，残障女性的很多权利被剥夺了"[3]。如果想要在本书中穷尽展示残障女性面临的权利困境，不仅困难，而且是不现实的。鉴于此，本书只能够选择其中的部分权利来展开探讨。需要解决的先决性问题在于，应该选择哪些权利？标准是什么？

对此，本书将基于女性主义的立场，从残障女性的生命历程[4]入手，重点考察与女性性别质素直接相关的权利类型。进一步思考在将身心障碍因素纳入身体经历以后，性别与残障双重要素作用于残障女性的方式。事实上，性别与残障双重要素的耦合使得"肉体卑下论"[5]在健常女性身上

---

[1] 参见［美］艾伦·德肖维茨：《你的权利从哪里来？》，黄煜文译，北京大学出版社2014年版，导论第1页。

[2] See Asma Abdulla M. Al-Attiyah, Elsayed Elshabrawy A. Hassanein, "Women with Disabilities in the State of Qatar: Human Rights, Challenges and Means of Empowerment", *International Journal of Special Education*, Vol. 32, 2017, pp. 507-519.

[3] See United Nations, International Norms and Standards Relating to Disability, https://www.un.org/esa/socdev/enable/comp500.htm, last visited on November 28, 2024.

[4] 生命历程理论将个体生命历程看作社会力量和结构的产物，其基本分析范式是将个体生命历程理解为由多个生命事件构成的序列。See Beth Perry Black, et al., "Life Course Theory as a Framework to Examine Becoming a Mother of a Medically Fragile Preterm Infant", *Research in Nursing & Health*, Vol. 32, 2009, pp. 38-49.

[5] ［澳］马格丽特·桑顿：《不和谐与不信任：法律职业中的女性》，信春鹰、王莉译，法律出版社2001年版，第251页。

不断褪色的同时，却依旧作用在残障女性的身上。残障女性通常被认为不会来月经（实际上可能是因为她们在孩童时期就被迫接受了子宫切除手术），亦没有闭经带来的一系列风险；她们被视作无性的和不合格的婚姻伴侣，被剥夺建立亲密关系或结婚的机会；她们还被视作不适格的母亲，被剥夺子女监护权甚或强制绝育和堕胎。由此形成的权利困境成为"腐蚀性劣势"[1]，不仅会影响残障女性基本人权的维系，还会使她们在其他领域中受到歧视和被边缘化。[2] 故本书将残障女性获得特别卫生护理的权利、性权利、生育权、亲权、更年期健康权作为核心分析范畴。

第一节　获得特别卫生护理的权利

月经的到来是女性从孩童走向女人的第一站，它对女性的身心都有近乎颠覆性的影响。从医学角度讲，月经虽确实对女性的身体健康有一定的好处，但它也会给女性带来麻烦。月经初潮给女孩带来的强烈"被动感"[3]，这些麻烦对健常女性来说都是沉重的负担，残障女性就更是如此。获得水和卫生设施、月经产品和信息、在能力范围内自主管理月经的权利具有人权属性，但现实中残障女性却很难实现这些权利。[4] 受文化偏见影响，残障女性的月经不受欢迎，甚至会引起家人或其他护理人员的厌恶。

一、月经的生理属性

"月经同人类一样古老，它是女性最重要的生理特征。"[5] 在儿童期，

---

[1] [美] 玛莎·C. 纳斯鲍姆：《寻求有尊严的生活——正义的能力理论》，田雷译，中国人民大学出版社 2016 年版，第 105 页。

[2] 参见王国羽等：《障碍研究：理论与政策应用》，台湾巨流图书股份有限公司 2012 年版，第 303 页。

[3] [美] 吉利根：《男性生命周期中的女性地位》，张元译，载李银河主编：《妇女：最漫长的革命：当代西方女权主义理论精选》，生活·读书·新知三联书店 1997 年版，第 114 页。

[4] 参见张万洪、姜依彤：《平等、融合与发展：残障组织权利倡导指南》，社会科学文献出版社 2015 年版，第 9 页。

[5] Chris Bobel, "Introduction: Menstruation as Lens-Menstruation as Opportunity", in Chris Bobel, et al. , *The Palgrave Handbook of Critical Menstruation Studies*, Singapore: Palgrave Macmillan, 2020, p. 1.

除生殖器官以外,两性之间的差别并不明显,月经初潮的到来,是两性差别的标志之一。就身体而言,"经历过月经初潮的女性更容易出现腹痛和疲惫等症状"[1]。在激素的作用下,月经可能造成女性的偏头痛[2]。这在月经初潮提前的女性身上表现得更加明显[3]。还需要注意的是,多囊卵巢综合征(PCOS)大多在青少年时期出现。如果没有获得恰当的治疗,患者成年以后很可能出现不孕、流产、妊娠期糖尿病等生育和代谢方面的问题。子宫内膜异位症亦是青春期女性的严重进展性疾病[4]。随着年龄的增长,女性在整个成年期都会受到小腹坠胀、身体酸痛、乳房胀痛、腹泻、便秘、发热、痤疮、食欲不振、眩晕等月经综合征的困扰[5]。

在精神方面,女性对月经带来的身体变化很难形成自我认同,由此会出现心理和精神方面的问题。月经初潮的到来,打破了女孩们关于身体的美好遐想,羞耻感随之出现[6]。当女孩发现内裤上出现血迹时,会以为自己患上了一种可耻的疾病。少女痛经和月经不规律等月经紊乱问题,亦会将她们置于持久的焦虑之中。这将对青春期女性的情绪带来严重的负面影响,很容易引发抑郁症甚至是自杀等一系列心理疾病和行为问题[7]。

二、联合国的呼吁与国际人权法的规定

近年来,联合国特别关注女性因为月经面临的困境,开创性地把月经问题与人权结合起来。当女性无法获得安全的沐浴设施和有效的月经管理

---

[1] 杨静薇等:《重庆某区青春期女生月经来潮及其对生活质量的影响》,载《中国学校卫生》2018年第4期,第519页。
[2] See E. Anne Macgregor, "Classification of Perimenstrual Headache: Clinical Relevance", *Current Pain Head Reports*, Vol. 16, 2012, pp. 452-460.
[3] See Karen Aegidius, et al., "Increased Headache Prevalence in Female Adolescents and Adult Women with Early Menarche. The Head-HUNT Studies", *European Journal of Neurology*, Vol. 18, 2011, pp. 321-328.
[4] 参见范素鸿等:《195例青春期盆腔子宫内膜异位症临床病例分析》,载《现代妇科进展》2017年第1期,第19页。
[5] 参见陈匯等:《女性经前期综合征应用程序调查》,载《中国公共卫生》2018年第7期,第949页。
[6] 参见[法]波伏瓦:《第二性Ⅱ》,郑克鲁译,上海译文出版社2011年版,第59页。
[7] 参见王欢、张兰:《青少年女性月经紊乱导致抑郁的研究进展》,载《解放军医学杂志》2020年第8期,第869页。

手段时，便难以有尊严地进行月经管理；月经带来的戏弄、排斥和羞耻，有损女性的人格尊严；性别不平等、赤贫、人道主义危机和否定性的文化传统，都将经期中的女性置换成"他我"的存在，这有损她们的基本人权[1]。出于相关性的考量，结合联合国的呼吁和国际人权法的规定，获得月经卫生护理的权利主要包含三项子权利。

首先，获得水资源的权利。水对所有人都非常重要，对经期中的女性则具有更特殊的意义。经期中女性的身体非常脆弱，容易出现细菌感染，因此她们尤其需要保持清洁。当女性不能洗澡或定期清洁月经用品时，泌尿生殖系统感染的风险将会增加。获得充足、安全、负担得起的水资源，是女性月经健康管理的前提条件。虽然较为零散，而且鲜有直接提及月经，但国际人权法已经对女性的水权作出规定。《消除对妇女一切形式歧视公约》第14条第2款规定，缔约各国应保证女性享受适当的生活条件，其中包含水[2]。《关于战俘待遇之日内瓦公约》第29条规定，拘留国之收容女俘者应供给足够之用水；《约翰内斯堡执行计划》第25条第2款提出，女性应参与水资源相关决策的作出；《国内流离失所问题指导原则》第18条指出，需要确保女性参与水资源等基本用品的分配[3]，从国际层面确认了水权之于女性的重要性。

其次，获得卫生设施的权利。拥有干净、卫生、具有私密性、可接近的卫生设施，亦是女性妥善进行月经管理的重要条件。据联合国人权事务高级专员办事处2011年的数据，世界有数百万的女性需要步行300多米才能够使用厕所。卫生设施的缺失会导致：一是女性更可能遭受强奸和其他形式的性别暴力；二是女性更可能遭到动物的攻击[4]。女性需要

---

[1] See United Nations Population Fund (UNPF), Menstruation and Human Rights: Frequently Asked Questions, Geneva: UNPF, June, 2021.

[2] 《消除对妇女一切形式歧视公约》第14条第2款规定："缔约各国应采取一切适当措施以消除对农村妇女的歧视，保证她们在男女平等的基础上参与农村发展并受其惠益，尤其是保证她们有权……享受适当的生活条件，特别是在住房、卫生、水电供应、交通和通讯方面。"

[3] See Right to Water and Sanitation Programme Centre on Housing Rights and Evitions (COHRE), Legal Resources for the Right to Water and Sanitation: International and National Standards, 2nd Edition, Geneva: COHRE, January, 2008, p. 28, 47.

[4] See Office of the High Commissioner for Human Rights (OHCHR), Women and Girls and Their Right to Sanitation, Geneva: UNCHR, October 3, 2011.

厕所和浴室，不只是生理所需，还是维护隐私和尊严的需要。2010 年，联合国宣布获得卫生设施是一项人权。2015 年，联合国享有安全饮用水和卫生设施的人权问题特别报告员雷奥·海勒（Léo Heller）和联合国经济、社会和文化权利委员会（以下简称"经社文权利委员会"）主席瓦利德·萨迪（Waleed Sadi）确认，获得卫生设施是人权[1]。《消除对妇女一切形式歧视公约》第 14 条、《关于战俘待遇之日内瓦公约》第 29 条、《国内流离失所问题指导原则》第 18 条等，亦从不同的角度明确了获得卫生设施是人权[2]。

最后，获得月经产品和信息的权利。月经产品缺乏不仅不利于保护女性的月经隐私，还会损害其健康。联合国相关专家已就女性在月经期间必须使用的产品达成共识：肥皂、卫生巾、卫生棉、月经杯、内裤、毛巾、有关月经管理的基础性教育等[3]。联合国儿童基金会 2019 年发布的《月经健康和卫生指南》，将获得月经产品和信息的权利视作健康月经管理的题中应有之义。儿童基金会鼓励各国为女性提供月经产品，旨在确保所有女性都能够获得尽可能安全的月经产品[4]。在内容方面，联合国儿童基金会强调不仅要提供基础性的月经产品，还包括肥皂、内衣、晾衣绳等辅助性月经产品，以及必要的月经和月经管理信息[5]。这些产品和信息对于残障女性妥善和有尊严地管理月经是不可或缺的。

三、残障女性的月经管理困境

虽然上述权利都应为残障女性所享有，但实际上她们没有平等享有这

---

[1] See United Nations Human Rights (UNHR), Right to Sanitation, A Distinct Human Right—Over 2.5 Billion People Lack Access to Sanitation, Geneva: UNHR, December 18, 2015.

[2] See Right to Water and Sanitation Programme Centre on Housing Rights and Evitions (COHRE), Legal Resources for the Right to Water and Sanitation: International and National Standards, 2nd Edition, Geneva: COHRE, January, 2008, p. 46.

[3] See United Nations Population Fund (UNPF), Menstruation and Human Rights: Frequently Asked Questions, Geneva: UNPF, June, 2021.

[4] See UNICEF, Guidance on Menstrual Health and Hygiene, Programme Division/WASH 3 United Nations, 2019.

[5] See UNICEF, Guidance on Menstrual Health and Hygiene, Programme Division/WASH 3 United Nations, 2019.

些权利。[1] 月经被认为是女性的第二性征，月经管理是女性无法避开的活动。那么，月经管理之于残障女性呈现出何种状态？"相较于健常女性，残障女性的负面月经经历更多，甚至可能成为她们的创伤性经历。"[2] 身心障碍使残障女性的月经管理面临诸多不便。"理解水平和可供知晓这方面知识之条件的欠缺，则会对她们学习管理月经需要的能力构成挑战。"[3] 参照上述有关联合国的呼吁和国际人权法的规定，这些不便主要表现为：

（一）水和卫生设施缺乏

水和卫生设施缺乏将残障女性置于更艰难的处境中。洗涤对于经期中的女性非常重要，但有大量文献表明，中低收入国家的残障女性在水资源的获取上面临障碍[4]。与月经一样，残障也会带来羞耻感。二者的综合作用加剧了残障女性的边缘化。她们被迫与男人分离开来，禁止使用相同的水源，以免"玷污"他们[5]。极端的例子出现在乌干达和赞比亚。在那里，残障女性被认为是"肮脏"和有传染性的，她们被禁止使用公共供水设施[6]。即便没有这种限制，在欠缺家庭供水的地区，残障女性在接近水源或携带重型容器方面也会遇到更多困难[7]。在取水过程中，残障女性可能会受到意外伤害或人为侵害，由此可能造成新的残障或加重她们原有的残障。此外，因残致贫引起的恶性循环，亦是导致供残障女性进行月经管

---

[1] See The Committee on The Rights of Persons with Disabilities, General Discussion of Women and Girls with Disabilities, Madrid: Area de Documentacion y Publicaciones, 2014, p. 16.

[2] Mary Ndaro, *Managing Menstruation Among Women and Girls with Disabilities*, a booklet in English and Hindi, 2020.

[3] Jane Tracy, et al., "Menstrual Issues for Women with Intellectual Disability", *Australian Prescriber*, Vol. 39, 2014, pp. 54-57.

[4] See Jane Wilbur, Hazel Jones, Disability: Making CLTS Fully Inclusive, Institute of Development Studies, 2014.

[5] See Sarah House, et al., "Menstrual Hygiene Matters: A Resource for Improving Menstrual Hygiene around the World", *Reproductive Health Matters: An International Journal on Sexual and Reproductive Health and Rights*, Vol. 21, 2013, pp. 257-259.

[6] See Jane Wilbur, et al., Undoing Inequity: Inclusive Water, Sanitation and Hygiene Programmes that Deliver for All in Uganda and Zambia, Nakuru: Water Engineering Development Centre (WEDC), 2013.

[7] See Linda Steele, Beth Goldblatt, "The Human Rights of Women and Girls with Disabilities", in Chris Bobel, et al., *The Palgrave Handbook of Critical Menstruation Studies*, Singapore: Palgrave Macmillan, 2020, p. 80.

理的水资源缺乏的重要原因，这将经期中的残障女性置于受细菌感染的更高风险中[1]。

卫生设施的缺位亦会给残障女性带来诸多不便。路途遥远加之无障碍设施缺乏，残障女性很难进行月经管理，特别是在露天或移动卫生设施较远的情况下，残障女性的困难更加突出。在经济较发达的国家，可供健常女性使用的卫生设施已非常完备，而对残障女性而言，情况却并非如此：一方面，无障碍卫生设施尚未全覆盖；另一方面，即便设置无障碍卫生设施，残障女性在使用时也会遇到困难。现实中，无障碍卫生设施或被用作清洁人员休息室[2]，或不分性别，或只针对轮椅使用者（图1），或高度、纵深、扶手等方面不合格，这都降低了无障碍卫生设施之于残障女性的使用价值。"在不卫生的厕所蹲位上更换卫生用品或衣物，会使她们面临更大的感染风险。"[3] 这些都是残障女性在进行月经管理时无法绕开的问题，意味着她们在获得卫生设施方面的机会不平等[4]。

图1 无障碍卫生间标识

（二）月经产品和月经管理信息缺位

缺乏合适的月经产品是残障女性在进行月经管理时面临的现实难题。一是某些类型的月经产品对某些障别的残障女性无效。例如，对手部有残

---

[1] See Linda Steele, Beth Goldblatt, "The Human Rights of Women and Girls with Disabilities", in Chris Bobel, et al., *The Palgrave Handbook of Critical Menstruation Studies*, Singapore: Palgrave Macmillan, 2020, p. 80.

[2] 参见李莹等：《不让任何一个人掉队——对处境不利妇女群体发展的初步评估》，载《山东女子学院学报》2021年第1期，第36页。

[3] The Committee on The Rights of Persons with Disabilities, General Discussion of Women and Girls with Disabilities, Madrid: Area de Documentacion y Publicaciones, 2014, p. 232.

[4] See Linda Steele, Beth Goldblatt, "The Human Rights of Women and Girls with Disabilities", in Chris Bobel, et al., *The Palgrave Handbook of Critical Menstruation Studies*, Singapore: Palgrave Macmillan, 2020, p. 80.

障的女性来说，插入、取出卫生棉或月经杯都是挑战；脑瘫女性亦是如此。就此，劳伦·斯莱特（Lauren Slattery）讲述了她的故事，"我有脑瘫，使用卫生巾是没有问题的。只是我得到一个月经杯，插入和取出都很困难，因为我的肌肉力量不是很好"[1]。而对智力障碍女性而言，卫生巾和月经杯都不是最好的月经产品。如果没有适时跟踪，这些产品就可能被遗忘在阴道内。二是相较于健常女性，残障女性会陷入更高程度的"月经贫困"中[2]。在全球范围内，月经产品都不便宜，购买月经产品使原本就因残障而陷入贫困的女性面临更沉重的负担。既有研究显示，上一次月经期间没有使用月经产品的残障女性是健常女性的2倍以上；有11.6%的残障女性因为没有月经产品而受到侮辱，高出健常女性4.4个百分点[3]。

和其他女性一样，为更好地应对月经到来，残障女性需要拥有明确、直接的信息输入，以了解她们的身体和月经机理，学习月经管理的知识和技能[4]。遗憾的是，残障女性大多无法充分获得这方面的信息。

首先，面向残障女性的月经形成机理和月经管理信息缺失。"人对一切事都有一个从无知到有知的过程。可如果有人在某事上的无知有人为因素，那就存在问题了。"[5] 残障女性对月经和月经管理信息的了解亦是如此[6]。由于某些人为因素的阻挠，"当第一次来月经时，许多残障女孩不知道它是什么，也不知道该如何处理"[7]。其次，有一种假设认为，残障女性理解能力低下，因此无法掌握月经和月经管理的信息。在这种认知观念的影响下，学校教育和家庭教育在面向残障女童时多会刻意回避这方面

---

[1] Clár McWeeney, "Menstruating While Disabled", HelloClue, https://helloclue.com/cycle/menstruating-while-disabled, last visited on April 22, 2021.

[2] See The Committee on The Rights of Persons with Disabilities, General Discussion of Women and Girls with Disabilities, Madrid: Area de Documentacion y Publicaciones, 2014, pp. 232-233.

[3] See Angle Bexley, Sharon Bessell, "The Multidimensional Poverty of Women with Disabilities", Australian National University, March 25, 2020, https://crawford.anu.edu.au/news-events/news/16362/multidimensional-poverty-women-disabilities, last visited on June 7, 2021.

[4] See Jane Tracy, et al., "Menstrual Issues for Women with Intellectual Disability", *Australian Prescriber*, Vol. 39, 2016, pp. 54-57.

[5] 李银河：《中国女性的感情与性》，内蒙古大学出版社2009年版，第33页。

[6] The Committee on The Rights of Persons with Disabilities, General Discussion of Women and Girls with Disabilities, Madrid: Area de Documentacion y Publicaciones, 2014, p. 232.

[7] The Committee on The Rights of Persons with Disabilities, General Discussion of Women and Girls with Disabilities, Madrid: Area de Documentacion y Publicaciones, 2014, p. 232.

的信息，在接受医疗保健服务时，医生通常也多是向监护人而不是她们本人提供这方面的信息[1]。最后，受残障女性是不完整女人的否定性观念影响，月经禁忌会对她们造成更加深刻的影响，这使得她们很难获得有关月经管理的信息和方法。

（三）月经个人护理的困境

在个人月经护理方面，残障女性面临的困境会因为残障程度的不同而存在差异。

对轻度残障女性来说，她们遇到的突出问题是得不到信任，由此带来的"过度保护"[2]导致她们自主管理月经权利的丧失。残障女性身心障碍之于行为能力的影响被不当夸大，残障女性管理月经的能力被质疑，监护人乃至医护人员则具有控制她们月经的权利。现实中，身心障碍和女性必须经历的生理周期之间会形成交叉作用。当由此形成的新型不平等碰上残障医疗模式时，残障女性就会被定位为有生物医学缺陷的存在。在这种情形下，如果医疗力量的干预被认为是有效的，残障女性的意愿就显得不那么重要了[3]。其中蕴含如下假设：一是残障女性应当隐瞒和控制月经；二是残障女性没有能力自主管理月经；三是残障女性的月经管理必须借助他人的帮助[4]。这种假设是在没有对实际的月经管理能力做出恰当评估的基础上提出的，它推定残障女性无法管理月经，由此导致她们月经自主管理权的丧失。

从重度残障女性的角度看，她们面临的最大困难是无法有效地进行月经管理。月经管理是一件非常复杂的事情，包括但不限于：计算并掌握月

---

[1] See Linda Steele, Beth Goldblatt, "The Human Rights of Women and Girls with Disabilities", in Chris Bobel, et al., *The Palgrave Handbook of Critical Menstruation Studies*, Singapore: Palgrave Macmillan, 2020, p. 81.

[2] Margaret A. Nosek, et al., "Self-Esteem and Women with Disabilities", *Social Science & Medicine*, Vol. 56, 2003, pp. 1737-1747.

[3] See Linda Steele, Beth Goldblatt, "The Human Rights of Women and Girls with Disabilities", in Chris Bobel, et al., *The Palgrave Handbook of Critical Menstruation Studies*, Singapore: Palgrave Macmillan, 2020, p. 79.

[4] See Linda Steele, Beth Goldblatt, "The Human Rights of Women and Girls with Disabilities", in Chris Bobel, et al., *The Palgrave Handbook of Critical Menstruation Studies*, Singapore: Palgrave Macmillan, 2020, p. 79.

经周期、购买月经产品及其他辅助卫生产品、定期更换月经产品、洗涤身体和内裤、在月经疼痛时购买止痛药物等。对健康女性而言，除月经带来的麻烦外，其他事项可能不会成为真正意义上的问题，但对重度障碍女性来说，月经管理的每一项活动都是巨大的挑战。具体表现为：重度肢体障碍女性或许难以完成其中的任何事项[1]；重度视力障碍女性无法确定月经何时开始，何时结束[2]；严重听力或沟通障碍女性在疼痛和需要支持时，无法聆听或有效地进行沟通[3]；严重智力障碍女性根本无法理解上述事项，多重障碍女性更是如此。凡此种种都导致她们在月经管理中处于极度脆弱的状态中。

无论是基于不信任由他人提供"帮助"，还是基于不能而必须获得的他人"支持"，第三人帮助下的残障女性月经管理都是退而求其次的选择。由此导致：一方面，残障女性无法保护自身隐私。月经管理中，残障女性的隐私部位和经血会被暴露在另一个人眼前，这在引起羞耻感的同时，更不利于残障女性隐私的保护。由于性别特征被弱化，在一些国家，强迫残障女性接受男护工洗浴不构成对女性人权的侵犯[4]。另一方面，残障女性在接受月经管理的过程中可能被限制自由或遭受暴力。为防止她们乱跑，母亲会限制经期残障女儿的活动[5]。对经血的厌恶，加上残障女性的不配合，暴力便会出现[6]。如一位残障女性的母亲谈到的，

---

[1] See Sarah House, et al., "Menstrual Hygiene Matters: A Resource for Improving Menstrual Hygiene around the World", *Reproductive Health Matters: An International Journal on Sexual and Reproductive Health and Rights*, Vol. 21, 2013, pp. 257-259.

[2] See Sian White, et al., "A Qualitative Study of Barriers to Accessing Water, Sanitation and Hygiene for Disabled People in Malawi", *PLOS ONE*, Vol. 11, 2016, pp. 1-18.

[3] See Sarah House, et al., "Menstrual Hygiene Matters: A Resource for Improving Menstrual Hygiene around the World", *Reproductive Health Matters: An International Journal on Sexual and Reproductive Health and Rights*, Vol. 21, 2013, pp. 257-259.

[4] See Doris Rajan, Women with Disabilities and Abuse: Access to Supports, Montréal: Disabled Women's Network (DAWN Canada) /Réseau d'action des femmes handicapées du Canada (RAFH Canada), March, 2011.

[5] See Poornima Thapa, Muthusamy Sivakami, "Lost in Transition: Menstrual Experiences of Intellectually Disabled School-Going Adolescents in Delhi", *India Waterlines*, Vol. 36, 2017, pp. 317-338.

[6] See Linda Steele, Beth Goldblatt, "The Human Rights of Women and Girls with Disabilities", in Chris Bobel, et al., *The Palgrave Handbook of Critical Menstruation Studies*, Singapore: Palgrave Macmillan, 2020, p. 80.

"她不同意使用卫生巾,每次都把衣服弄脏。很尴尬,我不得不对她大喊大叫并打她"[1]。残障女性无知的预设亦会增加她们遭受暴力的风险。另外,月经禁忌会也助长暴力的发生。经血多被认为不洁净并会招致厄运,为向给自己带来"厄运"的人实施报复,第三人可能通过对残障女性施以暴力来泄愤[2]。

第二节 残障女性的性权利

月经到来意味着青春期的开始,"追求青春的理想与对性吸引力和性能力的构建密切相关"[3]。从生理的角度看,月经与性紧密相关。月经初潮标志着女性性器官发育开始成熟。在现代社会中,传统的性禁忌及附加在性行为之上的不恰当束缚已经被打破,性行为被接受为一项普遍的人权[4]。残障女性的性功能可能没有因为身心障碍而受到太大影响或完全丧失,"她们和所有人一样,对性和亲密关系都拥有着不同程度的兴趣"[5]。但现实中,在残障女性的性问题上存在观念和事实相背离的状态。在观念层面,残障女性被认为是无性的,这导致她们无法实现性愉悦;在事实层面,身心障碍的存在使她们更容易遭受性骚扰、强奸、性虐待等性违法犯罪行为的侵犯[6]。

---

[1] Vanshika Bhatt, "93% of Women and Girls with Disabilities Are Denied Reproductive Rights. Have We No Shame?", Youth Ki Awaaz, December 8, 2020, https://www.youthkiawaaz.com/2020/12/intellectual-disabilities and-menstruation-in-indial.

[2] See Kai Spratt, *Literature Review of People with Disabilities and Gender Based Violence*, Written for USAID/Vietnam, July 21, 2017.

[3] [英] 马克·普里斯特利:《残障:一个生命历程的进路》,王霞绯、李敬译,人民出版社2015年版,第93页。

[4] 参见章瑛:《人权语境下的性权利:内涵及其意义》,载《学术界》2012年第7期,第184页。

[5] Presentation Guidelines, The Path to Equality for Women and Young Persons with Disabilities: Realizing Sexual and Reproductive Health and Rights and Ending Gender-Based Violence, Population Reference Bureau, 2019, p. 27.

[6] 参见[英] 马克·普里斯特利:《残障:一个生命历程的进路》,王霞绯、李敬译,人民出版社2015年版,第90页。

一、国际视域下的性权利

"人类的活动依据天生赋有的生理装置而得到安排，性依此被形塑。"[1]"性是人类最基本、自然的东西，是人类存在的真相。"[2]但"是否存在个人在满足性行为参与者'自愿、成年、私密'的前提条件下同他人发生性关系的权利，很难回答"[3]。从国际人权文件来看，作为权利的性是规范建构的结果。残障女性并没有被排除在性权利的享有主体之外。《残疾人机会均等标准规则》载明，残障人享受性爱、发生性行为和为人父母的权利不应被剥夺，并强调"国家应采取措施改变对残障人（尤其是女性）婚姻、性爱和生育的负面观念"[4]。由于与残障女性性权利直接相关的内容较少，揭示普遍意义的性权利规定是必要的。

国际人权法律体系中尚未正式出现专门的"性权利公约"，本书着眼于第十四次世界性学会议通过的《性权宣言》的重要意义。《性权宣言》确认了性权利是一项最基本、最普遍的人权，其指出性是人格的组成部分，性权利的充分发展有赖于人类的基本需要，并且强调性权利的实现得益于个人与社会之间的互动。[5]《性权宣言》罗列出了性权利的11项子权利[6]，并指出这些权利是个人的健康幸福所必需的。《性权宣言》虽然没有法律约束力，但其产生的影响是积极而深远的。它标志着性权利观念的成熟，并随之形成了系统的性权利理论。[7] 2005年，世界卫生组织正式定

---

[1] [美]佩珀·施瓦茨、弗吉尼亚·拉特：《性之性别》，陈素秋译，台北韦伯文化国际2004年版，第6页。
[2] 张红：《从禁忌到解放——20世纪西方性观念的演变》，重庆出版社2006年版，第2页。
[3] 田阳：《试论残障人的性权利》，张万洪主编：《残障权利研究》（第1卷），社会科学文献出版社2014年版，第179—180页。
[4] United Nations, Standard Rules on the Equalization of Opportunities for Persons with Disabilities, A/RES/48/96, March 4, 1994.
[5] 参见章瑛：《人权语境下的性权利：内涵及其意义》，载《学术界》2012年第7期，第186页。
[6] 具体包括：性自由权，性自主权，性完整权与性身体安全权，性私权，性公平权，性快乐权，性表达权，性自由结合权，自由负责之生育选择权，以科学调查为基础之性资讯权，全面性教育权，性保健权。参见赵合俊：《性权与人权——从〈性权宣言〉说起》，载《环球法律评论》2002年第1期，第97—98页。
[7] 参见赵合俊：《性权与人权——从〈性权宣言〉说起》，载《环球法律评论》2002年第1期，第98页。

义性权利,也即"同时拥有追求满意、舒适及愉悦的性生活的权利"[1],这在一定程度上表明性权利已经得到了国际社会的承认。

其他相关文件虽然与性权利的确认没有直接关联,但也可以视为证成性权利存在的重要国际人权法依据。《世界人权宣言》第 12 条规定,任何人的私生活不受不当干涉,人人有权受法律保护,以免受这种干涉或者攻击。《公民权利及政治权利国际公约》第 17 条也包含类似的内容[2]。这些关于私生活保护的规定,为性权利的证立奠定了重要的基础。概言之,对性权利最详细且权威的阐释——《性权宣言》的出台,加上《世界人权宣言》和国际人权公约对平等、自由、自决的规定,基本可得出结论:性权利即与性有关的合法利益[3]。作为独立的人,残障女性当然享有性权利。

二、残障女性的性刻板印象及波及效应

既然性权利已被公认为一项普遍人权,它便理应为残障女性所享有,但事实却并非如此,社会对残障女性之性的态度非常刻薄[4]。一种普遍的观念认为,"残障女性的身体同社会的审美标准不相符合,残障女性不具有性吸引力,尽管在她们身边存在可能的异性伴侣,亦会被选择性地无视"[5]。一种针对残障女性的"刻板印象"[6]逐渐形成,即残障女性等同

---

[1] World Health Organization (WHO), Gender and Human Rights, Geneva: WHO, Report of a technical consultation on sexual health, 2002.
[2] 参见《公民权利及政治权利国际公约》第 17 条:"一、任何人之私生活、家庭、住宅或通信,不得无理或非法侵扰,其名誉及信用,亦不得非法破坏。二、对于此种侵扰或破坏,人人有受法律保护之权利"。
[3] 参见章瑛:《人权语境下的性权利:内涵及其意义》,载《学术界》2012 年第 7 期,第 187 页。
[4] 参见章静、方刚:《残障女性的性:多重禁忌下的伤害》,载《中国性科学》2018 年第 1 期,第 159 页。
[5] 章静、方刚:《残障女性的性:多重禁忌下的伤害》,载《中国性科学》2018 年第 1 期,第 159 页。美丑能够客观地衡量,但残障女性的身体特征同健常女性相比存在差异,故被界定为丑陋的。See Sander L. Gilman, *Difference and Pathology: Stereotypes of Sexuality, Race and Madness*, Ithaca: Cornell University Press, pp. 64-70.
[6] 刻板印象的特点是,"在我们对自己感知的信息展开思考前,便预先将一些性质强加于这些信息……没有什么比刻板印象更亘古不化。任何教育和批评都难改变它。它会为自己寻找证据,再给这些证据打上自己的烙印"。参见[美]沃尔特·李普曼:《舆论》,常江、肖寒译,北京大学出版社 2018 年版,第 79 页。

于无性的人，她们是没有性欲望和性需求的[1]。这些性刻板印象是阻碍残障女性性权利实现的重要因素。这种对残障女性性能力之否定的观念中存在两种思维路径：一是对智力障碍或精神障碍女性来说，性功能虽然健全，但她们被认为只具有有限的社会判断能力，欠缺进行性行为的能力；二是对肢体障碍女性而言，她们会被预设为存在身体性的性功能障碍，这使得她们获得性满足的机会非常有限，进而被认定为没有性需要[2]。

由此导致社会公众对残障女性的态度更刻薄，残障女性尤其是智力障碍女性不认为应享有性愉悦。香港复康联会的调查显示，有37%的人不接受或非常不接受智力障碍女性和异性拥抱，只有15%的人接受或非常接受与智力障碍女性发生性行为[3]。这表明，公众对残障女性的性需求和性行为存在偏见，这给她们性权利的实现增加了观念阻碍。正如一位受访残障女性所谈到的，她的母亲认为与男孩建立亲密关系会给她（残障女儿）造成伤害[4]。残障女性的父母或其他监护人，同样会受到这种否定性性观念的影响。"残障女性还可能内化有关性的负面信息，使之对自身的身心障碍产生羞耻感"[5]，进而形成性能力和性吸引力的自我否定，担心自己的身心状况和外貌条件与潜在性伴侣的要求之间存在较大出入[6]。

此种刻板印象在现实中给残障女性性权利的实现造成不利影响。一是会阻碍残障女性性健康信息的获取。大量事实证明，青年残障女性通常无

---

[1] See Heather Becker, et al., "Reproductive Health Care Experiences of Women with Physical Disabilities", *Archives of Physical Medicine and Rehabilitation*, Vol. 78, 1997, pp. 26-33; Alessandra Aresu, Muriel Mac-Seing, "When Sexuality Meets Disability", in Paul Chappell, Mariene de Beer, ed., *Diverse Voices of Disabled Sexualities in the Global South*, Cham: Palgrave Macmillan, 2019, p. 297.

[2] See Maureen S. Milligan, Aldred H. Neufeldt, "The Myth of Asexuality: A Survey of Social and Empirical Evidence", *Sexuality and Disability*, Vol. 19, 2001, pp. 91-109.

[3] 参见凌锦霞等：《照顾者对智障人士性需要意见研究报告》，香港复康联会2004年。

[4] See United Nations Economic and Social Commission for Asia and the Pacific (UNESCAP), Hidden Sisters: Women and Girls with Disabilities in the Asian and Pacific Region, Bangkok: UNESCAP, ST/ESCAP/1548, 1995.

[5] C. P. DeLoach, "Attitudes Toward Disability: Impact on Sexual Development and Forging Intimate Relationships", *Journal of Applied Rehabilitation Counseling*, Vol. 25, 1994, pp. 18-25.

[6] See Rhoda Olkin, *What Psychotherapists Should Know About Disability*, New York: The Guilford Press, 1999, p. 37.

法接受性教育[1]。她们大多只能从朋友、课外书、亲密伴侣，甚至性暴力体验中获得有关性的信息，这使她们面临更高的怀孕、性侵害、性疾病传播风险。二是残障女性在建立亲密关系方面举步维艰。人们认为，残障女性对性无感，无力发展亲密关系，健常男性不会找残障女性做性伴侣[2]。当她们想要发生性关系时，人们的态度则会更消极[3]。正如一位男性在拒绝残障女友时谈到的，"你是个好女人，但生活上不方便"[4]。这里的"生活上不方便"虽不全指但确实暗含着性，甚至有人将同残障女性发生性关系视作性侵犯，道德羞耻感会出现在本想接受和残障女性发生性关系的男性身上[5]。另外，有的法律将与智障女性发生性行为直接认定为强奸罪，当与残障女性发生性关系会被法律追责时，男性伴侣就会远离之，这客观上阻碍了她们性权利的实现[6]。

三、针对残障女性的性侵犯

根据《性权宣言》罗列的 11 项内容可以发现，性权利不仅指从正面明确有权利或能力自主地进行性行为，还包括在不受他人侵犯的情况下对性自主权的保有。具体到残障女性身上来说就是，她们的性权利困境除性刻板印象，以及由此导致的性信息难以获得和建立亲密关系的困难等而无法积极实现外，还包括对她们的性侵犯，这是探讨残障女性性权利无法回避的问题。现实中，由于残障人和女性的双重身份及由此造成的诸多不便，残障女性的性权利更容易受到侵犯，进而成为性骚扰、性虐待和强奸等性违法犯罪行为的牺牲品。"虽然有证据证明对残障女性的性侵大多发

---

[1] 参见［英］马克·普里斯特利：《残障：一个生命历程的进路》，王霞绯、李敬译，人民出版社 2015 年版，第 93 页。

[2] See Mya Vaughn, et al., "Women with Disabilities Discuss Sexuality in San Francisco Focus Groups", *Sexuality and Disability*, Vol. 33, 2015, pp. 19-46.

[3] See Rhoda Olkin, *What Psychotherapists Should Know About Disability*, New York: The Guilford Press, 1999, p. 64.

[4] 陈亚亚：《女权与残障：基于身份政治的思考和观察》，载张万洪主编：《残障权利研究》（第 1 卷），社会科学文献出版社 2014 年版，第 207 页。

[5] 参见刘思洁：《残障女性艰难的性与爱：自卑、羞耻、渴望》，搜狐网，https://www.sohu.com/a/360026174_318144，最后访问日期：2024 年 11 月 22 日。

[6] 参见张强：《论智力残障者性权利的司法保护》，载《残疾人研究》2018 年第 1 期，第 68 页。

生在'寄宿'福利院的大墙后面或家庭内部"[1]，不为社会公众所知晓，但随着国家人权保障事业的推进，这类侵犯残障女性性自主权的案件逐渐凸显出来。

"残障女性被性侵的比例普遍高于健常女性。"[2]既有的研究显示，残障女性遭受性侵的高达39.99%[3]。根据密歇根大学的数据，被调查的残障女性多达40%遭受过性侵[4]。一项以200名残障女性为样本的研究表明，她们遭受性侵的比例达到53%[5]。在发育障碍女性中，有高达83%是性侵犯罪受害者，残障女性遭遇强奸的概率是健常女性的2倍以上[6]。另有美国特拉华医疗中心的对比调查显示，残障女性遭受性侵的可能性是健常女性的4倍，而且她们受虐待的时间更长[7]。有受访残障女性讲述，自己遭受过的性侵达20多次[8]。另有针对1152名美国残障女性的访谈表明，残障女性遭受性虐待的可能性是健常女性的2倍[9]。残障女性有较高风险被迫卖淫。联合国儿童基金会的报告显示，泰国提供性服务的场所专

---

[1] [美]凯利·D. 阿斯金、多萝安·M. 科尼格编：《妇女与国际人权法案（第3卷）：走向赋权》，黄列等译，生活·读书·新知三联书店2012年版，第285页。

[2] Delanie Woodlock, et al., Voices Against Violence: Paper 6: Raising Our Voices—Hearing from Women with Disabilities, Melbourne: Women with Disabilities Victoria (WDV), January 1, 2014.

[3] See Patricia A. Findley, Sara-Beth Plummer, Women with Disabilities' Experience with Physical and Sexual Abuse: Exploring International Evidence, New Jersey: Huamin Research Center, a research Report, December 10, 2013.

[4] See End the Criminalization of Trauma (ECT), The Disability Community & Sexual Violence, Washington: ECT, February 15, 2021.

[5] See Patricia A. Findley, Sara-Beth Plummer, Women with Disabilities' Experience with Physical and Sexual Abuse: Exploring International Evidence, New Jersey: Huamin Research Center, a research Report, December 10, 2013.

[6] See Rape, Abuse & Incest National Network (RAINN), Sexual Assault and People with Disabilities, Washington: RAINN, 2020.

[7] See J. M. Gill, S. A. McClellan, "Improving Preventive Care for Women Impact of a Performance Improvement Program in a Family Practice Office", *Delaware Medical Journal*, Vol. 70, 1998, pp. 11-16.

[8] See Delanie Woodlock, et al., Voices Against Violence: Paper 6: Raising Our Voices—Hearing from Women with Disabilities, Melbourne: Women with Disabilities Victoria (WDV), January 1, 2014.

[9] See Kurt C. Stange, et al., "How Do Family Physicians Prioritize Delivery of Multiple Preventive Services?", *Journal of Family Practice*, Vol. 38, 1994, pp. 231-237.

门寻找失聪年轻女性,因为她们无法表达痛苦也难以找到回家的路[1]。以上研究都表明残障女性更容易遭受性侵犯。

由于智障女性是性自主权受侵犯最严重的群体,本书将就此进行专门探讨。一项早期的调查显示,据82%的轻度智障女性反映,她们在18岁之前遭受过性侵。[2] 在美国,每年有15000—19000名智障女性遭受性侵,是健常女性的2倍。[3] 在中国的性自我防卫能力司法鉴定中,女性智障者的占比最大,这也从侧面反映出,此类特定群体不仅更多面临被性侵的风险,她们的性自我防卫能力也被质疑。希拉·曼塞尔(Sheila Mansell)等人的调查研究显示,92%的智障女性遭受过一次以上的性侵,16%的智障女性遭受性侵长达1年,54%的智障女性曾遭受多人性侵。[4] 此外,米歇尔·麦卡锡(Michelle McCarthy)和大卫·汤普森(David Thompson)针对65名智障女性和120名智障男性的调查发现,61%的智障女性遭受过性侵,远高于智障男性(25%),其中有17%的女性被数次性侵,22%的女性曾在数年内持续遭受性侵。[5]

第三节　残障女性的婚姻自主权

随着女性运动的推进和当代新婚姻法的确立,女性享有并行使婚姻自主权已成为常态,国际人权法亦将其规定为基本人权。残障女性的婚姻则更复杂。基于参与者和旁观者的双重视角审视此项人权可以发现:一方

---

[1] See Stephanie Ortoleva, et al., Forgotten Sisters—A Report on Violence Against Women with Disabilities: An Overview of Its Nature, Scope, Causes and Consequences, Boston: Northeastern University School of Law Research Paper, 2012, p. 10.

[2] See Marilyn M. Stromsness, "Sexually Abused Women with Mental Retardation: Hidden Victims, Absent Resources", *Women & Therapy*, Vol. 14, 1994, pp. 139-152.

[3] See Dick Sobsey, Sheila Mansell, "An International Perspective on Patterns of Sexual Assault and Abuse of People with Disabilities", *International Journal of Adolescent, Medicine and Health*, Vol. 7, 1994, pp. 153-178.

[4] See Sheila Mansell, et al., "Clinical Findings Among Sexually Abused Children With and Without Developmental Disabilities", *Mental Retardation*, Vol. 36, 1998, pp. 12-22.

[5] See Michelle McCarthy, David Thompson, "A Prevalence Study of Sexual Abuse of Adults with Intellectual Disabilities Referred for Sex Education", *Journal of Applied Research in Intellectual Disabilities*, Vol. 10, 1997, pp. 105-124.

面,"女性的婚姻机会严重受残障的影响"[1]。由于身心障碍被认为是缺陷,加之她们承担贤妻良母传统性别角色之能力受到质疑,结婚对残障女性来说是非常困难的事情,这导致她们按照常规途径缔结婚姻的可能性很小。[2] 另一方面,即便残障女性结婚,她们也很难实现真正意义上的婚姻自主。现实生活中,无论是婚姻关系的缔结还是解除,残障女性往往都被置于不利的处境中。

一、作为独立人权的婚姻自主

历史上的较长时间里,父权制下的婚姻关系缔结始终是以男性为中心的。随着女性运动的推动和人权话语的传播,女性主义者谴责婚姻带有浓厚男权主义色彩,以及国家对男性主导缔结婚姻关系这一具有传统道德合理性之做法的默认,进而呼吁解决女性在婚姻关系缔结中权利受损的问题。公私领域的绝对隔绝状态逐渐被打破,原属私领域中的婚姻问题被置于公领域探讨:在国家层面,政府正式确立了男女平等和婚姻自主的原则,并出台法律打击婚姻缔结中侵害女性权利的违法犯罪。在国际层面,相关国际人权法的出台使婚姻自主权上升为女性普遍享有的人权(表3)。

表3 国际人权文件中有关婚姻自主权的规定(部分)

文件名称	条款	内容
世界人权宣言	第16条	(一)成年男女,不受种族、国籍或宗教的任何限制有权婚嫁和成立家庭。他们在婚姻方面,在结婚期间和在解除婚约时,应有平等的权利。(二)只有经男女双方的自由和完全的同意,才能缔婚

---

[1] Lina Abu-Habib, ed., *Gender and Disability: Women's Experiences in the Middle East*, Skipton, UK: Oxfam GB, 1997, p. 17.
[2] See The Committee on The Rights of Persons with Disabilities, General Discussion of Women and Girls with Disabilities, Madrid: Area de Documentacion y Publicaciones, 2014, p. 21; World Health Organization (WHO), World Bank Group (WBG), World Report on Disability, Geneva: WHO, Washington: WBG, 2011.

续表

文件名称	条款	内容
消除对妇女一切形式歧视公约	第16条第1款第1—3项	缔约各国应采取一切适当措施,消除在有关婚姻和家庭关系的一切事项上对妇女的歧视,并特别应保证她们在男女平等的基础上:(a)有相同的缔婚权利;(b)有相同的自由选择配偶和非经本人自由表示、完全同意不缔婚约的权利;(c)在婚姻存续期间以及解除婚姻关系时,有相同的权利和义务
经济、社会及文化权利国际公约	第10条第2项	婚姻必须婚嫁双方自由同意方得缔结
公民权利及政治权利国际公约	第23条第1—3款	一、家庭为社会之自然基本团体单位,应受社会及国家之保护。二、男女已达结婚年龄者,其结婚及成立家庭之权利应予确认。三、婚姻非经婚嫁双方自由完全同意,不得缔结。四、本盟约缔约国应采取适当步骤,确保夫妻在婚姻方面,在婚姻关系存续期间,以及在婚姻关系消灭时,双方权利责任平等……
关于婚姻之同意、结婚最低年龄及婚姻登记之公约	序言	(一)成年男女,不受种族、国籍或宗教的任何限制有权婚嫁和成立家庭。他们在婚姻方面,在结婚期间和在解除婚约时,应有平等的权利。(二)只有经男女双方的自由和完全的同意,才能缔婚
残疾人权利公约	第23条第1款	缔约国应当采取有效和适当的措施,在涉及婚姻、家庭、生育和个人关系的一切事项中,在与其他人平等的基础上,消除对残疾人的歧视,以确保:(一)所有适婚年龄的残疾人根据未婚配偶双方自由表示的充分同意结婚和建立家庭的权利获得承认

分析这些条款不难发现:除《消除对妇女一切形式歧视公约》和《残疾人权利公约》以外,其他国际人权文件都是针对所有人的,在措辞上更多使用的是"每个人""所有人""没有人"等性别中立的语言。然而,需要注意的是,凡涉及婚姻自主时,各项文件都直接或间接地提及对性别因素的考量。以《世界人权宣言》为例,得益于起草过程中女性主义者的不断主张和呼吁,其第16条第1款中设置了"成年男女……应有平等的权利"的规定。考虑到婚姻关系缔结中对女性的歧视依旧普遍存在的现实,这里强调的"成年男女……应有平等的权利"的进步之处在于,突出女性享有和男性一样的婚姻自主权。就内容而言,婚姻自主权大体包含如下四方面:一是婚姻缔结的自由;二是婚姻关系存续期间,夫妻双方权责对

第二章 残障女性权利的类型及困境 ·61

等；三是离婚自由；四是反对童婚。从结果上看，这些规定从国际人权法层面确立了婚姻自主权，成为探讨残障女性婚姻自主权困境的规范基础。

二、婚姻关系缔结中的客体化

"选择配偶和自由缔结婚姻的权利，对女性作为人的尊严和平等非常重要。"[1]但附加身心障碍因素以后，女性婚姻自主权的实现变得更加困难[2]，这首先表现在婚姻关系的缔结上。随着现代婚姻法的出台，压迫女性的封建婚姻制度被废除，男女平等的婚姻观念在世界范围内确立，女性开始实质性地拥有婚姻自主权，婚姻关系的缔结被赋予了美好的情感寄托。残障女性的婚姻呈现出来的则是完全不同的情境。由于身心障碍的牵制，她们的婚姻中多残留着非自由婚姻的印记，典型的表现是家人出于各种目的为残障女儿/姐妹包办婚姻[3]，以及农村地区常见的基于低价"交易"形成的"残障媳妇"[4]现象。

就前者而言，中国性别比例失衡带来的婚姻挤压问题凸显。一方面是男性过剩，另一方面，身心障碍造成残障女性很难结婚。于是，残障女性和这些男性便成为"退而求其次"的婚姻搭配。对婚姻市场中的弱势男性而言，这是他们达到传宗接代目的的折中选择。从存在"低程度婚姻期待"[5]的残障女性父母兄长角度讲，这或是其女儿或姐妹得到经济支持和照顾的难得机会[6]，或是实现婚姻谋利的重要契机。陈亚亚提到一名残障女性对婚姻

---

[1] [奥]玛丽安娜·苏尔泽：《平权的法理——〈残疾人权利公约〉解读》，谷盛开、张玄译，华夏出版社2018年版，第120页。

[2] See Alessandra Aresu, Muriel Mac-Seing, "When Sexuality Meets Disability", in Paul Chappell, Mariene de Beer, ed., *Diverse Voices of Disabled Sexualities in the Global South*, Cham: Palgrave Macmillan, 2019, p. 282.

[3] 参见彭玉娇：《浅析当代中国残障妇女基于性别面临的挑战》，载张万洪主编：《残障权利研究》（第4卷），社会科学文献出版社2017年版，第88页。

[4] 参见橙雨伞公益：《被锁10年的残障女性，是底层社会的一个缩影》，载界面新闻，https://www.jiemian.com/article/4820198.html，2020年8月14日。

[5] 熊伊伊、郑璇：《视障女性推拿技师的城乡流动与职业选择：性别与残障的交叉性研究》，载《残疾人研究》2019年第3期，第72页。

[6] See Alessandra Aresu, Muriel Mac-Seing, "When Sexuality Meets Disability", in Paul Chappell, Mariene de Beer, ed., *Diverse Voices of Disabled Sexualities in the Global South*, Cham: Palgrave Macmillan, 2019, pp. 289-290.

的描述,"婚姻没有意思呀,残疾人的婚姻就更没意思……我在父母的安排下结婚,当初我丈夫找我,也就是看中我家里的条件"[1]。在这类婚姻中,残障女性原生家庭的经济条件往往较好,家人试图凭此优势寻找残障女儿或姐妹的替代照顾者。

犯罪分子将残障女性卖予农村"剩男"为妻,是这种不自主婚姻的极端例子。在农村,"残障媳妇"是不容忽视的群体,大龄"剩男"和残障女性成为常见的婚姻搭配[2]。这多是贩卖和收买残障女性的结果。据凤凰网报道,早在2003年,广西容县就有犯罪团伙专门拐骗智障女性卖给大龄男性为妻[3]。研究者对拐卖妇女犯罪案件被害人的调查显示,所有被拐智障女性均被卖给农村男青年为妻[4]。另有拐卖妇女犯罪的研究表明,被害女性中智障者占比较大[5],收买者是希望传宗接代的单身男子。在贫穷和传宗接代压力的共同作用下,他们将目光投向残障女性。残障女性成为农村婚嫁市场"香饽饽"的原因,一是"价钱低",在一般婚恋市场上,这些单身男性因家境贫困而缺乏竞争力;二是残障女性容易"控制"[6]。在这种婚姻中,尽管男方的家庭条件不太好,但健常人的身份便足以使其在婚姻缔结中占据主导地位。

在上述婚姻中,残障女性的婚姻自主权都没有充分实现甚至受到严重侵犯。对由家人包办的残障女性而言,她们婚姻的"剧本"在很大程度上是由父母、兄长及其他监护人"撰写"的[7]。残障女性结婚与否及对结

---

[1] 陈亚亚:《女权与残障:基于身份政治的思考与观察》,载张万洪主编:《残障权利研究》(第1卷),社会科学文献出版社2014年版,第207页。

[2] 参见橙雨伞公益:《被锁10年的残障女性,是底层社会的一个缩影》,载界面新闻,https://www.jiemian.com/article/4820198.html,2020年8月14日。

[3] 参见橙雨伞公益:《被锁10年的残障女性,是底层社会的一个缩影》,载界面新闻,https://www.jiemian.com/article/4820198.html,2020年8月14日。

[4] 参见温丙存:《被拐卖妇女的类型分析》,载《山西师大学报(社会科学版)》2017年第4期,第58页。

[5] 被害人方面,有超过四分之一(26.7%)的受害女性患有精神疾病;购买目的方面,大多用于强迫婚姻(包括成为收买者本人或其亲属的妻子,达90%)。参见黄忠良等:《我国拐卖妇女犯罪特点及治理策略——基于1038份裁判文书的分析》,载《中国人民公安大学学报(社会科学版)》2019年第5期,第19、21—22页。

[6] 参见橙雨伞公益:《被锁10年的残障女性,是底层社会的一个缩影》,载界面新闻,https://www.jiemian.com/article/4820198.html,2020年8月14日。

[7] 参见彭玉娇:《浅析当代中国残障妇女基于性别面临的挑战》,载张万洪主编:《残障权利研究》(第4卷),社会科学文献出版社2017年版,第88页。

婚对象的选择等，大多无法按照自己的意愿进行。在"双重筛选"[1]的过程中，残障女性的父母或其他监护人发挥着极其重要甚至是主导作用。无论家人是真心为残障女性找个好人家，还是出于婚姻谋利的目的将她们作为挣钱或婚姻"代内剥削"[2]的工具，残障女性都实质性地丧失了婚姻自主权。整个过程中，不管是出于自愿，还是其他人强迫为之，残障女性都在一定程度上沦为婚姻的客体。在这一"买"一"卖"中，残障女性沦为婚姻市场中的"物"，她们在婚姻缔结方面的需求和自主权被买卖行为吞噬了。

三、婚姻关系解除中的弱势地位

残障女性的婚姻，或出于父母安排，或出于人口买卖，严重缺乏感情基础，加之身心障碍使"残障女性被认为无法成为任何男人（包括残障男人）'完整'和'够格'的伴侣"[3]，这使她们更可能生活在一系列不稳定的关系中，从而实质性地丧失离婚自由[4]。具体表现为更容易"被离婚"和"难离婚"两种情况。

普遍的情况是，残障女性更容易"被离婚"。有调查显示，结婚十年，残障女性和健常男性结婚的，离婚率高达80%[5]。这反映的并不是残障

---

[1] "双重筛选"包括两个步骤：一是过滤阶段，指根据一定标准排除不合适的婚配对象；二是平衡阶段，是在通过过滤阶段的男性中挑选最合适的婚配对象。参见杨晶：《农村残疾女性择偶过程的扎根理论研究》，载《贵州社会科学》2015年第6期，第75页。

[2] "代内剥削"指在既有儿子又有女儿的情况下，父母为获取高额彩礼而降低女儿的择偶要求，用这笔彩礼为儿子娶妻。参见韦艳、姜全保：《代内剥削与代际剥削？——基于九省百村调查的中国农村彩礼研究》，载《人口与经济》2017年第5期，第59—60页。

[3] Lina Abu-Habib, ed., *Gender and Disability: Women's Experiences in the Middle East*, Skipton, UK: Oxfam GB, 1997, p. 20.

[4] See Luz Angela Melo, "Cross-Sectiionalities of Gender, Disability, and Development", Fifty-Fourth Session of the Commission on the Status of Women, United Nations Headquarters, New York, March 1-12, 2010.

[5] 参见《残疾人婚姻之痛：和正常人结婚离婚率高的惊人》，2006年12月28日，载新浪网，http://news.sina.com.cn/s/2006-12-28/072410879663s.shtml，最后访问日期：2024年11月30日。另有对比研究显示，美国残障女性的离婚率更高。See Michelle Fine, Adrienne Asch, "Disabled Women: Sexism Without the Pedestal", *Journal of Sociology and Social Welfare*, Vol. 8, 1981, pp. 233-248.

女性解除婚姻的自由很大程度得到实现，而是她们更容易被抛弃[1]。健常男性娶残障女性为妻往往都有传宗接代的目的。目的达到以后，她们在夫家的价值便会减少，加上丈夫对残障妻子的不满，残障女性很可能落得被离婚的结局。主要表现为两种情形：一是欠缺对法律的理解，残障女性并不知悉在离婚协议上签字、捺印可能产生的法律效力[2]。以笔者在重庆某乡村调研时发现的一起案件为例。一位男性借口购买衣物将智障妻子骗至民政局，以购买衣物需要签字为由欺哄妻子在离婚协议书上签字。二是囿于丈夫的压力，极端的是以对残障妻子及其父母持续性的暴力或威胁迫使残障女性离婚[3]。一个发生在2014年的案件显示，家人为智障女儿招赘一位健常男子。婚后，该男子在小饭店炒菜谋生，出轨饭店服务员，威胁并要求和智障妻子离婚[4]。

另一种情况是现实条件的限制使残障女性"难离婚"。残障女性婚姻缔结时的生存考量，使她们的婚姻成为利益衡量和交换的结果。这不仅使残障女性在婚姻中被置于经济压迫的无力境地，更使她们丧失了离婚自由。"残障、性别和贫困之间存在着复杂的关系。"[5] 有研究显示，"与非残障女性（21%）比，35%有'较轻'和47%有'严重程度'身心障碍的女性经济收入低于贫困线。"[6] 在缺乏维持生计之经济来源的情况下离婚，给残障女性带来的不利影响是致命的[7]。居住困难和经济窘迫，实质

---

[1] See Michelle Fine, Adrienne Asch, "Disabled Women: Sexism Without the Pedestal", *Journal of Sociology and Social Welfare*, Vol. 8, 1981, pp. 233-248.

[2] See The Committee on The Rights of Persons with Disabilities, General Discussion of Women and Girls with Disabilities, Madrid: Area de Documentacion y Publicaciones, 2014, p. 246.

[3] See Delanie Woodlock, et al., Voices Against Violence: Paper 6: Raising Our Voices—Hearing from Women with Disabilities, Melbourne: Women with Disabilities Victoria (WDV), January 1, 2014.

[4] 参见田为：《律师口述：精神残障女性的法律困境》，载《法律与生活》2019年第3期（下），第16页。

[5] Houda Boukhari, "Invisible Victims: Working with Mothers of Children with Learning Disabilities", in Lina Abu-Habib, ed., *Gender and Disability: Women's Experiences in the Middle East*, Skipton, UK: Oxfam GB, 1997, p. 40.

[6] Peter Townsend, *Poverty in the United Kingdom*, Harmondsworth: Penguin, 1979, pp. 733-734.

[7] 参见夏吟兰、夏江皓：《〈民法典〉视野下残疾妇女离婚经济帮助权利的实现》，载《人权》2020年第5期，第66页。

性地阻碍了残障女性对离婚自由的追求[1]。对法律理解有限则使得残障女性难以知晓包办婚姻、婚内强奸、家庭暴力等是违法行为，遑论以此为由提起离婚诉讼[2]。丧失对子女监护权的恐惧，亦变相限制了残障女性作出离婚决定[3]。"认为有一段糟糕的婚姻关系总比什么都没有要好"[4]的消极利弊权衡，同样会阻碍残障女性婚姻自由的实现。概言之，残障女性的离婚更加复杂，她们基于性别受到的压迫因为裹挟着身心障碍变得愈加沉重。

第四节 残障女性的生育权

普通女性的生命历程中，其婚后首先面临的就是生育问题。女性可自主决定生育与否、生育间隔已得到国际人权法的承认，并为现代社会中的绝大多数健常人所拥有。但对残障女性而言，情况却并非如此。她们通常被反对保持生育能力或受益于生殖医疗技术，怀孕的残障女性会受到批判，从而使她们在获得生殖保健服务上面临阻碍[5]。当下，世界范围内的残障女性在生育问题上难以从国际、地区或国家的法律框架、标准、协定中实际获益。相反，系统性的偏见和歧视导致对残障女性生育权的持续侵害。

---

[1] See Delanie Woodlock, et al., Voices Against Violence: Paper 6: Raising Our Voices—Hearing from Women with Disabilities, Melbourne: Women with Disabilities Victoria (WDV), January 1, 2014.

[2] See Presentation Guidelines, The Path to Equality for Women and Young Persons with Disabilities: Realizing Sexual and Reproductive Health and Rights and Ending Gender-Based Violence, Population Reference Bureau, 2019, p. 28.

[3] See The Committee on The Rights of Persons with Disabilities, General Discussion of Women and Girls with Disabilities, Madrid: Area de Documentacion y Publicaciones, 2014, pp. 253-254; Unite Nations, Report of the Special Rapporteur on Violence Against Women, Its Causes and Consequences: Women with Disabilities, U. N. Doc. A/67/227, August 3, 2012.

[4] Michelle Fine, Adrienne Asch, ed., *Women with Disabilities: Essays in Psychology, Culture, and Politics*, Philadelphia: Temple University Press, 1989, p. 99.

[5] See World Health Organization (WHO), United Nations Population Fund (UNFPA), Promoting Sexual and Reproductive Health for Persons with Disabilities, Geneva: WHO, New York: UNFPA, guidance note, January 1, 2009.

一、生育权之于残障女性的价值

"任何无法拥有并支配自己身体的女性都很难说是自由的,除非她能有意识地选择是否生育子女。"[1] 残障女性同样需要实现生育实质性自由的能力。实质性自由是一种选择和机会,它要求"必须把什么是美好生活的判断权和选择权留给个人"[2]。就此,多数人甚至是权威主体的意见不能够为残障女性作出替代决策。反对残障女性的生育自由,非但不符合公民拥有平等地位且应得到平等关注和尊重的民主要求,还会将她们置于无能和被动的处境中[3]。残障女性应拥有就生育事项作出选择的权利。当然,承认残障女性享有生育权不意味着必然出现大量残障儿童出生和人口素质急剧下降的情形。

事实上,残障女性对她们体内的胚胎是什么,以及她们同体内实体的关系应如何界定,并不明晰。许多残障女性即便存在身心障碍,也愿意生育子女,亦有人在综合考量各种因素的情况下,决定绝育或终止妊娠。关键在于,残障女性需要拥有自主选择的权利。残障女性的生育权应当交还给她们本人,生育自主是残障女性生育权的关键。残障女性能够妊娠是自然所赋予的能力,只有可以选择可称其为权利,断不能够将可以选择的权利偷换成必负之重。

概言之,强调残障女性生育权,乃承认她们作为独立的人享有的自主决定权[4]。这对保障残障女性的实质性自由,以及防止对她们生育权的克减具有重要意义。一方面,明确残障女性享有生育权,谴责那种假以"为她好"、省麻烦、方便等理由,强制残障女性绝育、避孕和堕胎的行为,确保她们能够充分地控制自己的身体;另一方面,生育权是一种基础性权

---

[1] [美]约瑟芬·多诺万:《女权主义的知识分子传统》,赵育春译,江苏人民出版社2002年版,第76页。
[2] 郑玉敏:《作为平等的人受到对待的权利:德沃金的少数人权利法理》,法律出版社2010年版,第179页。
[3] 参见黄宇:《婚姻家庭法之女性主义分析》,群众出版社2012年版,第77页。
[4] 参见郑玉敏:《作为平等的人受到对待的权利:德沃金的少数人权利法理》,法律出版社2010年版,第81页。

利,援用纳斯鲍姆[1]的话来说,它是可以促进其他相关权利的"孵化性"(Fertile Functioning)权利[2],亦即《内罗毕战略》提出的,女性控制自身的生育力是她们享有其他权利的主要前提。确保残障女性享有生育权,有益于她们其他方面能力的发挥,可对她们的工作和生活产生积极影响。从长远看,确保享有生育选择的权利,有助于残障女性自主安排自己的生活,从而实现有尊严和有价值的人生。

二、残障女性的生育权及内容

生育权是与生俱来的,是个人先于国家和法律所拥有的权利。1968年联合国国际人权会议通过的《德黑兰宣言》第一次提出生育权是基本人权[3],1969年发布的《社会进步和发展宣言》重申了生育权[4]。2006年出台的《残疾人权利公约》有两个条款涉及残障人的生育权。第23条规定残疾人自由、负责任地决定子女的人数和生育间隔,获得适龄信息、生殖教育和计划生育教育的权利获得承认,并要求缔约国提供必要的手段,使残疾人能够实际行使这些权利。第25条则要求缔约国向残疾人提供其他人享有的,在范围、质量和标准方面相同的免费或费用低廉的医疗保健服务和方案,其中包括生殖健康保健方案。

国际人权文件虽已对生育权作出相应的描述或规定,但尚未形成标准化的文本。通过对已有资料的整理发现,相较于健康权(Right to Health)、生命权(Right to Life)、隐私权(Right to Privacy)等运用right的单数形式标明的权利,生育权(Reproductive Rights)使用的是复数形式——rights。1994年出台的《国际人口与发展会议行动纲领》指出,生育权包括国家法

---

[1] 玛莎·C.纳斯鲍姆为现代伦理学家,中文学界有将其姓译为纳斯鲍姆,也有译为努斯鲍姆。本书正文中采用纳斯鲍姆的译法,脚注及参考文献中保持所引文献译法。
[2] [美]玛莎·C.纳斯鲍姆:《寻求有尊严的生活——正义的能力理论》,田雷译,中国人民大学出版社2016年版,第31页。
[3] See United Nations, Proclamation of Teheran, Final Act of the International Conference on Human Rights, U. N. Doc. A/CONF. 32/41, April 22-May 13, 1968, art. 16.
[4] See United Nations, Declaration on Social Progress and Development, Proclaimed by General Assembly resolution 2542 (XXIV), December 11, 1969.

律、国际人权法以及其他相关人权文件中承认的某些人权[1]。就此而言，生育权不是单个权利，而是一系列权利的集合体。残障女性的生育权因为身心障碍和女性身份形成的双重压迫而具有特殊性。鉴于消极权利和积极权利仍是一种权利分类的重要方式[2]，本书将从这两个方面来呈现残障女性生育权的内容。

残障女性生育权中的积极权利包含：一是生育选择权。即残障女性在确定生与不生、生育间隔等方面的权利。二是生殖健康权。不管生与不生，残障女性的生殖健康权都应得到切实保障，并获得有针对性的生殖健康宣传和教育信息。三是从科学进步中获益的权利。医疗技术水平的提高为女性的生育提供了便利，残障女性应平等享有医疗技术进步带来的益处。基因筛查技术的出现，亦为帮助残障女性打破优生预设提供可能。残障女性生育权范畴中的消极权利要求"不干预"具体包括：一是非歧视。在生育上，残障女性不因怀孕受到不公正对待，并获得与生育有关的必要医疗卫生服务与设备设施[3]。二是身体完整权，即残障女性免受强制绝育、避孕、堕胎等行为的侵害。

三、侵犯残障女性生育权的主要方式

国际人权法的相关规定虽已为保护残障女性的生育权奠定了基础，但在缔约国国内，侵犯残障女性生育权的行为仍然存在。通过收集国内外相关资料可以发现残障女性在生育问题上面临的困难，甚至"没有任何群体在生育权的享有上像残障女性那样受到严重限制或消极对待"[4]。在许多国家，"法律允许法官、保健人员、父母及其他监护人以为她好的名义决定

---

[1] See Unites National Publication Found, Danish Institute for Human Rights, Office of the High Commissioner for Human Rights, Reproductive Rights Are Human Rights: A Handbook for National Human Rights Institutions, HR/PUB/14/6 (2014).

[2] See Thomas Halper, *Positive Rights in a Republic of Talk: A Survey and a Critique*, Massachusetts: Kluwer Academic Publishers, 2003, p. 14.

[3] See Itumeleng Shale, "Sexual and Reproductive Rights of Woman with Disabilities: Implementing International Human Rights Standards in Lesotho", in *African Disability Rights Yearbook*, Pretoria: Pretoria University Law Press, 2015, p. 72.

[4] Unite Nations, Report of the Special Rapporteur on Violence Against Women, Its Causes and Consequences, UN Doc No. A/67/227, 2012.

生育事项，或默许侵犯生育权的行为，这被认为是符合残障女性'最佳利益'的"[1]。侵害残障女性生育权的做法固然会因为经济、社会、文化等因素的不同而存在差异，但比较典型的有如下三种类型。

第一，强制绝育。"强制绝育是一种暴力和社会控制形式，侵犯了残障女性摆脱酷刑和其他残忍、不人道、有辱人格之待遇或惩罚的权利。"[2]联合国的报告提出，"受优生观念影响，残障女性或更容易成为强奸犯罪受害人，而被强制绝育。绝育有时还是进入福利院的前提"[3]。残疾人权利国际（DRI）在墨西哥一家福利院发现，所有残障女孩都会被强制绝育[4]。残疾人权利委员会表示，残障女性的被迫绝育率较高[5]。金斯伯格大法官基于司法实践经验谈道，"'心智不健全'的女性常常会被迫绝育"[6]。"残障女性被迫接受绝育手术，旨在解决与月经相关的卫生问题。"[7]正如在南通智障少女子宫切除案中，福利院院长在作出子宫切除决定时称，"两名女孩最近来了初潮，收拾起来非常麻烦……反正她们也不能生育，现在切了她们的子宫，省了许多麻烦"[8]。在短短两句话中，院长三度提到"麻烦"二字。然而，看似为省"麻烦"的子宫切除行为，实为侵犯残障女性生育权最严酷的做法。

第二，强制避孕。随着避孕技术的普及和女性主义者的呼吁，获得安全避孕药具和避孕信息成为生育权的题中应有之义。但一种强烈的反对声

---

[1] The Committee on The Rights of Persons with Disabilities, General Discussion of Women and Girls with Disabilities, Madrid: Area de Documentacion y Publicaciones, 2014, p. 540.

[2] The Committee on The Rights of Persons with Disabilities, General Discussion of Women and Girls with Disabilities, Madrid: Area de Documentacion y Publicaciones, 2014, pp. 282-283.

[3] UN Centre for Human Rights, Human Rights and Disabled Persons, Report of the Special Rapporteur of the Sub-Commission on Prevention of Discrimination and Protection of Minorities, U. N. Sales NO. E. 92. xiv. 4 (1993), para. 175.

[4] See Disability Rights International (DRI), Women and Girls, Washington: DRI, last updated on March 8, 2016, https://www.driadvocacy.org/women-and-girls, last visited on November 22, 2024.

[5] See UN Committee on the Rights of Persons with Disabilities, General Comment No. 1 (2014), CRPD/C/GC/1, art. 12.

[6] [美] 依琳·卡蒙、莎娜·卡尼兹尼克：《异见时刻："声名狼藉"的金斯伯格大法官》，骆伟倩译，湖南文艺出版社2018年版，第75页。

[7] [美] 凯利·D. 阿斯金、多萝安·M. 科尼格编：《妇女与国际人权法案（第3卷）：走向赋权》，黄列等译，生活·读书·新知三联书店2012年版，第283页。

[8] 《南通"切除智障少女子宫案"宣判》，载《中国青年报》2006年7月10日，第3版。

音主张，残障女性不会接触性，无须向其提供避孕和安全性行为等方面的信息或服务[1]。这种否定性观念导致残障女性难以真正拥有避孕权。残障女性的避孕需求同健常女性相比虽无太大差异，但二者使用避孕药具的目的、类型和方式相去甚远[2]。强制残障女性使用避孕药具的目的是避免意外怀孕，因此她们更可能被强制注射长效避孕药。现实中，对残障女性不当使用甲羟孕酮避孕针（Depo-Provera）及其他长效避孕药具的做法普遍存在[3]。绝大多数残障女性无力，也无法参与避孕决定的作出和避孕方法的选择，避孕药具大多是在残障女性不知情的情况下使用的。作为以极不人道的方式侵害女性权利的行为，强制残障女性避孕亦被视作国际人权法上的酷刑[4]。

第三，强制堕胎。"女性主义者主张生育自治意指堕胎自由。但残障女性发现，人们认为她们应堕胎而非怀孕足月。"[5]对残障女性而言，堕胎不是自由，而是必负之重[6]。怀孕的残障女性将面临终止妊娠的压力。福利机构为避免残障儿童的出生，制定了出生控制政策，法官曾是强制残障女性堕胎的始作俑者。2019年发生在英国的判决残障女性堕胎的案件引起了关于残障女性生育权和优生理论的全球争论[7]。美国政府控制下的福利性医疗制度亦会导致残障女性生育权受损，政府甚至成为决定"谁生谁

---

[1] See Heather Becker, et al., "Reproductive Health Care Experiences of Women with Physical Disabilities", *Archives of Physical Medicine and Rehabilitation*, Vol. 78, 1997, pp. 26-33; Gywneth Matthews, *Voices from the Shadow: Women with Disabilities Speak Out*, Toronto: The Women's Educational Press, 1983, p. 78.

[2] 不当的避孕方式可能给残障女性带来子宫凝血、骨质疏松和感染等方面的风险。See Karen Piotrowski, Linda Snell, "Health Needs of Women with Disabilities Across the Lifespan", *Clinical Issues*, Vol. 36, 2007, pp. 79-87.

[3] See Michelle McCarthy, "I Have the Jab So I Can't Be Blamed for Getting Pregnant: Contraception and Women with Learning Disabilities", *Women's Studies International*, Vol. 32, 2009, pp. 198-208.

[4] See Juan E. Méndez, Report of the Special Rapporteur on Torture and Other Cruel, Inhuman or Degrading Treatment or Punishment, A/HRC/28/57, March 5, 2015, para 4.

[5] [美]凯利·D.阿斯金、多萝安·M.科尼格编：《妇女与国际人权法案（第3卷）：走向赋权》，黄列等译，生活·读书·新知三联书店2012年版，第283页。

[6] See Engender, Our Bodies, Our Rights: Identifying and Removing Barriers to Disabled Women's Reproductive Rights in Scotland, Edinburgh: Engender, November, 2018.

[7] See Catholic News Agency, "Disabled Woman Who Narrowly Avoided Forced Abortion to Get Forced Contraception", The Cathdic World Report, https://www.catholicnewsagency, last visited on June 1, 2021.

死"的机构[1]。在美国，政府控制医疗的制度多由民主党人提出，他们希望政府管理医疗，控制包括残障女性生育子女在内的诸多事项。很长时间以来，禁止堕胎是很多信仰基督教或天主教国家的普遍做法。但即便在堕胎禁令最严的地方，残障女性亦可能被视为例外[2]。时至2017年，墨西哥许多国营诊所中强迫残障女性堕胎的情况仍然存在[3]。

第五节 残障女性的亲权

女性经过艰难的分娩过程生下孩子后，便自然地成为所生孩子的母亲，这是女性与生俱来的道德权利和法律权利。但是，"残障女性的母职角色多半被剥夺，因为社会无法将负责任的母亲角色与好的病人角色画上等号"[4]。在这里，女性是独立的、无须他人照顾的刻板印象，这造成"母职"与"接受医疗体系服务"之间的冲突，导致社会公众难以接受"母职"与"身心障碍"之间的消极联系[5]。这种消极联系带来的风险被夸大，便形成了残障女性不适合成为母亲的偏见。这可能造成她们的子女抚养权、监护权、探视权等与亲权相关的权利被强行终止，特别是在丈夫是健常人的情况下[6]。概言之，一个理想的母亲角色会因为身心障碍的存在而受到影响，残障女性本身都被定性为需要被照顾的对象，其亲权的享有和行使必然也会受到相应的限制。

---

[1] See American Liberty Report, This Is Government Controlled Healthcare: Disabled Woman Forced to Have Abortion Against Her Wishes, Nevada: American Liberty Report.
[2] See Kicki Nordstrom, "Human Rights Perspective on Girls and Women with Disabilities", in Luis Cayo, Pérez Bueno, ed., Recognizing the Rights of Girls and Women with Disabilities: An Added Value for Tomorrow's Society, Madrid: European Conference, 2007, p. 45.
[3] See Abi Richards, The Intersections Between Gender and Disability: Listening to Every Woman, Rights of Equality, March 8, 2021, https://www.rightsofequality.com/the-intersections-between-gender-and-disability-listening-to-every-woman/, last visited on November 29, 2024.
[4] 王国羽等：《障碍研究：理论与政策应用》，台湾巨流图书股份有限公司2012年版，第289页。
[5] See Brian A. Nosek, et al., "Wellness Models and Sexuality Among Women with Physical Disabilities", *Applied Rehabilitation Counseling*, Vol. 15, 1994, pp. 50-58.
[6] See Elizabeth Lightfoot, et al., "The Inclusion of Disability as a Condition for Termination of Parental Rights", *Child Abuse & Neglect*, Vol. 34, 2010, pp. 927-934.

一、亲权之于残障女性的重要性

亲权的享有之于残障女性具有特殊价值。对健常女性而言，古往今来，"男主外女主内"的劳动性别分工将之设定为养育者。此种预设遭到女性主义者的极力批评，她们认为养育者角色的扮演会牵制女性在其他领域的发展，增加妻子对丈夫的经济和人身依附性[1]。"女性主义者反对一边倒地把女性塑造为传统的'主内'角色。残障女性则支持大众媒体把她们塑造成'主流'贤妻良母的做法，因为她们常常被剥夺如此行为的机会。"[2] 如果说女性主义者对女性扮演之养育者角色的批评，旨在割裂儿童养育与女性身份之间的必然联系，鉴于"残障女性在做母亲这一最传统的女性角色方面受到严格限制"[3]，对女性传统角色的强调，则力求改变残障女性性别中立的假设，以超越基于残障形成的固化认知，使她们作为女人的身份能够得到认同[4]。

亲权的享有是改变无性别的潜在预设，确立残障女性性别身份的重要表征。一方面，亲权的享有可以改变社会对待残障女性的态度。一种普遍观念认为，残障人是"无性别的被照顾者"，残障女性也难以被当作普通女性看待，人们认为残障女性无法扮演好母亲的角色。"虽然母亲作为儿童养育者的传统形象正在发生改变，但它依旧是女性社会形象的重要参考。"[5] 确保亲权的享有和行使，能向外界宣示：残障女性也可以像健常女性那样承担抚育、教导、保护子女的责任。事实上，"当个人扮演一个角色时，其间蕴含着要求观察者认真对待他们所呈现出来的形象，促使他人

---

[1] 参见[美]苏珊·穆勒·奥金：《正义、社会性别与家庭》，王新宇译，中国政法大学出版社2017年版，第197—204页。

[2] [英]科林·巴恩斯、杰弗·默瑟：《探索残障——一个社会学引论》，葛忠明、李敬译，人民出版社2017年版，第223页。

[3] Rannveig Traustadottir, Perri Harris, Women with Disabilities: Issues, Resources, Connections Revised, National Institute on Disability and Rehabilitation Research (ED/OSERS), Washington, Reference Materials, June 1997.

[4] See Karin Barron, "The Bumpy Road to Womanhood", *Disability & Society*, Vol. 12, 1997, pp. 223-240.

[5] Rannveig Traustadottir, Perri Harris, Women with Disabilities: Issues, Resources, Connections Revised, National Institute on Disability and Rehabilitation Research (ED/OSERS), Washington, Reference Materials, June 1997.

相信看到的角色实际上拥有某种特定属性"[1]。相应地，母亲角色的承担足以推动人们对残障女性看法的转变，她们作为女人的价值有望得到社会的承认。成为一个好母亲，让残障女性在母亲身份中拥有话语权，有助于推动外界将注意力从身心障碍上转移开来，改变对残障女性性别身份的否定性看法[2]。

另一方面，亲权的实际享有可以改变残障女性对自身的否定态度，形成关于自我的身份认同。正如有残障女性在受访时表示，"当儿子出生时，我立刻觉得自己更像是一个女人了。成为母亲使我能够自信地对自己和其他女人说，看，我和大家一样"[3]。另外，有残障女性被问到"是在什么时候完成对于自身残障的接纳的"？回答是，"在成为母亲以后"[4]。"妇人弱也，而为母则强"的母性品质，亦体现在残障女性身上。为使孩子勇敢、自信，她自己就必须勇敢、自信，学习新技能。故对很多残障女性来说，母亲职责的承担是她们人生中第一次超越被监护者的身份，体验成年女性的经历。母亲职能的行使，帮助残障女性从社会的贬损性建构中夺回失去的女性特征。相应地，残障女性也开始接受自身的女性身份，相信自己能够成为负责任的好母亲。母亲职能的行使成为残障女性形成性别身份认同的重要"武器"[5]。

二、婚姻中残障母亲亲权的限制

亲权的享有之于残障女性固然重要，但现实的情况却不尽乐观。"由于被视为受扶养和需要照顾的对象，人们认为残障女性无法扮演好以照顾

---

[1] Erving Goffman, *The Presentation of Self in Everyday Life*, Hamburg: Anchor, 1959, p. 45.
[2] See Lars Grue, Kristin Tafjord Lærum, "'Doing Motherhood': Some Experiences of Mothers with Physical Disabilities", *Disability & Society*, Vol. 17, 2002, pp. 671-683.
[3] Lars Grue, Kristin Tafjord Lærum, "'Doing Motherhood': Some Experiences of Mothers with Physical Disabilities", *Disability & Society*, Vol. 17, 2002, pp. 671-683.
[4] 参见刘思洁：《残障女性艰难的性与爱：自卑、羞耻、渴望》，搜狐网，https://www.sohu.com/a/360026174_318144，最后访问日期：2024年11月22日。
[5] See Lars Grue, Kristin Tafjord Lærum, "'Doing Motherhood': Some Experiences of Mothers with Physical Disabilities", *Disability & Society*, Vol. 17, 2002, pp. 671-683.

和养育为核心的母亲角色。"[1]母亲通常被认为是子女的抚养者和照顾者。在生下孩子后，她们还承担着给孩子哺乳、照看婴儿、教给孩子知识和道理等极其繁重的责任。身心障碍多被视作无法照顾儿童的决定性因素。在健常人主导的社会中，残障话语很难实现与主流母性话语的融合。人们期望女性从成为母亲的那天起，便清楚地知道孩子所需要的一切，以及如何提供这些物品或服务。人们希望母亲承担大部分养育责任，而且心甘情愿地付出。人们期待母亲近乎完美，她们应该无微不至、温柔善良[2]。然而，在附加残障因素以后，人们产生残障女性天生不适合成为母亲的陈旧观念[3]。

在婚姻关系存续期间，如果残障母亲无法有效地扮演照顾者的角色，在残障女性是"不适格"母亲的固化观念作用下，她们的监护权存在被强行终止的较大风险[4]。法律实践中不乏这样的例子。许多国家在关于终止父母权利或儿童监护权的法律中，都规定了与残障有关的理由。这些理由侧重于强调具体的残障情况，而不是实际的养育能力或行为，故将残障母亲划归为不适格的母亲[5]。以美国为例，2010年的一项研究显示，50个州中有37个在终止亲权的理由中包含残障要素（表4）。

表4 美国部分州终止亲权的残障理由

州名	内容
阿拉巴马	智力或发育障碍、精神疾病、情感疾病
阿拉斯加	智力或发育障碍、精神疾病、情感疾病

---

[1] Susan Shaul, et al., "Like Other Women: Perspectives of Mothers with Physical Disabilities", in Mary Jo Deegan, Nancy Brooks, ed., *Women and Disability*: *The Double Handicap*, New Brunswick, NJ: Transaction Books, 1985, p. 99.

[2] See Robyn Powell, "How We Treat Disabled Mothers", adiosbarbie, August 1, 2018, https://www.adiosbarbie.com/2018/08/treat-disabled-mothers/, last visited on November 29, 2024.

[3] See Rosemarie Garland-Thomson, "Feminist Disability Studies", *Signs*, Vol. 30, 2005, pp. 1557-1587.

[4] See Stephanie Ortoleva, "Inaccessible Justice: Persons with Disabilities and the Legal System", *ILSA Journal of International & Comparative Law*, Vol. 17, 2011, pp. 281-320.

[5] See Stephanie Ortoleva, et al., Forgotten Sisters – A Report on Violence Against Women with Disabilities: An Overview of Its Nature, Scope, Causes and Consequences, Boston: Northeastern University School of Law Research Paper, 2012, p. 9.

续表

州名	内容
亚利桑那	智力或发育障碍、精神疾病
加利福尼亚	智力或发育障碍、精神疾病
堪萨斯	智力或发育障碍、精神疾病、情感疾病、肢体障碍
密西西比	智力或发育障碍、肢体障碍
新墨西哥	智力或发育障碍、精神疾病、肢体障碍、符合规定的其他障碍
纽约	智力或发育障碍、精神疾病
北卡罗来纳	智力或发育障碍、精神疾病、符合规定的其他障碍
北达科他	智力或发育障碍、精神疾病、情感疾病、肢体障碍
南加利福尼亚	智力或发育障碍、精神疾病、肢体障碍
俄亥俄	智力或发育障碍、精神疾病、情感疾病、肢体障碍
威斯康星	智力或发育障碍、精神疾病、符合规定的其他障碍

因此，残障母亲不得不为亲权而斗争，却多以失败告终。监护法通常规定，儿童必须与不能够胜任的母亲分开。残障母亲可能被视为不合格的母亲，容易受到更严格的审查[1]。挪威一位残障母亲在受访时提到，"我不敢在公共场合给孩子换尿布，我害怕别人说没有把孩子抱好或又做错其他事情"[2]。她们担心类似的情况传到儿童保护官员（children's officer）耳朵里，孩子会被强行带走。另一个典型的例子是，一位残障母亲在沙滩玩耍时，用长绳拴住孩子，以防他跌进水里，有人报警指控她虐待孩子。警察训诫这位母亲，用绳子保护孩子已经超出可以接受的控制形式，如果这种情况再出现，他们将采取强制措施[3]。在这里，"儿童保护官员只根

---

[1] 参见［美］凯利·D. 阿斯金、多萝安·M. 科尼格编：《妇女与国际人权法案（第3卷）：走向赋权》，黄列等译，生活·读书·新知三联书店2012年版，第282页；［英］科林·巴恩斯、杰弗·墨瑟：《探索残障：一个社会学引论》，人民出版社2017年版，第166页。Stephanie Ortoleva, "Inaccessible Justice: Persons with Disabilities and the Legal System", *ILSA Journal of International & Comparative Law*, Vol. 17, 2011, pp. 281-320.

[2] Lars Grue, Kristin Tafjord Lærum, "'Doing Motherhood': Some Experiences of Mothers with Physical Disabilities", *Disability & Society*, Vol. 17, 2006, pp. 671-683.

[3] See Lars Grue, Kristin Tafjord Lærum, "'Doing Motherhood': Some Experiences of Mothers with Physical Disabilities", *Disability & Society*, Vol. 17, 2002, pp. 671-683.

据感知风险,而非虐待或忽视的实际情况,就发起警告"[1]。但凡残障母亲在养育孩子方面发生事故或做错事情,儿童保护官员便会将目光聚焦母亲的残障,认为是身心障碍本身导致了这些问题的发生[2]。残障母亲时刻都在担心,稍有不慎,孩子便会被带走,由此形成的持续性恐惧和过于严格的自我监督使得残障母亲精疲力尽[3]。但即便如此,她们的孩子也常常会被带走。

三、离婚时/后残障母亲亲权受损

对残障母亲亲权的限制还会延续到离婚时和离婚后,从而导致她们对子女的监护权和探视权受到损害[4]。残障偏见对司法活动的影响首先表现在离婚时子女监护权的确定上,身心障碍往往被视作重要的考量因素。法官在裁决子女监护纠纷案件时,对经济条件和生活状况的强调会使残障母亲受到更严格的审查,加之"父亲优先权"[5]的作用,她们便更难以获得对子女的监护权。

一是对方是健常人的情况。在性别婚姻挤压带来部分男性结婚难问题凸显的情况下,残障女性同健常男性结婚的情形并不少见。在离婚时,健常男性无论是生理条件还是经济状况,一般都优于残障女性。全球范围内,在"附加型"和"交互型"歧视[6]的共同作用下,残障女性就业难问题普遍存在。即便有些残障女性能够进入有偿劳动力市场工作,双重歧视和压迫的存在亦导致她们的工资普遍较低。这使得她们很难负担自己的

---

[1] The Committee on The Rights of Persons with Disabilities, General Discussion of Women and Girls with Disabilities, Madrid: Area de Documentacion y Publicaciones, 2014, p. 195.

[2] See The Committee on The Rights of Persons with Disabilities, General Discussion of Women and Girls with Disabilities, Madrid: Area de Documentacion y Publicaciones, 2014, p. 195.

[3] See Delanie Woodlock, et al., Voices Against Violence: Paper 6: Raising Our Voices—Hearing from Women with Disabilities, Melbourne: Women with Disabilities Victoria (WDV), January 1, 2014.

[4] See The Committee on The Rights of Persons with Disabilities, General Discussion of Women and Girls with Disabilities, Madrid: Area de Documentacion y Publicaciones, 2014, p. 253.

[5] [美]玛萨·艾伯森·法曼:《虚幻的平等:离婚法改革的修辞与现实》,王新宇等译,中国政法大学出版社2014年版,第207页。

[6] 参见李勇:《残障人的融合困境及其回应理路——第十届东亚残障论坛综述》,载张万洪主编:《残障权利研究》(第9辑),社会科学文献出版社2022年版,第17页。

生活，遑论独自抚养子女[1]。大多数残障女性都没有独立谋生的能力。按照法律规定和司法惯例，法院通常会将子女监护权判给更有能力抚养孩子的一方。有能力既包括身心状况较好，又包括经济方面的优势。残障女性的经济情况不乐观、身心或精神条件更糟糕，加之残障女性不适合做母亲的偏见，法官容易认定健常丈夫更有能力抚养子女[2]。实践中，"即便男方存在家庭暴力，子女监护权也很难判给残障母亲"[3]。

二是双方同为残障人的情况。就身心障碍而言，残障母亲和残障父亲似乎处于同等地位。但考虑到家庭对两性的不同影响，双方存在实际上的不平等。残障女性成为人妻以后，仍然被期待扮演贤妻良母的角色。随着时代的进步，健常女性已经在努力打破贤妻良母的角色，寻求在公领域中的发展。身心障碍克减了残障女性外出工作的机会，这让她们更容易受制于传统性别角色的束缚。有问卷调查显示，黑龙江省45%的城镇残障女性需要全部承担准备饮食的劳动，高出健常女性12个百分点[4]。贤妻良母角色的扮演同残障女性寻求在公领域的发展之间存在着结构性的不良循环。总体上，残障女性参与工作的比率低于残障男性。由此导致"残障女性的经济收入低于健常女性，也无法同残障男性比肩"[5]。于此情形下，考虑双方在获得和控制资源方面的差异，孩子更可能被判给抚养条件相对较好的男方。

离婚后，残障母亲的探视权更容易受到侵犯。"探视权又称交往权，是指夫妻离婚后，不直接抚养子女的一方享有按照约定的地点、时间和方式探视子女或与子女短时间共同生活的权利。"[6]即便是曾经恩爱的夫妻，

---

[1] See J. B. Patterson, et al., "Rehabilitation Counseling Practice: Considerations and Interventions", in Randall M. Parker, Edna Mora Szymanski, ed., *Rehabilitation Counseling: Basics and Beyond*, Austin, TX: Pro-Ed, 1998, pp. 269-302.

[2] See Stephanie Ortoleva, et al., Forgotten Sisters—A Report on Violence Against Women with Disabilities: An Overview of Its Nature, Scope, Causes and Consequences, Boston: Northeastern University School of Law Research Paper, 2012, p. 39.

[3] The Committee on The Rights of Persons with Disabilities, General Discussion of Women and Girls with Disabilities, Madrid: Area de Documentacion y Publicaciones, 2014, p. 475.

[4] 参见辛漠:《残障妇女社会参与和家庭地位调查分析》，载《残疾人研究》2013年第2期，第38页。

[5] Karen Piotrowski, Linda Snell, "Health Needs of Women with Disabilities Across the Lifespan", *Clinical Issues*, Vol. 36, 2007, pp. 79-87.

[6] 孙若军:《论探视权的立法和法律适用》，载《法学家》2002年第3期，第97页。

婚姻关系的破裂亦可能妨碍探视权的行使。实际上,"获得子女监护权的一方控制了孩子的全部生活,这也包括控制与另一方见面的机会"[1]。为传宗接代而同残障女性缔结的婚姻更是如此。此类婚姻失败后,残障女性更难行使探视权。以笔者在重庆某乡村调研时发现的一个案件为例。健常男子王某经人介绍同智障女性罗某结婚,婚后育有一女。离婚后,罗某多次想看望女儿,均被前夫及其父母阻拦,十几年都没有得见女儿的面,她也没有就此寻求司法救济。现实中,这种情况并不少见。

第六节 残障女性更年期的健康权

按照多数女性的人生轨迹,待到孩子成年后,母亲通常即将或已步入更年期。更年期的到来意味着雌激素下降及由此带来的体能下降,将对女性健康产生多方面影响,她们更容易受到精神疾病和内分泌系统疾病的入侵。在精神方面,有情绪不稳,容易紧张、抑郁、焦躁等表现[2]。在内分泌和身体功能方面,容易出现高血脂、糖尿病、心血管疾病、骨质疏松等问题。此外,更年期女性宫颈癌的发病率明显高于其他年龄段的女性[3]。故对所有女性来说,更年期都是极其危险的时期。对一生均需接受治疗的残障女性而言,健康权保障本应贯穿她们生命的始终,但考虑到更年期的特殊性,本节作专门探讨。

一、作为人权的健康权

健康之于人的价值不言而喻,其作为人权被提出来则是二战之后的事情。二战前,一些国家的法律中已经包含健康相关内容,但作为独立法律

---

[1] [美]玛萨·艾伯森·法曼:《虚幻的平等:离婚法改革的修辞与现实》,王新宇等译,中国政法大学出版社2014年版,第209页。
[2] 参见王铁枫等:《心理应激因素与更年期综合征的相关性研究》,载《中华中医药杂志》2020年第7期,第3665页。
[3] 参见徐香芬:《更年期妇女子宫颈癌发病率的调查》,载《中国妇幼保健》2005年第14期,第1812页。

权利的健康权尚未出现。[1] 二战后，为促进全球健康问题的解决，1946年出台的《世界卫生组织组织法》明确了健康的概念，也即健康不仅为免病或残弱，亦系身体、精神与社会的全部的美满状态，并开创性地提出，享受可能获得的最高健康标准是每个人的基本权利之一，不因种族、宗教、政治信仰、经济以及社会条件而有所区别[2]。在世界卫生组织的积极推动下，作为基本权利的健康权在国际人权法中得到广泛的承认（表5）。

表5 国际人权文件有关健康权的规定（部分）

文件名称	条目	内容
世界人权宣言	第25条第1款	（一）人人有权享受为维持他本人和家属的健康和福利所需的生活水准，包括食物、衣着、住房、医疗和必要的社会服务；在遭到失业、疾病、残废、守寡、衰老或在其他不能控制的情况下丧失谋生能力时，有权享受保障
经济、社会及文化权利国际公约	第12条	一、本盟约缔约国承认人人有权享受可能达到之最高标准之身体与精神健康。二、本盟约缔约国为充分实现此种权利所采取之步骤，应包括为达成下列目的所必要之措施：……（卯）创造环境，确保人人患病时均能享受医药服务与医药护理
残疾人权利公约	第25条	缔约国确认，残疾人有权享有可达到的最高健康标准，不受基于残疾的歧视。缔约国应当采取一切适当措施，确保残疾人获得考虑到性别因素的医疗卫生服务，包括与健康有关的康复服务。缔约国尤其应当：（一）……（二）向残疾人提供残疾特需医疗卫生服务，包括酌情提供早期诊断和干预，并提供旨在尽量减轻残疾和预防残疾恶化的服务，包括向儿童和老年人提供这些服务……（六）防止基于残疾而歧视性地拒绝提供医疗保健或医疗卫生服务，或拒绝提供食物和液体
消除对妇女一切形式歧视公约	第12条第1款	缔约各国应采取一切适当措施以消除在保健方面对妇女的歧视，保证她们在男女平等的基础上取得各种保健服务，包括有关计划生育的保健服务

根据国际人权文件对健康权的描述，健康权是指个人所应享有的最高标准的身心健康状况[3]。如何理解"可能达到的最高健康标准"，是健康

---

[1] 参见王晨光、饶浩：《国际法中健康权的产生、内涵及实施机制》，载《比较法研究》2019年第3期，第21—22页。

[2] See International Health Conference, Constitution of the World Health Organization, 1946, Preface.

[3] 参见王晨光、饶浩：《国际法中健康权的产生、内涵及实施机制》，载《比较法研究》2019年第3期，第22—23页。

权争议最大的地方。基于规范视角的解释包含三方面内容：一是最高标准的实现既需考虑个人生理条件，也应考虑国家整体资源情况[1]。二是最高标准为整体，而非个体标准[2]。三是最高标准是动态概念，它会随着社会经济与医学技术的发展而变化[3]。在实际操作中，最高标准的内涵大多是通过"最低限度核心义务"体现出来的。经社文权利委员会提出的"最低限度核心义务"，要求缔约国承担最低限度的健康保障义务[4]。另外，将健康理解为人权，为各国施加法律义务，即国家需要改变既往的消极做法，采取积极行动提供保持健康的基本条件。作为基本人权的健康权，成为探讨更年期残障女性健康权困境的规范性依据。

二、更年期残障女性的健康困境

随着医疗科学技术的进步，残障女性的寿命普遍增长，进入绝经期的女性也比此前更多。数据显示，在美国，3000万名残障女性中便有1600余万人超过50岁[5]。从生理的角度看，更年期原本不是一种需要接受医疗干预的疾病。但问题在于，更年期带来的诸多生理性变化会实际影响女性的健康，更年期残障女性的健康往往面临着更严重或特殊的挑战[6]。"许多残障女性正置身于一场旨在促进她们的健康和防止继发性残障的持续斗争中，这些情况会因为更年期的到来而恶化。"[7] 除此之外，更脆弱的健康状况、更少的就业机会、更弱的经济稳定性、社会孤立、更高的身

---

[1] See UN Committee on Economic, Social and Cultural Rights, General Comment No. 14: The Right to the Highest Attainable Standard of Health, U. N. Doc. E/C. 12/2000/4, art. 12, para. 9.

[2] See Audrey R. Chapman, "Conceptualizing the Right to Health", *Tennessee Law Review*, Vol. 65, 1998, pp. 389-418.

[3] 参见王晨光、饶浩：《国际法中健康权的产生、内涵及实施机制》，载《比较法研究》2019年第3期，第28页。

[4] See UN Committee on Economic, Social and Cultural Rights, General Comment No. 3, U. N. Doc. E/1991/23, art. 12; UN Committee on Economic, Social and Cultural Rights, General Comment No. 14, U. N. Doc. E/C. 12/2000/4, art. 12.

[5] See Sandra L. Welner, et al., "Maximizing Health in Menopausal Women with Disabilities", *Menopause*, Vol. 9, 2002, pp. 208-219.

[6] See Sharon Dormire, Heather Becker, "Menopause Health Decision Support for Women with Physical Disabilities", *Jognn Clinical Issues*, Vol. 36, 2007, pp. 97-104.

[7] Claire Z. Kalpakjian, et al., "Menopause Characteristics of Women with Physical Disabilities from Poliomyelitis", *Maturitas*, Vol. 56, 2007, pp. 161-172.

体虐待率和污名化、肢体障碍导致的身体不活动和服用特效药产生的副作用，都可能增加残障女性更年期的健康风险[1]。

第一，骨质疏松或肌肉萎缩会加重残障女性的行动障碍。女性与年龄相关的骨量下降是成骨细胞和破骨细胞活动的骨维持周期失衡所导致的。更年期带来额外的风险，雌激素水平下降使得破骨细胞的活性超过了成骨细胞的活性，这种不平衡将会持续终生[2]。健常女性通常在35岁时达到峰值骨量，但行动障碍女性或许永远都无法达到峰值骨量，这会增加她们骨折的风险[3]。既有的报告显示，骨质疏松症在行动能力有限的更年期脑瘫女性身上很常见[4]。某些行动障碍女性服用药物的副作用明显，这在更年期时会损害她们的骨骼健康[5]。对轮椅使用女性来说，更年期雌激素下降会加速由于长期不活动所导致的骨质疏松的速度[6]。对脑瘫女性来说，更年期并发症可能与脊髓灰质炎后遗症的恶化同时发生，由此带来的各种病症将会限制残障女性的行动能力，甚至使其彻底丧失行动能力[7]。

第二，更年期残障女性泌尿系统健康受损。健常女性更年期雌激素水平下降与下尿路萎缩性存在直接关联，这会对她们的正常排尿造成影响[8]。对残障女性（特别是先前存在神经源性膀胱等尿路问题的女性）而言，这些变化还会造成更严重的危害。膀胱、尿道周围区域对雌激素敏感性的丧

---

[1] See Klaire Z. Kalpakjian, Anthony Lequerica, "Quality of Life and Menopause in Women with Physical Disabilities", *Journal of Women's Health*, Vol. 15, 2006, pp. 1014-1027.

[2] See Richard L. Prince, et al., "The Effects of Menopause and Age on Calcitropic Hormones: A Cross Sectional Study of 655 Healthy Women Aged 35 to 90", *Journal of Bone Mineral Research*, Vol. 10, 1995, pp. 835-842.

[3] See Debra Shabas, Herman Weinreb, "Preventive Healthcare in Women with Multiple Sclerosis", *Journal of Women's Health*, Vol. 9, 2000, pp. 389-395.

[4] See Margaret A. Turk, et al., "The Health of Women with Cerebral Palsy", *Physical Medicine and Rehabilitation Clinics of North America*, Vol. 12, 2001, pp. 153-168.

[5] See M. Moomjy, A. C. Kelly, "New Perspectives on Hormone Management of the Menopausal Woman with Disabilities or Chronic Disease States", in Sandra L. Welner, Florence Haseltine, ed., *Welner's Guide to the Care of Women with Disabilities*, Philadelphia: W. B. Saunders, 2004, pp. 239-255.

[6] See Claire Z. Kalpakjian, et al., "Menopause Characteristics of Women with Physical Disabilities from Poliomyelitis", *Maturitas*, Vol. 56, 2007, pp. 161-172.

[7] See Claire Z. Kalpakjian, et al., "Menopause Characteristics of Women with Physical Disabilities from Poliomyelitis", *Maturitas*, Vol. 56, 2007, pp. 161-172.

[8] See Goran Samsioe, "The Gynourinary System", in Rogerio A. Lobo, et al., *Menopause: Biology and Pathobiology*, San Diego, CA: Academic Press, 2000, pp. 327-338.

失，在加剧残障女性原本就存在之膀胱功能障碍的同时[1]，亦将增加她们尿路感染、肾脏和膀胱结石或肾功能受损的风险[2]。患有多发性硬化症、脊柱炎、脊髓灰质炎综合征和脊髓损伤的女性，必须特别关注尿路健康问题。在拥有生殖能力的岁月里，由于激素水平正常，一些存在逼尿肌不稳定或神经源性膀胱问题的残障女性，或许能够正常控制尿液的排放。待到更年期时，雌激素减少，肌肉和膀胱等功能的下降，会增加残障女性排尿系统失控的风险，这尤其容易发生在长期瘫痪和使用轮椅的女性身上[3]。

第三，残障女性更年期皮肤健康受损。皮肤干裂是更年期女性普遍面临的问题。对健常女性而言，这除了造成容貌的改变，加快肌体衰老的速度，并不会直接造成病理性的健康问题。但是，对肢体障碍女性而言，更年期雌激素下降带来皮肤的变化将会引起一种特殊的病理性问题。比较典型的是，会阴上皮密度降低和与雌激素下降相关的肌肉组织弹性降低，导致行动障碍女性的这一区域皮肤很容易破裂[4]。与此同时，雌激素流失会损害皮肤中的胶原含量并阻碍血管的增生，降低皮肤的完整性和肌肉组织的弹性，从而引起使用轮椅的女性或瘫痪女性的皮肤破裂及压疮问题[5]。

三、更年期残障女性的健康权保障困境

有关健康权保障的"最低限度核心义务"标准促使我们认识到，残障女性有权利维持自身最基本的健康水平。具体而言，"最低限度核心义务"之于残障女性健康权保障的表现有二：一方面，按照平等的一般要求，残障女性获得的健康保健服务需要达到与更年期健常女性同等的标准；另一方面，基于平等的特殊要求，在承认更年期残障女性特殊脆弱性的基础

---

[1] See Claire Z. Kalpakjian, et al., "Menopause Characteristics of Women with Physical Disabilities from Poliomyelitis", *Maturitas*, Vol. 56, 2007, pp. 161-172.
[2] See Sandra L. Welner, et al., "Maximizing Health in Menopausal Women with Disabilities", *Menopause*, Vol. 9, 2002, pp. 208-219.
[3] See Goran Samsioe, "The Gynourinary System", in Rogerio A. Lobo, et al., *Menopause: Biology and Pathobiology*, San Diego, CA: Academic Press, 2000, pp. 327-338.
[4] See Goran Samsioe, "The Gynourinary System", in Rogerio A. Lobo, et al., *Menopause: Biology and Pathobiology*, San Diego, CA: Academic Press, 2000, pp. 327-338.
[5] See Sandra L. Welner, et al., "Maximizing Health in Menopausal Women with Disabilities", *Menopause*, Vol. 9, 2002, pp. 208-219.

上，对她们的健康保障予以恰当的特殊对待，应被认为是"最低限度"的题中应有之义。然而，更年期残障女性健康权保障的实际情况并不乐观，残障女性的健康权保障面临困境。

首先，更年期残障女性接受健康（特别是妇科）检查的可能性较小。玛格丽特·诺斯克（Margaret Nosek）的研究发现，更年期残障女性接受乳房X射线照相术等预防性妇科疾病检查的比率较低[1]（图2）。"乳腺癌是女性容易罹患的恶性疾病"[2]，宫颈癌亦是造成女性癌症死亡的主要原因，而这更容易发生在更年期女性的身上。在我国，"两癌"筛查已经达到了较高的普及度。然而，在各方面要素的耦合作用下，更年期残障女性接受乳腺癌和宫颈癌筛查的情况并未达到与健康女性同等的水平。与此同时，更年期肢体障碍女性获得常规性预防检查的可能性较小[3]。以骨密度检查为例，研究表明，在美国仅有31%的肢体障碍女性接受过骨密度检查，在未接受检查的肢体障碍女性中，有47%的人骨密度检查显示存在骨质疏松问题，还有45%的肢体障碍女性从来没有接受过骨密度测试[4]。另有受访者提到了与之有关的其他问题，其中比较典型的是，就医无障碍环境的缺失导致存在行动障碍的女性无法进入医疗机构，并充分使用医疗器械或接受医疗服务[5]。

---

[1] See Margaret Nosek, et al., "Disability, Psychosocial and Demographic Characteristics of Abused Women with Disabilities", *Violence Against Women*, Vol. 12, 2006, pp. 838-850; Karen Piotrowski, Linda Snell, "Health Needs of Women with Disabilities Across the Lifespan", *Clinical Issues*, Vol. 36, 2007, pp. 79-87.

[2] 姚霏：《老病新医：近代中国乳腺癌的治疗变革、知识传播与社会认知》，载《妇女研究论丛》2022年第1期，第102页。

[3] See Sian White, et al., "Reproductive Health Care Experiences of Women with Physical Disabilities: A Qualitative Study", *Archives of Physical Medicine and Rehabilitation*, Vol. 78, 1997, pp. 526-533.

[4] See Kyeongra Yang, et al., "Factors Associated with Use of Hormone Therapy Among Women with Mobility Impairments", *Women and Health*, Vol. 43, 2006, pp. 19-36.

[5] 具体为：一是沟通障碍。听力障碍女性在没有手语翻译和打字员参与的情况下同医疗人员沟通有困难，医护人员不愿取下口罩亦会造成唇语阅读困难。二是医疗设备接近障碍。如检查台过高或仅提供站立式检查台、欠缺移动设备、未设无障碍更衣室等。三是信息障碍。就医过程中，残障女性会因流程信息缺失而无法对接下来可能发生的事情形成合理预期，难以作出恰当的准备。参见李勇：《残障人的融合困境及其回应理路——第十届东亚残障论坛综述》，载张万洪主编：《残障权利研究》（第9辑），社会科学文献出版社2022年版，第17页；Sharon Dormire, Heather Becker, "Menopause Health Decision Support for Women with Physical Disabilities", *Jognn Clinical Issues*, Vol. 36, 2007, pp. 97-104.

健常女性 ────────────────────────── 75%
残障女性 ───────────────── 61%

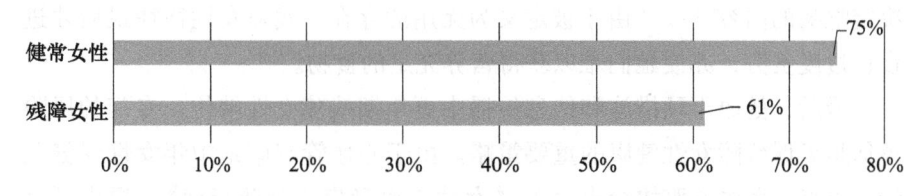

0%　10%　20%　30%　40%　50%　60%　70%　80%

图2　50—74岁美国女性接受乳房X射线照相术检查的情况

资料来源：CDC/NCHS, National Health Interview Survey Data, 2010.

其次，更年期残障女性的体育锻炼和饮食条件较差。更年期综合征的缓解和健康促进的重要途径是保持健康的生活方式，因此定期的体育锻炼非常重要[1]。"体育活动的目的是保持高水平的健康和身体功能，以预防继发性疾病。"[2] 然而，女性健康运动基本没有为残障女性提供针对性服务，环境、态度和信息障碍还使残障女性被剥夺了接受服务的机会[3]。美国国家体育活动和残障女性中心的信息显示，在美国，仅有23%的残障女性每周进行30分钟以上的体育活动[4]。环境障碍使残障女性难以接近并使用运动设施，增加了她们肥胖和骨质疏松之类的风险；对残障女性不友好的运动设施，还可能给她们造成新的残障[5]。具有针对性的运动政策可以最大限度地减少更年期残障女性的肌肉损耗，但既有的运动政策未反映出她们的特殊需求。此外，身心障碍使残障女性的烹饪行为受限，亦无法

---

[1] See Willi Horner-Johnson, et al., "Preconception Health Risks Among U. S. Women: Disparities at the Intersection of Disability and Race or Ethnicity", *Women's Health Issues*, Vol. 31, 2021, pp. 65-74；宋玉芳：《残障人体育的社会文化意义》，载《西安体育学院学报》2003年第2期，第22页；崔兵：《残障人体育观现状分析》，载《广州体育学院学报》2006年第2期，第26页。

[2] Karen Piotrowski, Linda Snell, "Health Needs of Women with Disabilities Across the Lifespan", *Clinical Issues*, Vol. 36, 2007, pp. 79-87.

[3] See Laura Hershey, "Rights, Realities, and Issues of Women with Disabilities", in Robin Morgan, ed., *Sisterhood Is Forever: The Women's Anthology for a New Millennium*, New York: Washington Square Press, 2003, p. 79.

[4] See National Center on Birth Defects and Developmental Disabilities, Healthy People 2010: Chapter 6, Vision for the Decade: Proceedings and Recommendations of a Symposium, Atlanta, GA: Centers for Disease Control and Prevention, 2001.

[5] See James H. Rimmer, David Braddock, "Health Promotion for People with Physical, Cognitive, and Sensory Disabilities: An Emerging National Priority", *American Journal of Health Promotion*, Vol. 16, 2002, pp. 220-224.

决定吃喝的内容[1]。"由于被定义为无用的存在，残障女性往往最后才进食；过度贫穷，亦使她们难以获得营养充足的食物。"[2]

最后，健康干预措施和信息传播中更年期残障女性缺位。专门的风险评估是确保残障女性健康的重要策略。由于心血管健康是中年女性保健关注的重点，美国心脏协会出台了《女性心血管疾病预防指南》，提供了女性更年期心血管疾病风险的详细标准，引入了心血管健康的促进策略[3]。但这些策略未反映出残障女性的特殊保健需求。美国心脏协会认为，雌激素－孕激素联合治疗不应用于围经期或绝经后女性心血管疾病的初级预防，抗氧化维生素补充剂不应用于预防心血管疾病[4]。这些指导方针虽有助于评估更年期女性的心血管患病风险和规划干预措施，但对残障女性欠缺针对性。已有的研究成果确实提供了女性更年期的保健信息，但针对残障女性的内容有限。网络资料同样十分缺乏，在互联网搜索到的更年期健康资料中，少有关于残障女性的内容[5]。

---

[1] See Sharon Dormire, Heather Becker, "Menopause Health Decision Support for Women with Physical Disabilities", *Jognn Clinical Issues*, Vol. 36, 2007, pp. 97-104.

[2] The Committee on The Rights of Persons with Disabilities, General Discussion of Women and Girls with Disabilities, Madrid: Area de Documentacion y Publicaciones, 2014, p. 243.

[3] See Lori Mosca, et al., "Evidence-Based Guidelines for Cardiovascular Disease Prevention in Women", *Arteriosclerosis, Thrombosis, and Vascular Biology*, Vol. 109, 2004, pp. 672-693.

[4] See Lori Mosca, et al., "Evidence-Based Guidelines for Cardiovascular Disease Prevention in Women", *Arteriosclerosis, Thrombosis, and Vascular Biology*, Vol. 109, 2004, pp. 672-693.

[5] See Lori Mosca, et al., "Evidence-Based Guidelines for Cardiovascular Disease Prevention in Women", *Arteriosclerosis, Thrombosis, and Vascular Biology*, Vol. 109, 2004, pp. 672-693.

第三章 残障女性权利困境的成因分析

是什么原因造成残障女性上述权利困境？本章主要基于三方面进行考察：一是坚持生理现实和文化建构的结合。社会性别和残障社会模式作为父权文化和残障歧视的批判工具，在推动完成残障人和女性解放之"哥白尼式革命"的同时，亦不可忽视它没有重视生物现实之基础作用的缺陷。鉴于此，本书坚持二者结合，既关注社会文化建构的作用，也注意生物现实在其中发挥的作用。二是本书的分析不是就事论事，而旨在从更根本的公私二元论哲学出发，探讨造成残障女性权利困境的抽象和深层次原因。三是基于法治的维度，关注立法和司法在造成残障女性权利困境方面扮演的角色。

第一节 身心障碍和女性生理经历导致的脆弱性

当下，残障社会模式和社会性别模式在各自的实践和理论研究领域中都占据主导地位。它们的提出，一方面提醒人们认识到社会文化建构之于残障人和女性身份形成的重要性，另一方面，这种不合理的二元对立结构也因为弱化身心障碍和女性的生理经历，对身心障碍的损伤经验和性别造成的痛苦言说进行"封杀"[1]，因而具有缺

---

[1] [日]星加良司：《试论残障社会模式的认识误区及其实践性陷阱》，蔡英实译，载《社会》2015年第6期，第124页。

陷[1]。对残障人和女性而言，他们面临的歧视和压迫都建立在身心状况或生理结构的基础上，探讨残障女性权利困境无法绕开生理现实。残障女性是身心障碍和女性生理特征的集合体，正是二者的共同作用造成或加剧了她们的特殊脆弱性。

一、身心障碍带来的脆弱性

什么是脆弱性？杰基·利奇·斯考利（Jackie Leach Scully）在理论上将其划分为两种情况：第一种是普遍意义上的脆弱性。如果脆弱性是指人类必然会遭受的各种伤害，特别是疾病、疼痛、死亡之类的自然或固有伤害，那么，所有人都具有一定程度的脆弱性[2]。正如女性主义政治哲学家玛萨·艾伯森·法曼（Martha Albertson Fineman）所言，脆弱性是"普遍而且恒定的，是人类所固有的"[3]。在这种有关脆弱性的理解中，人类总是会受到某些伤害的影响，而谁也无法摆脱这些伤害。无论如何，我们的生命都始于极度脆弱的婴儿期，终于死亡、归于消灭，或多或少都会受到疾病的困扰。第二种是对脆弱性进行限定性解释形成的特殊脆弱性。也即除人类共同分享的固有脆弱性以外，一些人由于某些难以控制的外在因素的加入而变得更加脆弱，他们比其他人更容易受到伤害。身心障碍也是造成特殊脆弱性的重要原因。

"倘若一个人由于某种障碍不能够过上正常的生活，那种失败……本身就很重要。"[4]残障女性面临的脆弱性正是由于身心障碍造成的机能受损，这导致很多残障女性终生都难以摆脱认知和身体障碍的限制，她们在

---

[1] 社会性别模式片面强调将两性不平等划归为文化因素，在某种程度上存在忽视生理差异的局限。参见杨凤：《社会性别的马克思主义诠释》，载《妇女研究论丛》2005年第5期，第5页。残障社会模式轻视甚至是无视损伤在残障人经验中的重要地位，导致对生理现实的忽视或否定。参见[日]星加良司：《试论残障社会模式的认识误区及其实践性陷阱》，蔡英实译，载《社会》2015年第6期，第122页。

[2] See Jackie Leach Scully, "Disability and Vulnerability: On Bodies, Dependence, and Power", in Catriona Mackenzie, et al., *Vulnerability: New Essays in Ethics and Feminist Philosophy*, New York: Oxford University Press, 2013, p. 101.

[3] Martha Albertson Fineman, "The Vulnerable Subject: Anchoring Equality in the Human Condition", *Yale Journal of Law and Feminism*, Vol. 20, 2008, pp. 1-23.

[4] [美]玛莎·C.努斯鲍姆：《女性与人类发展——能力进路的研究》，左稀译，中国人民大学出版社2020年版，第128页。

性质和程度上都更接近健常女性年老时的状态[1]。正如纳斯鲍姆在《正义的前沿》中举的例子，塞莎是一个吸引人、富有情感，喜欢音乐和漂亮衣服的年轻女性。遗憾的是，先天性脑瘫和严重智力迟钝导致她的生活完全依赖他人[2]。无论怎样强调文化建构的作用，都无法否认，塞莎不能行走、谈话和阅读，生活不能自理，首先因为她是脑瘫患者和智力障碍者。现实中，很多脆弱性是身心障碍的直接结果。它们是残障的物质性所固有的，无论这种残障是身体层面上的，还是认知层面上的[3]。肢体障碍者无法正常行走，智力障碍者缺乏足够的认知和控制能力，语言和听力障碍者无法言说、难以聆听，很难与他人展开有效沟通，学习障碍者无法理解和掌握信息等，这些都是身心障碍的必然结果。由此产生的脆弱性之于残障女性都是现实的，而且会贯穿她们生命的始终。

"基于身心障碍带来的功能限制，还可能导致其他负面效应。"[4] 人体组织和身体机能具有连通性，一些身心障碍与慢性疾病、感染、长期退化的过程、寿命缩短或疲劳等问题有关[5]。故从系统化视角看，很多时候，身心障碍只是一个引子，它会连带影响其他身体组织或生理机能的正常运作，从而带来其他问题[6]。残障女性更可能患上哮喘和糖尿病等慢性疾病[7]。具体来说，带来的其他问题会因残障类别的不同而存在差异，比如脑瘫患者长时间卧床会导致肌肉萎缩，肢体障碍者长期依靠轮椅行动可

---

[1] 参见[美]玛莎·C.纳斯鲍姆：《寻求有尊严的生活——正义的能力理论》，田雷译，中国人民大学出版社2016年版，第105页。

[2] 参见[美]玛莎·C.纳斯鲍姆：《正义的前沿》，朱慧玲等译，中国人民大学出版社2016年版，第67页。

[3] 参见于莲：《以可行能力视角看待障碍：对现有残障模式的反思与探索》，载《社会》2018年第4期，第164—165页。

[4] Karen Piotrowski, Linda Snell, "Health Needs of Women with Disabilities Across the Lifespan", *Clinical Issues*, Vol. 36, 2007, pp. 79-87.

[5] See Jackie Leach Scully, "Disability and Vulnerability: On Bodies, Dependence, and Power", in Catriona Mackenzie, et al., *Vulnerability: New Essays in Ethics and Feminist Philosophy*, New York: Oxford University Press, 2013, p. 389.

[6] See Doris Rajan, Women with Disabilities and Abuse: Access to Supports, Montréal: DisAbled Women's Network (DAWN Canada) /Réseau d'action des femmes handicapées du Canada (RAFH Canada), March 2011.

[7] See Willi Horner-Johnson, et al., "Preconception Health Risks Among U. S. Women: Disparities at the Intersection of Disability and Race or Ethnicity", *Women's Health Issues*, Vol. 31, 2021, pp. 65-74.

能引起内分泌失调，人工耳蜗的植入会带来一系列并发症，等等[1]。另外，智障女性依赖药物，可能对她们的心、肝、肾功能造成不利影响，甚至波及中枢神经，引起食欲亢奋，造成肥胖，也会导致心律不齐、内分泌失调、睡眠紊乱、行为迟缓、精神紊乱等永久性的问题[2]。概言之，残障的物质性是固有的，关于残障女性权利困境问题的探讨，无法绕开身心障碍直接带来的诸多不便及由此造成的附带性身体损伤。

二、女性生理经历引起的脆弱性

残障女性的脆弱性还源自她们的生理系统，"近乎所有女性都会基于这套生理系统而受到损害"[3]。在人类发展的很长一段时间里，女性的身体都被视为一种神秘的存在，女性自己也经常对身体的内部感到忧虑[4]。她们无法知晓自己身体的机理，为何每月都会流血？为什么会怀孕？分娩又是如何奇迹般地完成的？故早期的女性主义者在寻求解放的过程中尤其关注身体，进而将女性认识和控制自己的身体作为实现解放的基础。这一目标不完全是通过女性运动实现的，更得益于医疗科学技术的进步。医疗科学技术揭开了女性身体的神秘面纱，帮助女性认识到她们在不同阶段经历的生理现实。但即便如此，也无法避免女性面临脆弱性的事实。

在女性的生命历程中，时间跨度最长的生理经历是月经。从医学的角度讲，月经只是女性内在机理发生作用的结果。问题是，月经不是中性的身体体验，它还意味着持续性的疼痛和疾病。特别在青少年时期，"75%

---

[1] See Haven Esme, "What Is Atrophy?", The Health Board, https://www.thehealithboard.com/what-is-atrophy,htm, last visited on November 23, 2024. Ryan Lirette, et al., "Overuse Injuries in Disorders of the Central Nervous System", in PM&R KnowledgeNow, https://now.aapmr.org/overuse-injuries-in-disorders-of-the-central-nervous-system/, last visited on November 23, 2024. Jun Ikeya, et al., "Long-Term Complications after Cochlear Implantation", Auris Nasus Larynx, Vol. 40, 2013, pp. 525-529.

[2] 参见胡存、安文萍：《抗精神病药物的神经生物学作用机制》，载《中国临床康复》2005年第12期，第169—172页；王伟勇：《抗精神病药物的矛盾现象及其对策》，载《中国神经精神疾病杂志》2000年第2期，第123页等。

[3] [美]玛莎·C.努斯鲍姆：《女性与人类发展——能力进路的研究》，左稀译，中国人民大学出版社2020年版，第281页。

[4] 参见[法]波伏瓦：《第二性Ⅱ》，郑克鲁译，上海译文出版社2011年版，第68页。

的女性都会经历经前期综合征，包括在月经前一到两周出现的身体症状"[1]。就结果而言，"月经紊乱问题频发还会对青少年女性的情绪造成负面影响，诱发抑郁甚至自杀"[2]，从而严重损害她们的身心健康。在整个成年期，很多女性都会受到经前期综合征的困扰[3]。到了绝经期，"女性的整体机能开始衰退，卵巢功能衰退突出，则可能引发一系列身心疾病"[4]。绝经期是女性从生殖功能旺盛期走向衰退期的过渡阶段，亦是卵巢功能退化到丧失的过程。在身体方面，这会给女性带来生殖系统疾病；在精神方面，更年期给女性带来身体上的变化，加上家庭和社会生活的压力，导致很多女性出现相应的精神症状[5]。

怀孕和分娩是大多数女性都会经历的"坎儿"。中国人常用"十月怀胎"来形容怀孕的辛苦：在孕早期，女性需要承受妊娠反应带来的痛苦，有的孕妇妊娠反应持续至分娩时；到孕中期，女性不仅会经历头晕、胸闷、腿抽筋等身体上的痛苦，还要承受担心胎儿健康和失眠造成的精神压力。分娩会危及女性生命，即便是医疗科技水平发展的今天，依旧有女性死于分娩。2010—2018年，全球每年约有30万名女性死于与分娩相关的疾病[6]。妊娠和分娩带来的并发症亦是造成发展中国家15—19岁女性死亡的主要原因[7]。此外，生殖系统癌症是剥夺女性生命的最大杀手。2020年，中国乳腺癌发病率为59.0/10万，居女性恶性肿瘤发病谱首位[8]。宫颈癌也是最常见的恶性肿瘤之一，其造成全世界每年约20万名女性的死亡[9]。总而言之，"生殖健康关系着女性一生的健康，体现了女性遭受

---

[1] Rogerio A. Lobo, JoAnn Pinkerton, "Premenstrual Syndrome and Premenstrual Dysphoric Disorder", *The Journal of Clinical Endocrinology & Metabolism*, Vol. 95, 2010, pp. E1-E.

[2] 王欢、张兰：《青少年女性月经紊乱导致抑郁的研究进展》，载《解放军军医杂志》2020年第8期，第869页。

[3] 参见陈醒等：《女性经前期综合征应用程序调查》，载《中国公共卫生》2018年第7期，第949—952页。

[4] 朱小明等：《围绝经期妇女内分泌变化及相关疾病》，载《山东大学学报（医学版）》2019年第2期，第6页。

[5] 参见梁丽娟等：《更年期综合征女性焦虑、抑郁情绪与心理弹性间关系》，载《中国健康心理学杂志》2021年第2期，第161页。

[6] 参见刘小楠主编：《社会性别与人权教程》，中国政法大学出版社2019年版，第149页。

[7] 参见刘小楠主编：《社会性别与人权教程》，中国政法大学出版社2019年版，第149页。

[8] 参见国家癌症中心中国女性乳腺癌筛查与早诊早治指南制定专家组：《中国女性乳腺癌筛查与早诊早治指南》，2021年。

[9] 参见刘小楠主编：《社会性别与人权教程》，中国政法大学出版社2019年版，第149页。

性别歧视最严酷的一面"[1]。

三、综合形成的整体脆弱性

整体脆弱性是斯考利在探讨残障和脆弱性的关系时提出来的，意指身心障碍和经济、社会、政治等因素共同作用所形成之新的脆弱性[2]。本书将延续这一分析脉络，探讨残障女性面临的整体脆弱性。残障女性面临的整体脆弱性是残障人和女性的双重身份形成的，二者在结构层面相互重叠和交叉产生了超越性的效果。故整体脆弱性主张，对既是残障人又是女性的残障女性而言，她们不仅需要面临身心障碍带来的脆弱性、女性特殊生理经历形成的脆弱性，还会面临二者综合产生的整体脆弱性。这种贯穿残障女性生命历程的整体脆弱性，不是两种脆弱性的简单相加，而是在二者综合的基础上形成的更高程度的脆弱性，它具有相对独立性。

一方面，身心障碍可能会因女性的生理经历而产生。从医学的角度讲，残障是一个人在身体、感官或精神等方面有所欠缺。这种身体、感官或精神层面的欠缺，很可能本身就是基于月经、怀孕、分娩、更年期等不轻松的女性生理经历而产生的。那些敢于挑战否定性刻板印象、选择生育子女的残障女性，无法充分受益于生殖医疗技术，生殖健康信息缺位、体能的弱势或许会使她们在怀孕过程中或分娩时形成新的残障类别[3]。有针对埃塞俄比亚的总体性统计显示，其每年约有2000万名女性因为怀孕或分娩出现的并发症而致残[4]。在全球范围内，

---

[1] 刘小楠主编：《社会性别与人权教程》，中国政法大学出版社2019年版，第149页。

[2] See Jackie Leach Scully, "Disability and Vulnerability: On Bodies, Dependence, and Power", in Catriona Mackenzie, et al., *Vulnerability: New Essays in Ethics and Feminist Philosophy*, New York: Oxford University Press, 2013, p. 103.

[3] 参见蒋丽芳等：《河南省育龄期残疾妇女致残原因分析》，载《中国妇幼保健》2009年第24卷，第4960页。

[4] See Muleta Hussein Sedeto, Mohd Jameel Dar, "Socio-Economic Challenges of Persons with Disabilities: A Case Study of Ethiopia", *Global Journal of Human Social Science: C Sociology & Culture*, Vol. 19, 2019, pp. 8-16.

怀孕和分娩都是女性致残的重要因素[1]。在英国，约有9.4%的女性在分娩中患上导致残障的一种或多种疾病[2]。国际劳工组织对亚太国家的研究显示，"15—44岁女性的致残率高于男性"[3]。这种情况可以解释为，"该年龄组的女性因为怀孕过多、产后保健和医疗保健不到位，从而加大了她们的致残风险"[4]。另外，更年期并发症亦会成为女性残障的因素[5]。

另一方面，女性的生理经历会因附加身心障碍因素而变得更加危险和复杂。现实中，"残障成为女孩们失权、失能的由头"[6]。在健常女性足以妥善应对或习以为常的事项中，残障女性将会面临各种困境。怀孕和分娩对所有女性来说都不是件容易的事情，但在生育医疗技术日益发达的今天，健常女性中的绝大多数人都能够顺利度过这些生命阶段。而对很多残障女性来说，身心障碍导致其在怀孕和分娩中出现并发症或死亡的风险更高[7]。月经管理亦如此。健常女性通常能自主管理月经，但残障女性在月经管理的各个方面都很困难。基于不同的生理结构，性之于女性更具攻击性[8]。对残障女性而言，这种攻击性更容易演变为性暴力。另外，更年期女性多面临各种健康问题，而身心障碍使更年期残障女性的健康问题尤为突出。

---

[1] See Kai Spratt, Literature Review of People with Disabilities and Gender Based Violence, Written for USAID/Vietnam, July 21, 2017.

[2] See Maggie Redshaw, et al., "Women with Disability: The Experience of Maternity Care During Pregnancy, Labour and Birth and the Postnatal Period", *BMC Pregnancy and Childbirth*, Vol. 13, 2013, pp. 1-14.

[3] United Nations Economic and Social Commission for Asia and the Pacific (UNESCAP), Hidden Sisters: Women and Girls with Disabilities in the Asian and Pacific Region, Bangkok: UNESCAP, ST/ESCAP/1548, 1995.

[4] United Nations Economic and Social Commission for Asia and the Pacific (UNESCAP), Hidden Sisters: Women and Girls with Disabilities in the Asian and Pacific Region, Bangkok: UNESCAP, ST/ESCAP/1548, 1995.

[5] See Kai Spratt, Literature Review of People with Disabilities and Gender Based Violence, Written for USAID/Vietnam, July 21, 2017.

[6] 参见刘思洁：《残障女性艰难的性与爱：自卑、羞耻、渴望》，搜狐网，https://www.sohu.com/a/360026174_318144，最后访问日期：2024年11月22日。

[7] See Emily Henderson, Pregnant Women with Disabilities Have Increased Risk for Birth Complications and Death, National Institutes of Health, December 15, 2021.

[8] 参见［美］佩珀·施瓦茨、弗吉尼亚·拉特：《性之性别》，陈素秋译，台北章伯文化国际2004年版，第63页。

第二节　文化帝国主义下的残障/性别歧视

　　生理脆弱性经过观念层面的发酵，还会形成偏见。"偏见的思潮在没有遇到阻碍时，必将到处流行，贻害匪浅。"[1]这种偏见在文化层面的传播，会形成极具压迫性的文化帝国主义。"文化帝国主义是晚近群体解放运动理论家，尤其是女性主义者和黑人解放运动理论家开始关注的压迫理论形式。"[2]文化帝国主义指将居于宰制地位的群体文化和经验予以标准化与普遍化。基于这种文化观念可以得出结论，"社会主导的价值体系既对某一群体视而不见，又以刻板印象为其贴上标签，将其视为'他者'"[3]。换言之，"受支配者在体验到自己是隐形者的同时又被标记出来，视为不同的存在"[4]。对残障女性而言，相关的文化帝国主义是以残障和性别为基础的，从而形成针对残障女性本身的刻板印象。

一、基于残障的刻板印象

　　"文化在人文社会科学领域是一个备受争议的概念。"[5]它既能够把美好的东西传承下来，也可以通过强大的建构性力量将某些极具歧视和偏见的内容予以保存。在全球范围内，残障歧视的文化传统普遍存在。在这种否定性的文化传统中，残障人常常会受到歧视和压迫，进而形成一种针对其身心障碍的刻板印象。随着与残障人相关的国际人权文件的出台，以及残障人权利运动在全球范围内的传播，这种刻板印象亦在以或隐或显的方式发生改变。然而，由于《残疾人权利公约》出台较晚，再加上残障歧视

---

[1] [英]玛丽·沃斯通克拉夫特：《女权辩护》，王蓁译，商务印书馆1995年版，第23页。
[2] [美]艾丽斯·M.杨：《正义与差异政治》，李诚予、刘靖子译，中国政法大学出版社2017年版，第70页。
[3] María C. Lugones, et al., "Have We Got a Theory for You! Feminist Theory, Cultural Imperialism and the Demand for 'the Woman's Voice'", *Women's Studies International Forum*, Vol. 6, 1983, pp. 573-581.
[4] 苏峰山：《正义理论、差异政治与障碍研究》，载张万洪主编：《残障权利研究》第9辑，社会科学文献出版社2022年版，第59页。
[5] 王国羽等：《障碍研究：理论与政策应用》，台湾巨流图书股份有限公司2012年版，第23页。

文化根深蒂固，针对残障人的刻板印象非但没有消失，还普遍地存在并作用于当今社会[1]。下文将从内在和外在两个方面来揭示。

残障刻板印象首先出自公众，源于不理解和恐惧[2]。无论健常人之间存在何等差异，当他们面向残障人时都会产生一种本能的优越感。为了以结构化的方式维护这种优越感，健常人将自己的身体和社会体验设定为标准，异常者则被排除在外。许多人认为，残障是一种需要治疗的疾病或有待纠正的异常状态，残障人则是需要被照顾和救济的主体，也是社会和家庭的负担，甚至不应该出现在健常人的生活情境中[3]。健常人为彰显自身的优越性，把残障人定位为慈善的对象，仿佛他们存在的重要价值便是激励或是培育健常人的同情和怜悯心[4]。在战胜逆境时，残障人被视作超人般的存在，他们被要求"身残志坚"，将悲剧视作一种可以凸显自身价值的路径。此外，"文化或宗教信仰认为残障是巫术或前几代人罪恶的结果"[5]，抑或是上帝的诅咒[6]。这种观点解释了，为什么许多仇恨、怀疑和暴力与残障有关。很多时候，残障人特别是精神障碍者被视为威胁[7]。这种有关残障人的刻板印象通过媒体宣传、歧视性的教育、宗教信仰甚至

---

[1] See People with Disability Australia（PWDA）, Domestic Violence New South Wales（DVNSW）, Women with Disability and Domestic and Family Violence: A Guide for Policy and Practice, New South Wales: PWDA, DVNSW, the information in these documents was prepared by Meredith Lea, 2015.

[2] See Linda Martín Alcoff, Satya P. Mohanty, "Recon- sidering Identity Politics", in Satya P. Mohanty, et al., *Identity Politics Reconsidered*, New York: Palgrave Macmillan, 2006, p.7.

[3] See Muleta Hussein Sedeto, Mohd Jameel Dar, "Socio-Economic Challenges of Persons with Disabilities: A Case Study of Ethiopia", *Global Journal of Human Social Science: C Sociology & Culture*, Vol. 19, 2019, pp. 8-16.

[4] See Berhanu Dendena Sona, "Psychosocial Challenges of Women with Disabilities in Some Selected Districts of Gedeo Zone, Southern Ethiopia", *International Journal of Criminal Justice Sciences*, Vol. 10, 2015, pp. 173-186.

[5] 这种信念存在于许多传统宗教和民间信仰中。如在印度和尼泊尔，许多人认为残障是上帝的惩罚，印度教的教义主张，残障人可能在上辈子做错了事情。See Bond, *Stigma, Disability and Development*, London: Bond, November, 2017.

[6] See Muleta Hussein Sedeto, Mohd Jameel Dar, "Socio-Economic Challenges of Persons with Disabilities: A Case Study of Ethiopia", *Global Journal of Human Social Science: C Sociology & Culture*, Vol. 19, 2019, pp. 8-16.

[7] See Division for Social Policy Development, Department of Economic and Social Affairs, Toolkit on Disability for Arica: National Plans on Disabilities, New York: United Nations Department of Economic and Social Affairs（UNDESA）, 2016.

法律得到强化，并在社会中传播开来。

"人们对自身身份的定义在一定程度上是基于对他人如何评价自身的阐释，以形成'自我镜像'。"[1]如果说公众的刻板印象涉及他人对残障人的否定性看法，刻板印象的"内化"则是指残障人基于对他人观念和看法的吸收而形成的消极自我认同。"内化是将某个规范或角色纳入自身人格，认为自身应服从某种既定的规范，避免遭受不良体验。"[2]就残障人而言，残障人是弱势者和无权者的普遍观念会在他们心中形成无助和恐惧感，这源自歧视性文化通过社会生活的渗透，以及家庭和学校教育的传播。正如一位聋人女性在接受采访时谈道，"当我从社会上听到事情时，我担心孩子会和我一样有残疾。因为社会观念使我在脑海中产生怀疑"[3]。由此残障人形成关于自身的如下看法：残障使自己成为异于常人的存在，无论是在政治、经济、社会等公领域，还是以婚姻和家庭为核心的私领域中，他们永远都无法达到与健常人同等的状态。这种内化的刻板印象，加上外在的刻板印象，导致残障人被归为他者。

二、关于女性的固化观念

有关女性的固化观念是根深蒂固的，它是对女性文化角色的整体性概括，根源于母权制的失败和父权制的兴起。在原始的母系氏族中，女性拥有崇高的地位。"母权制的被推翻，乃是女性的具有世界历史意义的失败。丈夫在家中也掌握了权柄，妻子则被贬低，被奴役，变成丈夫淫欲的奴隶，变成单纯的生孩子的工具了。"[4]在父权制建构起来的社会中，女性通常没有被当作目的和独立的人来看待，而是实质性地成为生儿、育女、侍夫的从属性存在。故而，"女性很少能够像男性那样免于恐惧地生活，享

---

[1] Margaret A. Nosek, et al., "Self-Esteem and Women with Disabilities", *Social Science & Medicine*, Vol. 56, 2003, pp. 1737-1747.

[2] [英]安·奥克利:《看不见的女人：家庭事务社会学》，汪丽译，南京大学出版社2020年版，第184页。

[3] Hridaya R. Devkota, et al., "Societal Attitude and Behaviours Towards Women with Disabilities in Rural Nepal: Pregnancy, Childbirth and Motherhood", *Pregnancy and Childbirth*, Vol. 19, 2019, pp. 1-13.

[4] [德]恩格斯:《家庭、私有制和国家的起源》，中共中央马克思恩格斯列宁斯大林著作编译局译，人民出版社1999年版，第57页。

受爱的回报"[1]。在社会地位方面,法国女权运动创始人之一波伏瓦提出的"第二性",恰如其分地阐释了女性在家庭和社会中的处境[2]。女性普遍因循父权主义行为规范生活,便会在文化层面形成诸多针对女性的固化观念。随着女性运动的推进,虽然情况已在发生改变,但"文化惰性"[3]的现实存在使得这些观念依旧以潜在的方式作用于当下社会。

首先,有关女性月经、性和生殖的刻板印象在全球范围内普遍存在。特别是在南亚和非洲等地区,月经依然被认为是污秽的,经期中的女性被迫居住在与家隔离的"小房子"里[4]。即便在更开放的国家,女孩也很难坦然面对月经初潮的到来。"性别主义的思想从女性一出生就清楚地教育她们说,性欲望和性快乐永远只属于男性,只有没有道德的女人才拥有性需要和性渴望。"[5]生育固然被认为是神圣的,但对生殖系统仍然存在不恰当的认知,阴道和乳房被认为是需要隐藏的"罪恶"。其次,在女性角色方面,人们期待培养的是"完美的女人"。一旦父母发现所生的是女孩,便开始装饰粉红色的房间,他们假设自己的女儿会非常女性化,并教导她们如何成为传统意义上的好女人[6]。最后,就女性职能而言,"母亲成为吃苦耐劳的代名词,她们对子女呵护备至,对家庭无私奉献"[7]。通过玩"过家家"的游戏可以发现,即便是五六岁的小女孩也认为,当丈夫去上班时,妻儿应待在家里。丈夫回家时,妻子应已准备好晚餐。由此反映出的是"女人的职责是做家务,男人外出工作"的刻板印象[8]。

---

[1] [美]玛莎·C.努斯鲍姆:《女性与人类发展——能力进路的研究》,左稀译,中国人民大学出版社2020年版,引言第1页。

[2] 参见[法]波伏瓦:《第二性Ⅱ》,郑克鲁译,上海译文出版社2011年版,第9页。

[3] 张媚玲:《"世俗面相"与近代中国民族国家转型——基于"大一统"思想及文化惰性的思考》,载《思想战线》2018年第4期,第27页。

[4] See Margaret L. Schmitt, et al., "Understanding the Menstrual Hygiene Management Challenges Facing Displaced Girls and Women: Findings from Qualitative Assessments in Myanmar and Lebanon", *Conflict and Health*, Vol. 11, 2017, pp. 1-11.

[5] [美]贝尔·胡克斯:《激情的政治:人人都能读懂的女权主义》,沈睿译,金城出版社2008年版,第87页。

[6] See Holly Brewer, "List of Gender Stereotypes", HealthGuidance, https://www.healthguidance.org/entry/15910/1/List-of-Gender-stereotypes.html, January 26, 2020, last visited on November 23, 2024.

[7] 孔海娥:《女性生命历程的角色实践》,中国社会科学出版社2012年版,第130页。

[8] See Holly Brewer, "List of Gender Stereotypes", HealthGuidance, https://www.healthguidance.org/entry/15910/1/List-of-Gender-stereotypes.html, January 26, 2020, last visited on November 23, 2024.

除此之外，有关女性的固化观念包括但不限于：女性的身体不如男性强壮，女性赚的钱比男性少，女性通常需要获得男性的经济帮助，女性不需要接受大学教育，女性不适合做决定（无论是政治、社会层面的，还是家庭内部的），女性更含蓄温婉，女性是顺服和被动的，女性是照顾者，女性是忧郁的、天真的、美丽的，女性是不讲道理，而且不负责任的[1]……孩童伊始，这些有关女性的固化观念便会出现在她们成长的场域中，通过教化，这些消极文化和观念贯穿她们生命历程的始终，对她们生活的方方面面产生影响。这些固化观念虽然是由男性主导构建起来的，但随着时间的推移，这种女性刻板印象逐渐常规化。错误行为被认定为"自然的"现象[2]，进而内化为女性有关自身的形象预设并为其坚守。就此而言，女性异化为她们本我的对立面向，从而与男性一道维系父权主义的统治。

三、交叉产生的弥散效应

"交叉最早是在20世纪80年代由美国法学教授金伯利·克伦肖（Kimberley Crenshaw）提出来的，它最初是以批判种族理论的形式出现的。"[3] 它启发我们认识到不平等的多重维度，也即"平等不应被理解为静态的因素，而是不同的排斥性要素累积的结果"[4]。相应地，"交叉歧视是经常用以探讨基于身份、社会地位或阶级产生的歧视性术语"[5]。残障研究者一直用这一术语来讨论残障人经历的特殊歧视。该术语涵盖了残障人因为身心障碍遭到的歧视，与基于其他身份形成的歧视，共同形成了新

---

[1] See Holly Brewer, "List of Gender Stereotypes", HealthGuidance.org, https://www.healthguidance.org/entry/15910/1/List-of-Gender-stereotypes.html, January 26, 2020, last visited on November 23, 2024, 2020.

[2] See Delanie Woodlock, et al., Voices Against Violence: Paper 6: Raising Our Voices—Hearing from Women with Disabilities, Melbourne: Women with Disabilities Victoria (WDV), January 1, 2014.

[3] The Committee on The Rights of Persons with Disabilities, General Discussion of Women and Girls with Disabilities, Madrid: Area de Documentacion y Publicaciones, 2014, p. 14.

[4] Cristina López Mayher, The Empowerment of Women and Girls with Disabilities, Brussels: Bridging the Gap, April, 2021, p. 4.

[5] The Committee on The Rights of Persons with Disabilities, General Discussion of Women and Girls with Disabilities, Madrid: Area de Documentacion y Publicaciones, 2014, p. 517.

的、独特的、复杂的歧视体验[1]。该理论贡献亦可用于描述残障女性基于残障人和女性的双重身份形成的交叉歧视。在这种交叉歧视的作用下,残障女性和残障男性之间的差异变得明显。现实中,残障女性被广泛污名化并受到消极对待。"社会环境中充满了对残障女性的敌意,由此形成传递千年的刻板印象,导致了对她们的污名化和排斥,形成了针对残障女性的系统性和结构性歧视。"[2]

在基于身心障碍形成的文化传统中,残障人通常被认为是没有性别的[3],残障女性也无法对这种流行观念"免疫",这会影响她们对自身性别身份的认同[4]。由此导致,"无论是残障女性自身,还是社会公众,在看待残障女性时往往都缺乏性别意识"[5]。故通常而言,性别歧视对残障歧视的影响较小。残障和女性在文化上的交叉更多体现在基于残障的女性歧视上。"基于残障的女性歧视导致残障女性处于从属地位,进而增加她们权利受到侵犯的可能性。"[6]

一是在健常女性容易受到歧视的领域中,身心障碍会加重残障女性被污名化、歧视和权利受损的程度,典型的是离婚时子女监护权的确定。最初,出于"幼童推定规则"[7],女性在离婚时子女监护权的确定上明显处于优势地位。"随着平等理念和另一个近似的概念——'性别中立'被引

---

[1] See Carolyn Frohmader, et al., Preventing Violence Against Women and Girls with Disabilities: Integrating a Human Rights Perspective, Melbourne: Women With Disabilities Australia (WWDA), September. 12, 2013.

[2] Margaret A. Nosek, et al., "Self-Esteem and Women with Disabilities", *Social Science & Medicine*, Vol. 56, 2003, pp. 1737-1747.

[3] See Jahda Abu-Khalil, "Taking the World Stage: Disabled Women at Beijing", in Lina Abu-Habib, ed., *Gender and Disability: Women's Experiences in the Middle East*, Skipton, UK: Oxfam GB, 1997, p. 14, 77.

[4] 参见陈荔、张力为:《残障者身体自我的影响因素》,《首都体育学院学报》2008年第4期,第56—57页。

[5] 彭玉娇:《浅析当代中国残障妇女基于性别面临的挑战》,张万洪主编:《残障权利研究》第4卷,社会科学文献出版社2017年版,第88页。

[6] United Nations Economic and Social Commission for Asia and the Pacific (UNESCAP), Hidden Sisters: Women and Girls with Disabilities in the Asian and Pacific Region, Bangkok: UNESCAP, ST/ESCAP/1548, 1995.

[7] 除非被认定为不适合抚养子女,否则幼年子女的监护权均由母亲获得。参见[美]玛萨·艾伯森·法曼:《虚幻的平等:离婚法改革的修辞与现实》,王新宇等译,中国政法大学出版社2014年版,第128页。

入监护权决定问题，这条'性别化'的规则就被搁置了。"[1]监护权的判断标准演变为看似客观中立，实际上有利于男性的"最佳利益规则"[2]。"母职惩罚"[3]（Motherhood Penalty）的普遍存在，导致离婚时女性大多丧失了抚养孩子的优势。事实上，无论是"幼童推定规则"占据主导地位，还是"最佳利益规则"盛行的时代，残障女性都难以获得监护权。就前者而言，残障女性会因为"不适合抚养子女"的否定性观念，被拒绝适用这一规则。从后者的角度讲，在对父母双方的条件进行比较，以决定谁是更优抚养者成为必要的情况下，残障女性的处境同样非常糟糕。母职惩罚造成的诸多不利，加之身心障碍的存在，使得残障女性被认为是没有能力抚养子女的人[4]。

二是在健常女性视为理所当然的领域中，残障女性可能受歧视。随着女性运动的发展，附加在女性生理经历上的否定性观念在健常女性身上减弱的同时，仍然与残障歧视一道作用在残障女性的身上。同样经历月经来潮，身心障碍也使得残障女性很难被视作成熟的女人。由此会产生反噬性效果，即人们不希望残障女性来月经，故不惜通过极具伤害性的手段阻止它。在流行的婚姻观念中，结婚是健常女性必然会经历或被期望的事情，但在残障女性不适合为人妻这一观念的影响下，残障女性往往会被阻止进入婚姻。一位肢体障碍女性的邻居表示，"残障女性生育是困难的，她们最好不生孩子。如果女性不能照顾婴儿，就不应该分娩。如果她是盲人或行动不便，就应当先考虑自己的生活。最好根据个人的身体情况决定是否生孩子"[5]。另外，残障女性所熟知的观念是，"根据我接受的文化和社会建

---

[1] [美]玛萨·艾伯森·法曼：《虚幻的平等：离婚法改革的修辞与现实》，王新宇等译，中国政法大学出版社2014年版，第128页。

[2] [美]玛萨·艾伯森·法曼：《虚幻的平等：离婚法改革的修辞与现实》，王新宇等译，中国政法大学出版社2014年版，第295页。

[3] Shelley J. Correll, Stephen Benard, "Getting a Job: Is There a Motherhood Penalty?", *American Journal of Sociology*, Vol. 112, 2007, pp. 1297-1339.

[4] See The Committee on The Rights of Persons with Disabilities, General Discussion of Women and Girls with Disabilities, Madrid: Area de Documentacion y Publicaciones, 2014, p. 476.

[5] Hridaya R. Devkota, et al., "Societal Attitude and Behaviours Towards Women with Disabilities in Rural Nepal: Pregnancy, Childbirth and Motherhood", *Pregnancy and Childbirth*, Vol. 19, 2019, pp. 1-13.

构的信念，生育不是残障女性的责任，她们不能够也不应该生儿育女"[1]。即便她们生下孩子，残障女性不适合做母亲的刻板印象亦使她们难以实际抚养子女[2]。

第三节 公私二元理论结构对残障女性的放逐

二元论认为，"世界须被理解为两极对立的类别，这两个类别中有一高一低、一好一坏"[3]。公私二元论便是其中的一种。公私二元论虽然不是女性主义者发明的，但随着时间的推移，其俨然已经成为性别主义的二元结构[4]。由于此种严格划分的二元对立结构纳入性别因素的考量，将女性与更具脆弱性的私领域联系起来，故遭到了女性主义者的猛烈抨击。对残障女性来说，她们的生活同样会基于女性身份而受到传统公私二元对立结构的影响，这种影响还会因为残障女性身心障碍的存在而加深。

一、性别视角下的公私分离

在西方自由主义传统中，社会通常被分成两个不同的领域，从而形成以公领域和私领域划分为基础的公私二元论。"公私二元论是以政治生活及市场为内容的'公共'领域与以家庭生活和个人关系为内容的'私人'领域的区分。"[5]事实上，与语词"公共的"相对应的是"私人的"这一概念。"'公共的'适用于作为整体的人、社会群体、公共善、公开视域范

---

[1] Gloria Filax, Dena Taylor, ed., *Disabled Mothers: Stories of Scholarship By and About Mothers with Disabilities*, Ontario: Demeter Press, 2014, p. 7.
[2] See Itumeleng Shale, "Sexual and Reproductive Rights of Woman with Disabilities: Implementing International Human Rights Standards in Lesotho", in *African Disability Rights Yearbook*, Pretoria: Pretoria University Law Press, 2015, pp. 31-62.
[3] [美]贝尔·胡克斯：《激情的政治：人人都能读懂的女权主义》，沈睿译，金城出版社2008年版，第108页。
[4] 参见丁慧：《批判与再筑：公私二元性别规范的省思——以兰西·弗雷泽公共领域为视角》，载《辽宁师范大学学报（社会科学版）》2012年第5期，第597页。
[5] [美]苏珊·穆勒·奥金：《正义、社会性别与家庭》，王新宇译，中国政法大学出版社2017年版，第154页。

围内，以及能够为所有人取得并分享的事情。'私人的'则意味着某种排外、封闭的事物。"[1]

古典自然主义虽然已经对社会中存在公私二元理论结构本身达成了共识，但是就什么是公领域、什么是私领域、公私领域的划分标准等基础性的问题存在不同的看法。根据已有的讨论，公私领域的划分大体包含三种模式：古典共和模式，国家＝公领域，家庭（含经济活动）＝私领域；以国家和市民社会分离为前提的自由主义模式，国家＝公领域，市民社会、家庭＝私领域；以国家和市场融合为前提的现代市民社会模式，国家/市场＝公领域，市民社会＝新公领域，家庭＝私领域[2]。本书采用第三种模式，将国家和市场视为公共领域，把家庭及与其隐私相关的事项划归为私人领域。

考虑到此种划分与劳动性别分工之间存在实质性对应关系，公私二元结构被赋予了浓厚的性别主义色彩。具体表现为，"公领域活跃的是男人，他们是政权的代表、理性的实践者、法律的代理人"[3]，相反，"体现特殊性、天生屈从、不平等、情感、爱情、局部性、女性化的，是私领域"[4]。在形成明显的性别偏置以后，公领域与私领域被附加上相应的价值判断。其中，公领域具有政治权力的属性，形成了公共空间的主流。家庭及与隐私有关的事项被视作私，进而被公领域排除。公领域以公开性为本质，但公开性不是对参与能力均等性的保障，公领域的资源不会均等分配。在公领域中，男性的自由、平等得到保障；私领域中，女性则演变为被歧视和被剥削的对象[5]。

二、残障女性权利的私域性

由上述关于性别视角下公私领域划分的论述可以发现：在主体方面，

---

[1] 宋建丽：《正义与关怀：女性主义的视角》，厦门大学出版社2018年版，第192页。

[2] 参见井上匡子：《政治理論におけるジェンダー論の寄与と可能性》，//辻村みよ子，かけがえのない個から一人権と家族をめぐる法と制度，東京：岩波書店，2011年版，ページ59。

[3] [澳]马格丽特·桑顿：《不和谐与不信任：法律职业中的女性》，信春鹰、王莉译，法律出版社2001年版，译者序。

[4] [美]约瑟芬·多诺万：《女权主义的知识分子传统》，赵育春译，江苏人民出版社2002年版，第260页。

[5] 参见丁慧：《批判与再筑：公私二元性别规范的省思——以兰西·弗雷泽公共领域为视角》，载《辽宁师范大学学报（社会科学版）》2012年第5期，第600页。

男性被划归为在公领域中占据主导地位的主体,女性则与私领域紧密联系在一起;从内容或事项来看,政治、经济、文化、科技、军事等是公领域中的典型事项,性、生育、婚姻、子女监护、抚养、探视等则是私领域中的常见事项。结合残障女性的权利困境及公私领域的主体和内容特征,基本能够得出结论:上文提到的残障女性权利困境涉及的事项大多存在于私领域中。

一方面,残障女性权利困境中的半数都属于家庭内部事项。在公私二元结构划分中,家庭属于典型的私领域——特别"适合"女性的领域。家庭因为在外工作的男人提供休闲和放松的空间而受到赞扬。但家庭在被美化的同时亦被贬损,它是"渴望的对象,亦为蔑视的客体"[1]。关于家庭及其价值的争论在第二次女性浪潮中涌现出来,女性主义者开始认识到家庭是压迫女性的场所[2]。对残障女性而言,无论是婚姻缔结、生育选择,还是子女抚养、监护和探视,她们面临的权利困境都与家庭有关。婚姻关系的缔结是现代家庭成立的前提。在生育须以合法婚姻关系为依托的时代,生育选择是在家庭内部完成的。在儿童抚育社会化未实现的情况下,子女抚养和监护亦是在家中进行。离婚后,没有直接抚养子女一方探视权的实现仍然依托于家庭。可见,残障女性权利困境中涉及的结婚、生育、子女抚养等都具有私域性。

另一方面,残障女性权利困境中涉及的与月经、性和生殖有关的隐私事项,亦属于私领域中的典型事项。将月经和性归为隐私事项,似乎是不证自明的。现实中,月经禁忌使得经期中的女性被隐藏起来[3]。即便在没有月经禁忌的地方,月经管理也被视作私密事项。性更是被视作闺中秘事、难登大雅之堂的话题。相较于月经和性,人们可能对将生育选择和更年期健康权视为隐私事项持怀疑态度。就前者而言,以美国为例,美国宪法虽然没有直接提及隐私权,但美国联邦最高法院已在司法裁判中承认隐私权受宪法保护。而对隐私权存在两种理解:一是选择暴露权;二是自我

---

[1] Nancy Cott, *The Bonds of Woman-Hood*: "*Woman's Sphere*" *in New England*, *1780-1835*, London: Yale University Press, 1977, pp. 64-70.

[2] See Frances E. Olsen, "The Family and The Market", *Harvard Law Review*, Vol. 96, 1983, pp. 1497-1578.

[3] See The Committee on The Rights of Persons with Disabilities, General Discussion of Women and Girls with Disabilities, Madrid: Area de Documentacion y Publicaciones, 2014, p. 232.

选择权[1]。因此将选择权作为隐私权的内涵，足以将生育权囊括其中[2]。从后者的层面讲，更年期残障女性多面临生殖系统和乳腺健康问题。这些器官带有浓厚的性意味，亦可被视作隐私事项。即便是常见的骨质疏松症、心血管疾病、泌尿健康等问题，也因附上极具性别色彩的"更年期"，而被认定为与女性存在紧密的关联。

如果说随着女性运动的推进，公私领域的严格划分正在被打破，那么残障是限制此种可能性的重要因素。与基于性别形成的公私领域划分相类似，公与私同样会基于残障而分裂。"公共世界是力量的世界、是积极（有价值）的身体、健全人、健康者和青年人的世界。虚弱、疾病、疼痛、死亡的身体是私人的，是隐藏的，而且经常被忽视。"[3] 这种残障私域性的负面显现会牵制残障女性对女性运动成果的分享。历经两次女性浪潮后，"女性残缺论"[4]在健常女性身上逐渐失势，附加在性、生育、婚姻等事项上的消极文化内涵受到猛烈抨击。但问题是，残障女性的解放远未达到这一程度。她们追求的解放不过是被当作"性存在"，并扮演健常女性力图突破的、基于性别身份形成的女性角色。"这使得传统性别角色在健常女性身上受到挑战的同时，被限缩在了残障女性身上。"[5]身心障碍强化了残障女性的女性气质，使之更接近于传统女性，更容易受到公私二元论的影响。[6]

---

[1] 参见黄贤全：《试论美国妇女争取堕胎权利的斗争》，载《西南大学学报（社会科学版）》2008年第6期，第175页。

[2] 生育选择权特别强调的是私人的自主决定，它在很多方面甚至更加隐秘。这种自主决定不仅涉及女性和他人的关系，而且关乎女性对自己躯体的控制。目前，各国法律已经从多方面认可个人与躯体整体性相关的特殊隐秘性。女性有权摆脱国家或他人对她们生育的强制干预。参见郑玉敏：《作为平等的人受到对待的权利：德沃金的少数人权利法理》，法律出版社2010年版，第82页。

[3] Susan Wendell, "Toward a Feminist Theory of Disability", *Hypatia*, Vol. 4, 1989, pp. 104-124.

[4] 参见章立明：《女性主体意识及其主体性残缺——曹禺四大名剧女性悲剧命运解读》，载《云南社会科学》2002年第6期，第87—90页。

[5] Lina Abu-Habib, ed., *Gender and Disability: Women's Experiences in the Middle East*, Skipton, UK: Oxfam GB, 1997, p. 21.

[6] See Alison Sheldon, "Women and Disability", in John Swain, et al., *Disabling Barriers: Enabling Environments*, London: SAGE Publications Ltd., 2004, pp. 69-74.

三、国家不干预即为"公正"

残障女性在私领域中面临的问题更严重,但在现实中多被忽视了。通常,国家对私领域保持的是"不作为"的态度,只有当某些行为可能打破固有规范时,国家才必须出面纠正,否则便会构成对私领域的不当干预[1]。例如,如果一个妻子带着孩子离开丈夫,法院通常会强制她将孩子归还丈夫[2]。对性和生殖等涉及个人隐私事项的不干预,更多体现的是对个人主义的推崇。"'私人的'意味着某种封闭的、排外的事物"[3],亦要求国家保持中立。对残障女性而言,"政府扮演的'守夜人'角色,使她们无法通过政府来表达看法和主张,更无法寻求最大限度地保障她们'安全与幸福'的政府"[4]。相反,"国家要求她们遵守未曾表示赞同的法律……通过婚姻和家庭剥夺她们对人身和孩子的监管权"[5]。由此形成的是尊重传统公私二元论的氛围。

就家庭内部事项而言,国家不干预意味着其对在父权制主导下形成之性别规范的认同[6]。有关美好家庭的构想由来已久,妻子在其间扮演着极重要的角色。理想的妻子形象是:一个美丽而且健康的女人,在依附于丈夫的情况下,完美地履行贤妻良母的职能[7]。首先,妻子应当是健康的,以便她们能够在身体和心理上承担起相应的职责。对比之下,不健康的残障女性显然不符合要求。其次,妻子应当顺从丈夫。在理想的状态下,这种顺从表现为"夫唱妇随",极端情况下则会演化为对女性的暴力和对女性离婚自由的限制。身心障碍导致残障女性更难获得美好的婚姻并享有离

---

[1] See Frances E. Olsen, "The Family and The Market", *Harvard Law Review*, Vol. 96, 1983, pp. 1497-1578.

[2] See Frances E. Olsen, "The Family and The Market", *Harvard Law Review*, Vol. 96, 1983, pp. 1497-1578.

[3] 宋建丽:《正义与关怀:女性主义的视角》,厦门大学出版社2018年版,第192页。

[4] 王新宇:《性别平等与社会公正——一种能力方法的诠释与解读》,中国政法大学出版社2014年版,第164—165页。

[5] [美] 约瑟芬·多诺万:《女权主义的知识分子传统》,赵育春译,江苏人民出版社2002年版,第29页。

[6] 参见 [英] 约翰·斯图尔特·穆勒:《妇女的屈从地位》,汪溪译,商务印书馆1996年版,第258—259页。

[7] 参见 [法] 卢梭:《爱弥儿》(下),叶红婷译,台海出版社2016年版,第609页。

婚自由。最后，人们期待妻子是好母亲。既有的社会观念已为什么是好母亲设定了框架，而残障女性被认为不适合做母亲。即便她们中的一些人有幸成为母亲，也会被认为是不称职的母亲。为维持传统性别角色形塑的家庭根基，依循世代相袭的"天性"[1]，国家被要求对残障女性在私领域中面临的不利处境"不干预"。

对于月经和性等与隐私相关的事项，国家不干预反映的是对个人主义的推崇。西方社会崇尚个人主义，反对国家对私生活的干预，为最小国家辩护[2]。个人主义不仅是对外的，还关乎身体和生理。个人主义主张将私人性与身体和生理需要联系起来，认为私人性适合应被隐而不显的事物[3]。月经和性是私人性的典型。月经是女性难以言说的事项，是她们身体的隐藏经历，国家对此只能保持沉默。这有一定的可取性。但问题是，如果国家将沉默延续到月经产品的供给和研发、月经健康和信息等需要采取积极行动的事项上便是有害的。在性方面，很多国家直接将其归于隐私权，认为一般性的性行为已超出国家可干预的范畴。一方面，国家不干预确实可在一定程度上保护残障女性的月经和性隐私；另一方面，国家不干预使处于弱势地位的残障女性不仅无法充分享有相关权利，还会阻碍她们寻求权利救济。现实中，残障女性很难获得国家的保护，亦无法通过政府表达自身主张[4]。

第四节 法律制度的缺漏

作为人为建构的产物，法律难免会受文化观念和哲学传统的影响。随着市民社会和国家二元理论结构的生成，公私二元论得到了普遍认同，进而体现到了法律制度中。"近代法律作为行为规则，其作用和价值大多反

---

[1] 参见[美]苏珊·穆勒·奥金:《正义、社会性别与家庭》，王新宇译，中国政法大学出版社2017年版，第46页。
[2] 参见郑玉敏:《作为平等的人受到对待的权利：德沃金的少数人权利法理》，法律出版社2010年版，第112页。
[3] 参见宋建丽:《正义与关怀：女性主义的视角》，厦门大学出版社2018年版，第192页。
[4] 参见王新宇:《性别平等与社会公正——一种能力方法的诠释与解读》，中国政法大学出版社2014年版，第165页。

映在公领域中。"[1]就私领域来说，法律虽然强调从外部视角调整婚姻关系和性隐私等事项，但法律的进一步介入往往会受到严格的限制甚至是牵制性力量的阻挠。由此彰显的是国家尊重家庭内部既有性别规范和对个人主义推崇的态度[2]，这对在私领域中面临困境的残障女性而言，并不是福音。因为，"排斥性法律限制了残障女性潜力的发挥，歧视性法律则剥夺了她们在法律面前获得平等承认的基本权利"[3]。

一、法律具有典型的公共性

"法不进家门"是耳熟能详的"自由主义法律主义"[4]的基本立场，这里的"家门"指的是法律调整的界限。在"家门"外，即政治和社会公领域中，国家法律能够而且必须加以调整；在"家门"内，法律则不得干预，或只能有限干预。当然，"家门"不仅是物理意义上的家门，只指向家庭内部事项，还涵盖个人隐私事项。"法不进家门"，是健常男性主导立法的必然结果。在女性运动的推动下，女性参政的限制已被打破。但现实中，参与立法的仍多是男性。即便有少数女性参与其中，由于欠缺社会性别视角，她们也很少真正为女性发声，甚至会成为父权制的"帮凶"[5]，法律更多体现的是男性的主张。在公私二元论的性别划分中，男性是公领域的象征，这使得男性主导制定的法律难免具有公共性。长期以来，法律延续的都是这种公共性，对私领域的忽视被视为理所当然。从某种意义上讲，法律对私领域的忽视本身就是父权制主导的结果。私领域是基于性别权力关系建构起来的领域，男性在这个领域中占据着优势地位。为保持这

---

[1] Frances E. Olsen, "The Family and The Market", *Harvard Law Review*, Vol. 96, 1983, pp. 1497-1578；丁慧：《批判与再筑：公私二元性别规范的省思——以兰西·弗雷泽公共领域为视角》，载《辽宁师范大学学报（社会科学版）》2012年第5期，第600—601页。

[2] 参见丁慧：《批判与再筑：公私二元性别规范的省思——以兰西·弗雷泽公共领域为视角》，载《辽宁师范大学学报（社会科学版）》2012年第5期，第597页。

[3] Daniel Hayduk, *The 3 P's for Inclusion of Women with Disabilities: The Personal, The Political, The Policy*, Hessen: Christian Blind Mission, 2016.

[4] 参见[澳]马格丽特·桑顿：《不和谐与不信任：法律职业中的女性》，信春鹰、王莉译，法律出版社2001年版，第15页。

[5] 参见李勇：《立法性别平等评估的地方经验和国家构建的着力点》，载《中华女子学院学报》2020年第2期，第21—22页。

种优势,法律需要对由男性控制的私领域保持中立[1]。

残障女性最核心的权利困境多指向私领域中的事项。相较于在政治、就业、教育等公领域面临的权利困境,她们在家庭和个人隐私等私领域中遇到的权利困境更具基础性,由此产生的不利影响可能延伸到公领域中[2]。可以说,私领域中存在之歧视和压迫残障女性的隐性因素在某种程度上会对民主和平等造成根本性的消解。但法律固有的公共性和有关公私领域的二元划分,导致法律对此表现出不干预的态度。按照国家在私领域保持中立的两种情况,可发现法律呈现出的两种不干预形式:一是忽视残障女性在私领域中遭遇的权利困境,未就与月经、性、生育、更年期有关的事项在法律中作出回应。虽不绝对,但法律不规定在一定程度上说明了法律就此所持的默认态度。二是通过法律的直接或变相规定维持私领域中的规范,加剧了残障女性的权利困境,这多体现在禁止或限制残障女性缔结婚姻、生育子女、拥有子女抚养权等法律规定上。

二、法律中残障女性的缺位

法律中残障女性的缺位是法律不干预私领域的直接结果。本书研究的残障女性权利困境多指向私领域中的权利,法律中残障女性的缺位则是指在与私领域相关的法律中的缺位。现实中,尽管国家法律可能在政治、经济、社会等公领域中提到残障女性的权利困境问题,但是在有关私领域事项的法律制定中,对残障女性多有忽视。"这种忽视使残障女性变得不可见,由此导致多种形式的歧视出现。"[3]绝大多数国家都缺乏针对残障女性的法律制度,存在残障相关法律的国家亦未具体解决残障女性面临的特殊脆弱性问题[4]。立法者多认为,性别或性议题对残障女性来说是不重要

---

[1] See Frances E. Olsen, "The Family and The Market", *Harvard Law Review*, Vol. 96, 1983, pp. 1497-1578.

[2] See Michael Walzer, *Spheres of Justice*, New York: Basic Books, 1983, p. 198.

[3] Cristina López Mayher, The Empowerment of Women and Girls with Disabilities, this publication was produced with the financial support of the European Union, Brussels Bridging the Gap, April, 2021, p. 23.

[4] See The Committee on The Rights of Persons with Disabilities, General Discussion of Women and Girls with Disabilities, Madrid: Area de Documentacion y Publicaciones, 2014, p. 317.

的、少数人的、无用的、无须公之于众的[1]。因此，在涉及残障女性的性别或性议题上，国家通常保持中立。

就我国而言，"自《残疾人保障法》实施30年以来，残疾人事业法治体系和权利保障机制不断发展、完善"[2]。截至2021年2月底，我国共出台了74部与残障人权利相关的法律[3]，2023年6月28日通过的《无障碍环境建设法》更是残障人权利保障方面的重大进步。但问题是，"既有的残障法律制度欠缺社会性别视角，把残障人当作整体，没有考虑残障女性的特殊利益和需求"[4]。由此，"具有残障人和女性交叉身份的残障女性的特殊需求不被看见，使得其生存和发展面临诸多挑战"[5]。具体来说，作为残障人权利保障基本法的《残疾人保障法》欠缺直接关于女性或性别的规定，《残疾人就业条例》和《残疾预防和残疾人康复条例》只是笼统地提及妇联应做好残疾人就业、预防和康复工作，《残疾人教育条例》中不包含体现残障女性特殊需求的规定，《无障碍环境建设法》没有对残障女性存在的特殊无障碍需求作出回应。"残障女性与月经管理、生育健康、婚姻、家庭暴力等事项相关的权益，没有在残障人权益保障体系中被涵盖。"[6]女性权益保障法律体系中残障视角的缺失，同样是残障女性无法获得相关权益保障与服务支持的重要原因。

美国在残障权利运动的推动下，率先展开了残障立法。《美国残疾人法》及其修正案是残障权利运动在法律方面取得的伟大成就。但遗憾的是，除在第二部分概括性地提到性别因素可能造成的差异以外，该法没有对残障女性权利保障问题作出进一步的规定。同时，美国的《职业康复法》《残疾人教育法》《建筑障碍法》等与残障人相关的法律很少包含具

---

[1] 参见王国羽等：《障碍研究：理论与政策应用》，台湾巨流图书股份有限公司2012年版，第282页。

[2] 张万洪、丁鹏：《中国残疾人事业法治建设三十年之回眸与前瞻》，载《残疾人研究》2021年第1期，第14页。

[3] 参见张万洪、丁鹏：《中国残疾人事业法治建设三十年之回眸与前瞻》，载《残疾人研究》2021年第1期，第16页。

[4] 辛漫：《残障妇女社会参与和家庭地位调查分析》，载《残疾人研究》2013年第2期，第39页。

[5] 李莹等：《不让任何一个人掉队——对处境不利妇女群体发展的初步评估》，载《山东女子学院学报》2021年第1期，第35页。

[6] 李莹等：《不让任何一个人掉队——对处境不利妇女群体发展的初步评估》，载《山东女子学院学报》2021年第1期，第35页。

有性别针对性的规定。另外,《澳大利亚残障歧视法》《英国残障歧视法》《日本残障人基本法》《韩国反残障歧视及其补偿法》《印度残疾人法》《巴基斯坦残疾人法令》《菲律宾残障人大宪章》《巴西残疾人权利法》《德国重度残疾人法》《印度残疾人法》《西班牙残疾人社会融合法》《巴基斯坦残疾人条例》《斯里兰卡残疾人权利保护法》等残障立法,亦未解决残障女性面临的双重不利问题[1]。由此可见,现行法律对残障女性的忽视仍普遍存在。

特别需要关注的是,妇女、商业和法律组织(WBL)在2020年5—6月主导展开的针对全球190个国家和地区(其中有效的样本为176个)的调查,为呈现各国在残障女性权利保障方面设定的法律框架,提供了最新、最全面,也是目前唯一的整体性数据。此项调查显示:在总体上,绝大多数国家和地区的法律仅笼统地规定了与残障人有关的事项,欠缺性别视角是普遍存在的问题。具体方面,176个国家或地区中有71个其宪法或宪法性法律中包含了保障残障人平等权利的规定,但是都没有提及残障女性。除宪法或宪法性法律以外,138个国家或地区都制定了与残障人权利有关的法律,但其中只有1/4——35个国家[2]明确承认并保护残障女性的权利(图3)。就具体内容而言,这些法律大多都只是对残障女性进行了原则性的提及[3]。

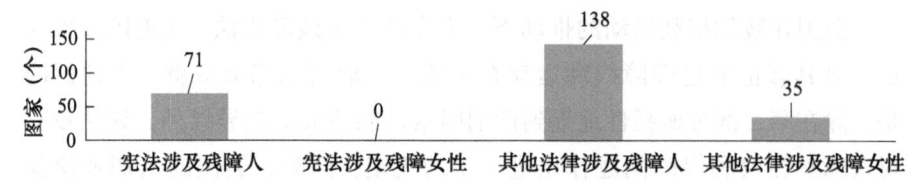

图 3 与残障女性有关的法律的初步调查

资料来源:Women, Business and the Law (WBL), The Rights of Women with Disabilities, Washington: WBL, 2020.

[1] 参见中国残疾人联合会维权部编:《国外残疾人立法选编》,华夏出版社2007年版;谢琼主编:《国际视角下的残疾人事业》,人民出版社2013年版。
[2] 具体包括:奥地利、玻利维亚、巴西、布隆迪、智利、哥伦比亚、吉布提、多米尼加、冈比亚、德国、印度、印度尼西亚、意大利、约旦、韩国、科威特、老挝、马里、马耳他、马绍尔群岛、墨西哥、摩尔多瓦、蒙古、缅甸、尼泊尔、尼加拉瓜、巴基斯坦、巴拉圭、秘鲁、斯洛文尼亚、西班牙、瑞士、多哥、乌拉圭、乌兹别克斯坦等。See Women, Business and the Law (WBL), The Rights of Women with Disabilities, Washington: WBL, 2020.
[3] See Women, Business and the Law (WBL), The Rights of Women with Disabilities, Washington: WBL, 2020.

三、相关法律制度的背离

私领域中法律的"不干预"还存在另一种情况——法律采取行动维护有关残障女性的刻板印象。法律为维持私领域中的性别和身体权力关系,在这些事项上认可针对残障女性的刻板印象。当它们可能被女性运动或残障权利运动打破时,法律的态度不是与之形成规范合力,而是通过作出相反的规定来变相"抵制"可能作出的改变。虽然自《消除对妇女一切形式歧视公约》和《残疾人权利公约》出台以来,一些国家已经逐渐开始关注残障女性,并着手制定法律法规,以消除针对她们的歧视。但大多数国家的法律不仅没有消除残障女性受到的不公正待遇,其中还不乏有悖于她们权利实现的内容,这会导致残障女性的"权利贫困"[1]。也即,国家法律不承认残障女性是权利的平等享有者,她们不能够享有完整公民权的原因正是法律,由此形成的是一种"合法化的不平等"[2]。

法律能力之于正义的实现非常重要,它假定每个人都拥有决定自己生活的权利并能够独立展开行动。法律能力意味着个人在权利方面的决策权,若非如此,这种决策权就会被转至其他人或其他机构[3]。遗憾的是,残障女性的这一权利经常被剥夺或受到限制。"在削弱残障女性的能力方面,法律扮演着关键性的角色。"[4]现实中,很多国家在设定法律能力的标准时,都将精神和身体情况视作核心考量要素。相应地,如果残障女性被宣布为精神有缺陷或身体不健全,她们的法律能力就存在被否定的较大风险。鉴于此,不少国家的法律都将某些障别的女性视作无行为能力人或

---

[1] 余少祥:《弱者的权利——社会弱势群体保护的法理研究》,社会科学文献出版社2008年版,第9页。

[2] Women Enabled International (WEI), Legal Capacity of Women and Girls with Disabilities, Washington: WEI, 2021.

[3] 参见[爱尔兰]杰拉德·奎因编著:《〈残疾人权利公约〉研究:海外视角(2014)》,李敬等译,人民出版社2015年版,第208页。

[4] Janemaree Maher, et al., Women, Disability and Violence: Barriers to Accessing Justice: Key Findings and Future Directions, New South Wales: Australia's National Research Organisation for Women's Safety Limited (ANROWS), April, 2018.

限制行为能力人[1]。法律认定是否拥有行为能力多基于医生的诊断,在此过程中,残障女性多处失语状态[2]。"随之而来的是,残障女性的诸多权利会被作出'正当'限制。"[3]如此规定的初衷或许是保障残障女性的权利,结果却可能演变为对她们权利的侵害。考虑到法律能力的享有与自主权的享有和行使之间存在实质性的关联,认定行为能力不完整的后果是残障女性自主决定权受损。

残障女性在法律上面临的被决定困境在生育事项上表现得尤为突出。优生绝育法试图通过防止被认定为劣等或不适合的人怀孕,来提高总体人口的质量[4]。大规模的优生绝育实践源自20世纪早期的美国,时至1938年,全美已经有33个州的法律允许对智障女性进行强制绝育[5]。流行于美国的优生绝育法为欧洲提供了模板。在20世纪的很长时间里,欧洲一些国家的优生或人口政策大多采取的是对智障女性进行强制绝育[6]。"首先推行优生绝育的是丹麦(1929),之后的十年中,挪威、瑞典、芬兰、冰岛等国纷纷通过类似的法律。"[7]英国和荷兰立法采取了大规模的制度化策略,以防止残障女性怀孕[8]。限制残障女性生育之优生绝育法产生的不利影响延续到今天,一名加拿大残障女性曾经以早年在亚伯达省省立培训学校就读时被强制绝育为由控告政府[9]。澳大利亚绝育法和堕胎优生法的

---

[1] See Office of the United Nations High Commissioner for Human Rights, Expert Seminar on Freedom from Torture and Persons with Disabilities, Geneva: OHCHR, December. 11, 2007.

[2] See Juan E. Méndez, Report of the Special Rapporteur on Torture and Other Cruel, Inhuman or Degrading Treatment or Punishment, A/HRC/28/68, March. 5, 2015, para. 4.

[3] Women Enabled International (WEI), Legal Capacity of Women and Girls with Disabilities, Washington: WEI, 2021.

[4] See Carole J. Petersen, "Population and Eugenic Theory: Implications of China's Ratification of the United Nations Convention on the Rights of Persons with Disabilities", *China: An International Journal*, Vol. 8, 2010, pp. 85-109.

[5] 参见[英]科林·巴恩斯、杰弗·墨瑟:《探索残障:一个社会学引论》,葛忠明、李敬译,人民出版社2017年版,第256页。

[6] See Daniel J. Kevles, *The Physician: The History of a Scientific Community in Modern America*, Cambridge, MA: Harvard University Press, 1995, p. 45.

[7] [英]马克·普里斯特利:《残障:一个生命历程的进路》,王霞绯、李敬译,人民出版社2015年版,第97页。

[8] 参见[英]科林·巴恩斯、杰弗·墨瑟:《探索残障:一个社会学引论》,葛忠明、李敬译,人民出版社2017年版,第257页。

[9] See Goldie Shea, Redress Programs Relating to Institutional Child Abuse in Canada. Ontario: Law Commission of Canada, Ontario: Law Commission of Canada, 1999, p. 65.

长期存在已引起国际社会的关注[1]。此外,通过绝育对残障女性的身体进行攻击不仅限于上述国家,至2011年,印度、卢旺达和日本等国家的法律亦允许出于人口优生的目的而对残障女性实施绝育手术[2]。

第五节 司法者的"共谋"

对残障女性能力的剥夺或限制还表现在具体的司法活动中,整体的司法环境和司法工作者的行动会都会影响她们平等司法受益权的实现。"诉诸司法是最重要的公民和政治权利保障路径之一,它在很大程度上决定了人权保障的程度。"[3]《消除对妇女一切形式歧视公约》第15条[4]和《残疾人权利公约》第13条[5]分别提到了女性和残障人的司法问题。但对残障女性而言,她们在司法活动中往往面临着特殊的难题,进而在很大程度上被剥夺了获得司法公正的有效路径[6]。许多国家的法律至今都仅仅因为身心障碍或性别就限制残障女性的司法参与。由此导致权利受到侵害的残障女性不但难以通过诉诸司法的方式获得有效的救济,附带歧视和偏见的

---

[1] See Luis Cayo, Pérez Bueno, ed., Recognizing the Rights of Girls and Women with Disabilities: An Added Value for Tomorrow's Society, Madrid: European Conference, 2007, p. 102; Susan M. Brady, "The Sterilization of Girls and Young Women with Intellectual Disabilities in Australia", in *Disability with Attitude: Critical Issues 20 Years After International Year of the Disabled Conference*, New South Wales: University of Western Sydney, February 16-17, 2001.

[2] See Janet Price, The Seeds of a Movement: Disabled Women and Their Struggle to Organize, Published by Association for Women's Rights in Development (AWID), Toronto, Mexico City, July, 2011.

[3] Centre for Reproductive Rights, European Disability Forum, Inter Rights, International Disability Alliance and the Mental Disability Advocacy Centre (2011), Written Comments Submitted in the European Court of Human Rights: Joelle Gauer and Others [Applicant] Against France [Respondent], 2011.

[4] 《消除对妇女一切形式歧视公约》第15条第2款规定:"缔约各国应在公民事务上,给予妇女与男子同等的法律行为能力,以及行使这种行为能力的相同机会。特别应给予妇女签订合同和管理财产的平等权利,并在法院和法庭诉讼的各个阶段给予平等待遇。"

[5] 《残疾人权利公约》第13条第1款规定:"缔约国应当确保残疾人在与其他人平等的基础上有效获得司法保护……"第2款:"为了协助确保残疾人有效获得司法保护,缔约国应当促进对司法领域工作人员……进行适当的培训。"

[6] See The Committee on The Rights of Persons with Disabilities, General Discussion of Women and Girls with Disabilities, Madrid: Area de Documentacion y Publicaciones, 2014, p. 296.

司法环境和司法活动本身还可能对残障女性的权利造成新的侵害[1]。

一、司法理性人假设

"从亚里士多德到如今，理性被当作划分人与动物、人身包含的各种需要的主要标准。"[2]特别是18世纪以来，理性主义得到了前所未有的发展。受此影响发展起来的西方法治可以被称为"理性主义法治"[3]。作为现代法治重要组成部分的司法，必然会受理性主义的影响。控辩双方对立，开庭审理在相对封闭的空间内有条不紊地进行，诉讼参与人在各自的位置上行使权利、履行义务，听从法官引导等行为，离开了理性的指引都是不可能实现的[4]。政治制度的最初设计者之于司法活动的安排存在着一个前提性的假设，也即包括法官和当事人在内的所有诉讼参与人都是理性的存在[5]。他们掌握最基本的法律知识且有足够的法律理解能力，足以认识到自身行为的法律属性。诉讼中，他们可在不附加其他辅助性措施的情况下，跟进法庭步骤，不会因身心障碍而给法官和其他诉讼参与人"添麻烦"。

正是理性、自治力和司法实践的关键性要素联系起来，才为性别歧视和残障不平等的社会结构奠定了理论基础。理性人哲学预设渗透到司法领域中形成的司法理性人假设，将女性与奴隶、儿童、精神病患者、囚犯一并定义为无司法行为能力人或限制司法行为能力人，从而将其部分或全部地从司法活动中排除出去[6]。按照司法理性人的假设，作为双重甚或多重弱势群体的残障女性更可能被排除在理性的诉讼参与主体之外，无法或很难被视为适格的诉讼参与主体。"存在心理或社会障碍的女性可能因为有

---

[1] See The Committee on The Rights of Persons with Disabilities, General Discussion of Women and Girls with Disabilities, Madrid: Area de Documentacion y Publicaciones, 2014, p.243.
[2] 王行知：《能力与基本善：纳斯鲍姆回应阿马蒂亚·森与罗尔斯的争论》，载《学术研究》2021年第5期，第19页。
[3] 张彩凤：《现代英国法治理论的古典思想背景——理性自由主义法治观的兴起》，载《公安大学学报》2001年第4期，第65页。
[4] 参见傅达林：《法庭规则：以价值共识寻求平和理性》，载《检察日报》2016年4月29日，第7版。
[5] 需要说明的是，这里说的理性人不是从主体资格或人之固有属性角度讲的，而是强调具体行动方面的现实条件。
[6] 参见[英]罗杰·科特威尔：《法律社会学导论》，潘大松等译，华夏出版社1989年版，第144页。

精神健康病史而名誉扫地，智力障碍女性说实话的能力可能被质疑，视力或听力障碍女性则可能被认为是不可靠的……"[1] 在这些预设中，"道德、精神和身心缺陷是联系在一起的"[2]。在显性性别歧视备受批判的当下社会，这些假设中可能暗含着对女性的不信任，但直接反映出来的是基于身心障碍的歧视，这会导致残障女性在诉讼参与中陷入"无知"和"无能"并存的状态。

在司法活动中，缺乏理性的残障女性不能被视为有能力的参与者[3]。精神障碍女性的处境则更糟糕，由于被认定丧失自我控制力，她们提起的控诉很可能被无视，她们的证言也难以在同样的标准下被接受。即便加入诉讼中，残障女性也很难获得司法者的信任。在性侵案件中，这种不信任尤其明显[4]。在此类案件中，检察官可能质疑残障女性陈述之事实而决定不起诉[5]。即便案件成功诉至法院，控诉人的陈述也通常是认定犯罪的关键性证据，但刻板印象的作用使得法官和陪审团对她们的陈述多持怀疑的态度[6]。另外一种趋势是，在性侵残障女性的案件中，法官定罪往往需要更多的证据佐证被害人的陈述，而先前接受精神治疗的事实则会克减被害人陈述的效力[7]。这种不信任会将残障女性置于持续被害的危险中。因此犯罪者更可能攻击残障女性，因其知道残障女性的控诉不会被认真对

---

[1] The Committee on The Rights of Persons with Disabilities, General Discussion of Women and Girls with Disabilities, Madrid: Area de Documentacion y Publicaciones, 2014, p. 530.

[2] Della Perry, Ruth Keszia Whiteside, Women, Gender and Disability: Historical and Contemporary Intersections of "Otherness", Paper presented at the Fourth International Abilympics Conference, 1995, Retrieved April 3, 2005.

[3] See The Committee on The Rights of Persons with Disabilities, General Discussion of Women and Girls with Disabilities, Madrid: Area de Documentacion y Publicaciones, 2014, p. 245.

[4] 美国康涅狄格州法院曾推翻对性虐待一名双重障碍女性的犯罪嫌疑人的定罪，坚持没有证据表明她不同意，认为她即便没有言说，也应通过"手势、咬、踢"等动作表明不同意。See State v. Fourtin, 52 A. 3d 674, 676-677 (Conn. 2012).

[5] See The Committee on The Rights of Persons with Disabilities, General Discussion of Women and Girls with Disabilities, Madrid: Area de Documentacion y Publicaciones, 2014, p. 197.

[6] See Stephanie Ortoleva, et al., Forgotten Sisters—A Report on Violence Against Women with Disabilities: An Overview of Its Nature, Scope, Causes and Consequences, Boston: Northeastern University School of Law Research Paper, 2012, p. 4; Hilary Brown, "Sexual Abuse: Facing Facts", *Nursing Times*, Vol. 87, 1991, pp. 65-66.

[7] See Janine Benedet, Isabel Grant, "Hearing the Sexual Assault Complaints of Women with Mental Disabilities: Evidentiary and Procedural Issues", *McGill Law Journal*, Vol. 52, 2007, pp. 515-552.

待[1]。"经过控诉被驳回和在司法过程中被不友好对待的残障女性，很难再有勇气站出来指控侵犯她们权利的行为。"[2]

二、司法父权主义

理性人参与诉讼的理想状态是，作为独立的人自主地参与诉讼，并得到司法者及其他诉讼参与人的尊重和平等对待。但因为无法满足司法理性人的假设，法官对待残障女性的态度有别于对待其他理性的诉讼参与人，由此形成了司法父权主义。需要说明"父权主义"与"父爱主义"、"父权制"的关系。父爱主义"来自拉丁语 pater，意为像父亲那样对待孩子"[3]，一般指向父子关系。"父权制"（partriarchy）是女性主义理论建构者在梅因阐释古代法时提出之"家父权"[4]（Patria Potestas）概念的基础上发展起来的。女性主义理论建构者抛开了父子关系的传统基调，将"父权制"限定为"促使男性统治女性成为可能之权力关系的总和"[5]。"此后，父权制成为女性主义的标准语词。"[6]本部分提到的"司法父权主义"正是"父爱主义"和"父权制"的综合体，既体现父子关系，又涵盖两性关系。以司法父权主义作为分析视角，可以管窥残障女性在司法中的处境。

一方面，在司法活动中存在残障女性被"儿童化"[7]的情况。作为一种存在特殊依赖性的主体，残障女性的生活在一定程度上依赖他人的帮助和扶持，与儿童存在着较大程度的相似性，故她们很可能被看作孩子般无

---

[1] See Delanie Woodlock, et al., Voices Against Violence: Paper 6: Raising Our Voices—Hearing from Women with Disabilities, Melbourne: Women with Disabilities Victoria (WDV), January 1, 2014.

[2] Chris Jennings, "Family Violence & Sexual Assault: A Criminal Justice Response for Women with Disabilities", paper presented at a forum on the theme "Disability and the Criminal Justice System", Melbourne, July 13, 2005.

[3] 孙笑侠、郭春镇：《法律父爱主义在中国的适用》，载《中国社会科学》2006年第1期，第48页。

[4] [英]梅因：《古代法》，沈景一译，商务印书馆1959年版，第95页。

[5] [日]上野千鹤子：《父权制与资本主义》，邹韵、薛梅译，浙江大学出版社2020年版，第46页。

[6] 金一虹：《父权的式微：江南农村现代化进程中的性别研究》，四川人民出版社2000年版，第334页。

[7] See Margaret A. Nosek, et al., "Self-Esteem and Women with Disabilities", Social Science & Medicine, Vol. 56, 2003, pp. 1737-1747.

能的存在[1]。由于身材矮小和脆弱，患有侏儒症、脆骨症的女性会直接因为身体而被儿童化。这种儿童化将体现在涉残障女性的司法活动中，导致法官认为她们太过脆弱，而无法承受严格的审查。在一起学习障碍女性堕胎案中，主审法官谈道，"我认为她想要一个孩子，跟想要一个漂亮的洋娃娃没有什么区别"[2]。言语之间，法官已将该学习障碍女性视作不谙世事的孩童，遂以为她们好为由，判决准予对其进行堕胎。相关案例还发生在爱尔兰和西班牙，法院曾以类似的理由允许对残障女性进行生育控制[3]。出于"本身都需要他人的照顾，又如何妥善照顾婴儿"的预设，残障女性的亲权可能被否定。儿童保护官员甚至建议，残障母亲争取亲权的诉讼应由监护人代为进行[4]。在这里，司法者已将残障女性与孩童等同或类比。

另一方面，司法活动中暗含对残障女性的性别歧视。在离婚诉讼中，法官有时扮演的并不是残障女性权利守护者的角色，而是丈夫的"帮助者"。甚至有判决书中载有"被告虽然有精神残疾，但原告自离家后从未照顾被告，故双方婚姻已名存实亡"[5]的内容。法官以未照顾残障妻子为由认定婚姻关系破裂。如果说在妻子是残障人、丈夫是健常人的情况下，将抚养权判给男方是考虑到男方养子女方面拥有的优越条件，那么，在双方都存在身心障碍的情况下，将子女抚养权判给男方就体现了性别歧视。虽然情况有了量的改变，表现形式也变得具有多样化，但从夫居依旧是主

---

[1] See Michelle Fine, Adrienne Asch, ed., Women with Disabilities: Essays in Psychology, Culture, and Politics, Philadelphia: Temple University Press, 1989, p. 4; Jonathon Goodfellow, Margaret Camilleri, Beyond Belief-Beyond Justice: The Difficulties for Victim/Survivors with Disabilities When Reporting Sexual Assault and Seeking Justice, Final Report of Stage One of the Sexual Offences Project for Women with Disabilities, 2003.

[2] "Disabled Woman Who Narrowly Avoided Forced Abortion to Get Forced Contraception", in Catholic News Agency, October 11, 2019, https://www.catholicnewsagency.com/news/42511/disabled-woman-who-narrowly-avoided-forced-abortion-to-get-forced-contraception. "UK Court Authorizes Forced Abortion for Disabled Woman in New Case", in Catholic News Agency, https://www.catholicnewsagency.com/news/42538/uk-court-authorizes-forced-abortion-for-disabled-woman-in-new-case, October 15, 2019.

[3] 参见[美]凯利·D.阿斯金、多萝安·M.科尼格编：《妇女与国际人权法案（第3卷）：走向赋权》，黄列等译，生活·读书·新知三联书店2012年版，第282页。

[4] See The Committee on The Rights of Persons with Disabilities, General Discussion of Women and Girls with Disabilities, Madrid: Area de Documentacion y Publicaciones, 2014, p. 197.

[5] 《王某甲与盛某甲离婚纠纷一审民事判决书》，(2015) 莘民一初字第1833号。

流的婚居形式，残障女性的名下很少有独立的房产[1]。在此情形下，离婚后的残障女性很可能陷入居无定所的处境中[2]。另外，嫁入夫家后，女性作为妻子、母亲和儿媳的传统责任不会因为身心障碍的存在而消解，这在很大程度上剥夺或限制了她们在公共领域中寻求发展的机会，进而使其在经济能力上弱于同等条件的残障男性[3]。法院在判决抚养权归属时，通常很难认可残障女性在家庭内部的牺牲，而是根据外在条件确认男性的优势地位。

三、司法公正的前见

司法公正是指司法权运作过程中，各种因素合理配置、相互影响从而达到的理想状态。随着现代法治国家的形成，在既有法治理念潜移默化的影响下，法官就什么是司法公正往往已经形成了内心确认，这在司法活动中指引着法官对于公正目标的追求。但问题是，当涉及残障女性的案件（特别是与性有关的案件）时，因受否定性文化传统的影响，法官既有的关于公正的内心确认很可能演变为一种前见，从而掣肘司法公正之于残障女性的实现。日本学者谷口安平在《程序的正义与诉讼》一书中指出，"所谓的正义就是正确性。这里说的正确性包含两层意思：一是结果正确，二是实现结果之过程的正确性"[4]。"一方面，司法作为裁决纠纷、救济权利、维护秩序的法定手段，它需要追求司法结果在实体意义上的公

---

[1] 残障女性拥有独立房产的情况不乐观。2011年的一项调查显示，19.1%的残障女性名下有房产，比残障男性低15.4个百分点。其中，城镇残障女性名下有房产的比例（17.1%）比残障男性低8.3个百分点；农村残障女性名下有房产的比例（23.9%）比残障男性低32.6个百分点。参见辛漫：《残障妇女社会参与和家庭地位调查分析》，载《残疾人研究》2013年第2期，第38—39页。

[2] See Doris Rajan, Women with Disabilities & Housing. Learning Network Brief (35), London, Ontario: Learning Network, Centre for Research and Education on Violence Against Women and Children, October 11, 2018; Delanie Woodlock, et al., Voices Against Violence: Paper 6: Raising Our Voices—Hearing from Women with Disabilities, Melbourne: Women with Disabilities Victoria (WDV), January, 1, 2014.

[3] 参见王歌雅：《经济帮助制度的社会性别分析》，载《法学杂志》2010年第7期，第70页。

[4] [日]谷口安平：《程序的正义与诉讼》，王亚新、刘荣军译，中国政法大学出版社1996年版，第52页。

平；另一方面，还应注重程序是否符合正当性和合理性原则。"[1]下文将从两个维度阐释在涉及残障女性的案件中，法官秉持之司法公正中隐含的前见[2]。

第一，结果公正之于残障女性的偏离。结果公正主要是指法官在现行法律规定的正确指引下，作出能够为社会所普遍认同的判决。"在很多时候，法律的规定都不是事无巨细、面面俱到的，所以法官拥有很大的自由裁量权。"[3]从此意义上讲，结果公正并不足以上升到真理的高度，而更像是一种公理，对判决公正与否的评判难免会受特定社会环境下之主流文化的影响[4]。在很多国家，法官以不适合生育为由判决准予残障女性堕胎或绝育的结果，被认为是公正无疑的。正如霍姆斯大法官在就美国残障女性被绝育第一案提交多数意见时表示，"历史不止一次表明，为了公意，最优秀的公民也可以被驱逐……从全人类的角度考虑，为了不让后代因为愚笨而穷困潦倒，不让子孙由于低能而忍饥挨饿，我们可以禁止那些明显劣等的人生儿育女"[5]。另外，法官以残障女性不适合为人母亲为由，在离婚时将子女抚养权判给男方，也被认为是不无道理的。但基于现代人权的标准审视，这些判决结果是公正的吗？为什么法院能够决定对残障女性进行堕胎或绝育，而全然不顾她们固有之生育选择的权利和自由？为何法官总是根据针对残障女性的偏见，将子女监护权判给对方，而忽视了她们期待成为好母亲的事实？

第二，程序公正之于残障女性的欠缺。"疑罪从无"这一看似符合程序正义的要求，实际上有悖于对权益受到侵害之残障女性的救济。"在台湾地区的新闻报道中，经常听到智力障碍少女遭到校车司机、邻居老伯、陌生人等性侵案件发生。在这些案件中，法官多以无法证明智力障碍少女

---

[1] 余少祥：《弱者的权利——社会弱势群体保护的法理研究》，社会科学文献出版社2008年版，第401页。

[2] 需要说明的是，此部分有关结果公正和程序公正的分别阐释是相对的，司法实践中二者往往交织在一起。

[3] 唐艳秋、孙晔：《试论民间法的司法进入》，载《政法论丛》2007年第2期，第30页。

[4] See Elke U. Weber, Michael W. Morris, "Culture and Judgment and Decision Making: The Constructivist Turn", *Perspectives on Psychological Science*, Vol. 5, 2010, pp. 410-419.

[5] [英]马克·普里斯特利：《残障：一个生命历程的进路》，王霞绯、李敬译，人民出版社2015年版，第96页。

对性交行为是否不知或不能反抗为由宣判被告无罪。"[1]经过五年的审查起诉以后,菲律宾法院同样以疑罪从无为由,宣布一名被控强奸听障女性的被告人无罪[2]。一些国家关于控诉人主体资格的规定亦对残障女性不友好。一名荷兰智障女性在福利院遭到男工作人员的性侵,但法院根据当时的荷兰刑法,以她本人没有在规定的时间内起诉,也不能由其父亲代为起诉为由,拒绝受理该案,她的控诉权因此陷入了困境[3]。另外,受"调解是治愈家庭内部问题的灵丹妙药"这一认知观念的影响,涉及残障女性在家中权利受损的案件很可能通过调解结案。实际上,"就停止家庭内部的暴力、歧视、剥削进行的调解永远都不适宜"[4]。从法律程序上讲,依此作出的裁判或许并无不妥,但对残障女性而言则明显存在瑕疵。

四、司法无障碍不到位

司法者扮演的"共谋者"角色,还表现在无障碍环境的缺失上。"无障碍最早是针对残障人在社会中面临各种障碍的实际情况提出的。"[5]司法无障碍表现为无障碍观念在司法场域中的具体化,指公众(特别是诉讼参与人)可以有效地接近并使用司法系统、司法程序、司法信息和场所。"由于无障碍工作多是由政府负责的,司法工作的性质比较特殊,故司法系统很容易成为无障碍工作的盲区。"[6]在与残障人相关的案件比较少见的时代,司法无障碍缺位造成的影响不明显。但随着残障人维权意识和维权能力的提高,与之相关的案件增加,司法无障碍问题逐渐凸显出来。残障女性在司法中面临的障碍大多表现为:一是无法进入法院、接近证人席

---

[1] 王国羽等:《障碍研究:理论与政策应用》,台湾巨流图书股份有限公司2012年版,第58页。

[2] See Communication of "R" was lodged in March 2011 against the Philippines to the CEDAW Committee under the Optional Protocol to CEDAW.

[3] 参见[美]凯利·D.阿斯金、多萝安·M.科尼格编:《妇女与国际人权法案(第3卷):走向赋权》,黄列等译,生活·读书·新知三联书店2012年版,第284页。

[4] 黄宇:《婚姻家庭法之女性主义分析》,群众出版社2012年版,第87、第89页。调解只是隐藏冲突,而不是缓解冲突,强势方仍然可以主导和控制弱势方。参见[美]玛萨·艾伯森·法曼:《虚幻的平等:离婚法改革的修辞与现实》,王新宇等译,中国政法大学出版社2014年版,第272页。

[5] 王治江:《司法无障碍理念的提出与适用》,载《法律适用》2013年第3期,第119页。

[6] 王治江:《司法无障碍理念的提出与适用》,载《法律适用》2013年第3期,第119页。

和陪审团席等诉讼设施[1];二是无障碍卫生设施不完善[2];三是缺乏对自身诉讼权利、司法系统及诉讼程序相关知识的充分和真实了解[3];四是缺乏手语或其他辅助沟通工具[4];五是经济贫困使残障女性很难负担得起诉讼费[5]。律所、公安机关、检察机关中也存在着类似的问题[6]。

司法无障碍还存在认知和理解两方面的问题。

一方面,没有从残障女性权利或人权的角度认识司法无障碍问题。无障碍环境的营造情况与司法机关对待残障女性的态度直接相关。与普通公众对待残障人之态度的发展相适应,司法机构对残障女性的态度经历了三个阶段:在第一个阶段,残障女性被认定为消极、病态、依赖、亟待治疗和救济的群体;在第二个阶段,逐渐认识到残障女性面临之隔离和排斥不是身心障碍所致,而是否定性文化和社会建构的结果;在第三个阶段,开始承认残障女性作为独立的人所应当享有的基本人权。但遗憾的是,很多国家的司法机关对残障女性的看法仍然停留在第一阶段,或是第一阶段到第二阶段的过渡中,对司法无障碍的认识不充分[7]。现实中,法院或许为残障人提供了一些便利和帮助,但各项无障碍措施仍未在保障残障女性的

---

[1] See The Committee on the Elimination of Discrimination against Women, General Recommendation No. 33, CEDAW/C/ GC/33; Delanie Woodlock, et al., Voices Against Violence: Paper 6: Raising Our Voices—Hearing from Women with Disabilities, Melbourne: Women with Disabilities Victoria (WDV), January 1, 2014.

[2] 2021年笔者对武汉、西安、重庆三地十余家法院的调研发现,其中只有三家法院设有无障碍卫生间,这些卫生间也存在如下问题:一是不区分性别;二是尺寸设置不合格,纵深只有0.8—1米,即便是小型轮椅亦无法正常出入;三是只有一个无障碍卫生间能够正常使用。

[3] See Stephanie Ortoleva, "Inaccessible Justice: Human Rights, Persons with Disabilities and the Legal System", ILSA Journal of International & Comparative Law, Vol. 17, 2011, pp. 281-320.

[4] See Delanie Woodlock, et al., Voices Against Violence: Paper 6: Raising Our Voices—Hearing from Women with Disabilities, Melbourne: Women with Disabilities Victoria (WDV), January 1, 2014.

[5] See Stephanie Ortoleva, "Inaccessible Justice: Human Rights, Persons with Disabilities and the Legal System", ILSA Journal of International & Comparative Law, Vol. 17, 2011, pp. 281-320; Judy C. Chang, et al., "Helping Women with Disabilities and Domestic Violence: Strategies, Limitations, and Challenges of Domestic Violence Programs and Services", Journal of Women's Health, Vol. 12, 2003, pp. 699-708.

[6] See Stephanie Ortoleva, et al., Forgotten Sisters—A Report on Violence Against Women with Disabilities: An Overview of Its Nature, Scope, Causes and Consequences, Boston: Northeastern University School of Law Research Paper, 2012, p. 59.

[7] 参见王治江:《司法无障碍理念的提出与适用》,载《法律适用》2013年第3期,第120页。

平等司法受益权上产生应有的效果。

另一方面，对司法无障碍的理解有限。无障碍是一个内涵和外延都非常广泛的概念，它既指向物理和社会环境的无障碍，也包含交流和信息的无障碍，甚至涵盖观念层面的无障碍。其中，物理环境无障碍是司法机关最熟悉的，由此可能形成只有硬件设施才涉及无障碍的错误认知，从而导致对交流和观念无障碍工作的忽视。就前者而言，涉残障女性的维权案件较少进入司法系统的原因，可能正在于她们很难与司法工作者进行有效的沟通。正如澳大利亚的报告显示，许多残障女性不知道可以就遭受的损害提起赔偿请求诉讼[1]。司法信息的缺位使她们不知道以什么理由告，到哪里告，如何告[2]。从后者的角度讲，否定性观念对司法裁判的影响广泛存在。例如：残障遗传性的观念，会导致法院判决残障女性堕胎；残障女性不是称职母亲的假设，导致法院将子女监护权判给丈夫；残障女性不可信的说法，则会克减她们证言和陈述的效力。

---

[1] See Disability Council of New South Wales (Disability Council), A Question of Justice: Access to Participation for People with Disabilities in Contact with the Justice System, New South Wales: Disability Council, 2003.

[2] See Stephanie Ortoleva, et al., Forgotten Sisters—A Report on Violence Against Women with Disabilities: An Overview of Its Nature, Scope, Causes and Consequences, Boston: Northeastern University School of Law Research Paper, 2012, p. 19.

第四章　女性主义残障正义观的建构

西方正义思想是以权利为轴心的。[1]如密尔所言,"尊重他人的权利,就是正义的,侵犯他人的权利,就是不正义的","正义通常涉及权利概念"[2]。格劳秀斯指出权利与正义的实质相关性,认为"当用权利来称呼'恰当'的东西时,对'正义'的更广义理解便得以产生"[3]。更有研究者主张,在格劳秀斯的观念中,权利和正义是同一概念[4]。虽然存在"最低限度的国家"[5]和阶级限定性的"阿喀琉斯之踵",但是诺齐克从权利出发对罗尔斯正义论的批判,对反思传统正义论提供了重要的启发[6]。在诺齐克的理论框架中,"'个人权利'同样具有'正义性'"[7]。"权利意味着正义,正义即不妨碍权利的实现。"[8]他甚至提出了与罗尔斯的正义论和马克思主义正义论并行的第三种正义进路——"权利正义"[9]。另有研究者发现,从权利视角看罗尔斯的正义论,亦暗含着一个完整的权利理

---

[1]　参见周少青:《西方权利正义理念的发展演变述评》,载《民族研究》2015年第1期,第101页。

[2]　John Stuart Mill, *Utilitarianism, on Liberty, and Considerations on Representative*, London: J. M. Dent & Sons Ltd. , 1972, p. 46.

[3]　[荷兰]格劳秀斯:《战争与和平法》,何勤华等译,上海人民出版社2017年版,第23页。

[4]　参见龚群:《正义:在历史中演进的概念》,载《华中科技大学学报(社会科学版)》2019年第1期,第51页。

[5]　[美]罗伯特·诺齐克:《无政府、国家和乌托邦》,姚大志译,中国社会科学出版社2008年版,第401页。

[6]　参见[美]罗伯特·诺齐克:《无政府、国家和乌托邦》,姚大志译,中国社会科学出版社2008年版,第218—237页。

[7]　郑伟、宋建丽:《持有正义与个人权利——诺奇克政治哲学探析》,载《福建论坛(人文社会科学版)》2017年第4期,第144页。

[8]　葛宇宁:《现代社会正义理论的三种基本进路》,载《学术交流》2017年第10期,第51页。

[9]　葛宇宁:《现代社会正义理论的三种基本进路》,载《学术交流》2017年第10期,第51页。

论体系[1]。凡此种种都表明，传统正义论的核心是权利，"正义表现为给予个人所应有的权利"[2]。从某种意义上讲，正义和权利可以作互文性的解读，二者表现为同一事物的不同维度或面向[3]。

第一，正义和权利在词源上具有同一性。在罗马法中，"ius"包含多重含义，它既有"法"的意涵，又有"权利"的意思[4]，而且，"ius"已经蕴含了当代权利概念的基本要素。需要注意的是，蕴含权利之意的语词"ius"源于反映正义内涵的"iustitia"[5]。从英文的"justice"（正义）中亦可以看到"ius"的影子，权利和正义在语义上的共通性依旧存在。第二，在实质内容上，无论是"得其应得"意义上的正义观，还是"得其需得"层面的正义观[6]，都与权利紧密相关。就前者而言，"应得"指个人所应获得的份额，这种对于份额的掌握在法律的语境下便可以转化为权利[7]。从后者的角度讲，虽然"需求"的"权利"化需要一个复杂的证成过程，但这种需求具有权利属性是毋庸置疑的，这表现为自耶林以来法律科学称之为利益的需求[8]。第三，正义和权利体现为不同主体基于对同一事项的审视反映出来的不同属性。权利是从受益者出发，主张某些利益是他们应当得到的，强调权利的保障，表现为主体基于自身的困难而发出"我们权利如何"的呼吁[9]。正义则侧重于从国家和社会的视角、基于中立旁观者的立场来看待利益或资源分配

---

[1] 参见朱万润：《契约权利论：第三大权利范式?》，载《四川大学学报（哲学社会科学版）》2018年第1期，第81页。

[2] 薄振峰：《权利的发现——罗马法中权利概念的萌芽》，载《北方法学》2020年第4期，第139页。

[3] 参见王峰明：《经济关系与分配正义——〈哥达纲领批判〉中马克思的"权利—正义观"辨析》，载《哲学研究》2019年第8期，第30页。

[4] 参见江平、米健：《罗马法基础》，中国政法大学出版社1987年版，第5页。

[5] 参见[意]桑德罗·斯奇巴尼选编：《正义和法》，黄风译，中国政法大学出版社1992年版，第36页。

[6] 参见杨国荣：《重思正义——正义的内涵及其扩展》，载《中国社会科学》2021年第5期，第64页。

[7] 参见[美]罗斯科·庞德：《通过法律的社会控制》，沈宗灵译，楼邦彦校，商务印书馆2010年版，第50页。

[8] 参见[美]罗斯科·庞德：《通过法律的社会控制》，沈宗灵译，楼邦彦校，商务印书馆2010年版，第39页。

[9] 参见薄振峰：《权利的发现——罗马法中权利概念的萌芽》，载《北方法学》2020年第4期，第139页。

的问题，他们往往站在更高、更客观的角度反思为什么某些人遭遇苦难是不正确的。

权利和正义的这种紧密关系，可以运用至残障女性权利和正义问题的分析上。当人们谈论残障女性是否获得抽象意义上的正义时，在具体层面指向的大多是她们的权利或正当利益是否得到保障。将正义观念引到权利议题上，体现的是国家/社会视角与受益主体、宏观审视和微观体验视角在残障女性权益受损问题上的交叉和融合。在此意义上讲，生物现实造成的特殊脆弱性、残障和性别歧视的文化、公私二元结构及由此形塑之不友好的立法和司法，将残障女性获得特别卫生护理的权利、性权利、婚姻自主权、生育权、亲权、更年期健康权等置于困境中，与基于国家和社会整体视角审视残障女性遭遇的不正义之间存在耦合性。在这种耦合的情境中，残障女性作为独立个体享有的诸多权利和正当利益诉求无法得到满足，甚至受到严重侵犯，就上升到抽象层面的正义视域中。具体表现为：无论是残障女性依照现行法律应享有的权利受到侵犯，还是她们基于人权理论、国际人权法的规定所享有的人权，以及具有道德合理性的正当需要得不到重视，都是不正义的。为使正义之光照进残障女性的生活，确保她们不仅能够在形式上"得其应得"，还可以基于实质内涵实现"得其需得"[1]，并帮助她们走出权利困境，本书拟提出一种修正的正义观——女性主义残障正义观。

第一节 三重批评

人类历史发展的经验告诉我们，认识到问题的存在是解决问题的前提。为推动女性主义残障正义观的提出，促使正义论在起点便将残障女性纳入其中，就需要识别出阻碍实现这一目标的诸多因素，并就此展开理论批判。不同研究领域之间会形成错综复杂的渗透关系。例如，女性主

---

[1] 参见杨国荣：《重思正义——正义的内涵及其扩展》，载《中国社会科学》2021年第5期，第64页。

义研究的繁荣促进性别正义的提出[1],残障研究的发展推动了残障正义的兴起[2]。女性主义残障正义观的提出亦依此逻辑。它不仅涉及传统正义论,还与女性主义研究和残障研究紧密相关。故反思性的批判需要涵盖传统正义论、女性主义研究和残障研究这三个领域。传统正义论是由健常男性政治哲学家主导构建起来的,在他们基于自身经验提出的、以健常人和男性为核心的正义论框架中,残障女性是隐性的群体。作为在"身份政治"旗帜下展开的研究,女性主义研究和残障研究都具有严格的限定性,这种限定性直观地表现为,"女性主义研究没有认识到基于残障的压迫,残障研究则没有解决基于性别的压迫问题"[3]。他们将自身作为独立社会群体的经验和主张政治化,导致对对方的理论都存在一定程度的抵抗,也都忽视了残障女性[4]。

一、传统正义论的批判:残障女性缺位

西方正义概念的发展大致经历了古希腊古罗马时期的正义观、近代正义观、当代正义观这三个典型的发展阶段。需要说明的是,本书所谈论的传统正义论不是古希腊古罗马时期形成的古代正义论,而是近代以后发展并流行起来的古典正义论。"自近代政治哲学出现以来,以社会契约为主

---

[1] See Nevin Reda, Yasmin Amin, ed., *Islamic Interpretive Tradition and Gender Justice*, Montreal: McGill-Queen's Univ- ersity Press, 2020; Dorothy L. Hodgson, *Gender, Justice, and the Problem of Culture: From Customary Law to Human Rights in Tanzania*, Bloomington: Indiana University Press, 2017; Susan Moller Okin, *Justice, Gender, and the Family*, New York: Basic Books, 1989;肖巍:《性别与生命:正义的求索》,人民出版社2018年版。

[2] See Shayda Kafai, *Crip Kinship: The Disability Justice & Art Activism of Sins Invalid*, Vancouver: Arsenal Pulp Press, 2021; Leah Lakshmi Piepzna-Samarasinha, *Care Work: Dreaming Disability Justice*, Vancouver: Arsenal Pulp Press, 2018; Nancy J. Evans, et al., *Disability in Higher Education: A Social Justice Approach*, New Jersey: Jossey-Bass, 2017; Christopher A. Riddle, *Disability and Justice: The Capabilities in Practice*, Lanham: Lexington Books, 2014; Natalie M. Chin, "Centering Disability Justice", *Syracuse Law Review*, Vol. 71, 2021, pp. 683-749.

[3] Kristina R. Knoll, Feminist Disability Studies, Doctoral dissertation of Philosophy, University of Washington, 2012, p. 7.

[4] See United Nations Economic and Social Commission for Asia and the Pacific (UNESCAP), Hidden Sisters: Women and Girls with Disabilities in the Asian and Pacific Region, Bangkok: UNESCAP, ST/ESCAP/1548, 1995.

导的社会规范成为正义论的核心。"[1]遗憾的是，极具限定性的传统正义论在很大程度上忽略了残障女性等边缘弱势群体的平等诉求及其在实现正义的道路上面临的诸多障碍[2]。尽管从抽象性和基础性的层面看，传统正义对于现代民主国家的建立确实具有重要的价值，但无法否认，它在遇到世界上最严重的问题之一——残障女性权利困境时，却是失败的。

当转向传统正义论时，首先需要弄清楚的是，到底是什么原因导致这种失败？为什么残障女性权利困境问题的分析和解决，很难直接从传统正义论中找到具有启发性和积极价值的贡献？传统正义论如何能够以看似平等对待所有人的方式探索权利、平等自由和民主等问题，却在实际层面忽视了残障、性别以及基于二者的交互作用给残障女性造成的种种不利？最有可能的原因在于，传统政治哲学家通常以空洞的、假性的方式使用残障中立和性别中立的措辞，却从根本意义上将残障女性从他们构建起来的基本理论架构中排除出去了[3]。

"从近代政治哲学到当代政治哲学，对'正义'的原则性探讨延续不断，蔚为大观。"[4]虽然"关于何谓正义、如何实现正义，什么是正义的衡量标准等问题，不同的理论有着不同的解释，不同的思想家则会得出不同的答案"[5]，但传统正义论者试图解决的问题具有一定的共识性，也即"社会应当如何更好地武装人们，以使他们致力于这一目标的实现，并因此获得利益"[6]。在传统正义论中，"'自我'通常被看作是具有独立理性判断能力的、可以排除各种外在干扰和制约的自主个体"[7]。问题的关键

---

[1] 宋建丽：《正义与关怀：女性主义的视角》，厦门大学出版社2018年版，第157页。
[2] See Valerie Ann Johnson, Bringing Together Feminist Disability Studies and Environmental Justice, Barbara Faye Waxman Fiduccia Papers on Women and Girls with Disabilities Center for Women Policy Studies, October 18, 2011.
[3] 大多数政治哲学家使用的都是"所有""男人和女人""他或她""人"，或越来越多地使用"自己"，似乎表明他们未排斥残障人和女性，读者亦可认为他们的理论包含弱势群体。女性主义者认为，这种"女性添加法和混合法"是虚伪的。尽管他们的理论看似涵盖了残障人和女性，但常常具有欺骗性。参见［美］苏珊·穆勒·奥金：《正义、社会性别与家庭》，王新宇译，中国政法大学出版社2017年版，第13页。
[4] 宋建丽：《正义与关怀：女性主义的视角》，厦门大学出版社2018年版，导言第1页。
[5] 王国豫、荆珊：《从诗性正义到能力正义——努斯鲍姆正义理论探究》，载《伦理学研究》2016年第1期，第54页。
[6] ［美］迈克尔·J.桑德尔：《自由主义与正义的局限》，万俊人等译，译林出版社2011年版，第93页。
[7] 宋建丽：《正义与关怀：女性主义的视角》，厦门大学出版社2018年版，导言第1页。

在于，理性对普世性的诉求及其与情感、身体和私领域的对立，将会导致对某些边缘弱势群体的贬低和排斥[1]。依此逻辑建构起来的所有契约论正义观，都无法或难以直面残障女性遭遇的不正义问题。对作为边缘弱势群体的残障女性提供切实的帮助和扶持，原本是一种理想之正义论的要求，但在以理性为基础的传统正义论中，"残障人和女性的身份之间历来不乏共通之处，二者均被视为对标准或规范的背离"[2]，她/他们被认为缺乏理性——这一属于人的本质性特征。故而，对女性和残障人的排斥成了不成文的规定，据此形成的不过是正义的"幻象"。

在霍布斯那里，自然情感基本上是竞争性和利己主义的，恐惧在其间扮演着关键的情感角色。自然状态就是战争状态。其中，权利和资源大致平等。从表面看，霍布斯似乎把人定位为道德平等的存在，但就实质而言，突出的却是对权力平等和能力平等的强调。霍布斯的理论探讨非但没有涉及女性和残障人，在对"人人都受自己的理性控制"[3]的强调中，还将她/他们排除在理论范畴之外。而且，霍布斯认为，互利优于友谊、慈善、豪爽之类的美德[4]。与霍布斯相似，洛克坚持人拥有大致相同的身体和心灵权力，"假定公民的基本资格——参与公共事务的权利——是理性的"[5]。洛克将"互惠"作为目标，为达此目标，各方同意接受法律和制度权威的规训，以安稳地享有财产并更好地防止共同体以外的人入侵[6]。在洛克的论述中，很难找到任何关于仁慈与寻求人类尊严相互支持的内容，但这是关注女性和残障人的特殊需求、保障残障女性的权利所必需的。康德的人性观可以追溯到古希腊古罗马时期的斯多葛学派，它认为理性是人的本质特征，并将人类的自足、理性、尊严等理念看作是永恒的，

---

[1] 参见[美]艾丽斯·M. 杨：《正义与差异政治》，李诚予、刘靖子译，中国政法大学出版社2017年版，第151页。

[2] 郑洁儒：《情感、性别和伦理：评戈尔的〈19世纪小说中的残障叙事〉》，载《外国文学》2021年第2期，第185页。

[3] [英]霍布斯：《利维坦》，黎思复、黎廷弼译，商务印书馆1985年版，第98页。

[4] 参见[英]霍布斯：《利维坦》，黎思复、黎廷弼译，商务印书馆1985年版，第101页。

[5] 通常，（男性）儿童只有获得成人的理性才能成为公民。女人被看作生来缺乏理性的，被排除在公民以外。依此"成人"的理性预设推行，由于被儿童化，残障人（至少部分）不享有公民资格。参见[美]约瑟芬·多诺万：《女权主义的知识分子传统》，赵育春译，江苏人民出版社2002年版，第7页。

[6] See John Locke, *Two Treaties of Government*, Cambridge: Cambridge University Press, 1960, p. 95, 124.

拥有道德判断力是人（男人）区别于动物的关键特征[1]。依此进路，社会契约的订约各方被设想为平等、自由和独立的主体[2]。女性、残障人及其他不能养活自己的人，都不是积极的契约签订主体。这集中体现在康德有关"积极公民"和"消极公民"的区分上[3]，女性和残障人被永久性地保留在了消极的范畴内。

近代政治哲学强调"价值中立""理性自由""各方代表"的共同点，是以限定的具有"公民资格"[4]的理性人作为核心研究对象的。与公民资格这种公民之理性平等身份被所有"人"普遍获得的历史言说相伴随的是，不具有理性能力的女性和残障人始终被排除在"公民"的范畴外。公民资格，这个在表面上具有中立性的概念，实际上却被本质化了，它指向的是具有理性能力的成年健常男性[5]。由此带来一个难题：社会契约的订约群体和实质受益群体是等同的，它依赖于主体之间权力和能力的大致相当，在对"正义环境"[6]的营造中，"互利合作"是最基本的特点，它在随之而来的、确定女性和残障人身份方面存在困难。这注定近代正义论无法成为准确识别并消除残障女性遭遇之不正义的有力依据。

这些困难同样存在于当代正义论中。首先需要提到的是集大成者罗尔斯及其代表著作《正义论》。在罗尔斯的正义论中，"原初状态中发生的首先不是契约，而是逐渐意识到一种交互性主体的存在"[7]。这种交互性主体不是生物学意义上的所有人，而是为一系列限制性条件所框定的部分公民。罗尔斯假定原初状态中人都是理性存在的个体，坚持抽象"政治自我"的人性论设定。此种极具限定性的人性论还主张"个人的身体能力和

---

[1] 参见陶涛：《残障人问题对罗尔斯正义理论的挑战——兼论纳斯鲍姆之"能力法"》，载《伦理学研究》2010年第4期，第134页。

[2] 参见陈文娟：《依赖性、社会契约论与能力进路——以残障的正义问题为讨论域》，载《道德与文明》2017年第3期，第14页。

[3] See Immanuel Kant, *Metaphysical Element of Justice*, Indianapolis: Hackett, 1979, p. 307, 315.

[4] See John Greville Agard Pocock, "The Ideal of Citizenship Since Classical Times", in Ronald Beiner, ed., *Theorizing Citizenship*, Albany: State University of New York Press, 1995, p. 32.

[5] 参见宋建丽：《正义抑或关怀——当代西方女性主义公民资格理论述评》，载《马克思主义与现实》2011年第4期，第200页。

[6] [美] 罗尔斯：《正义论》，何怀宏等译，中国社会科学出版社2012年版，第121页。

[7] [美] 迈克尔·J.桑德尔：《自由主义与正义的局限》，万俊人等译，译林出版社2011年版，第153页。

精神能力大致相似，或无论如何，他们的能力都是可比的"[1]。"就算公民并不具有平等的能力，他们也具有……使他们能够终身成为充分参与合作的社会成员所需要的道德能力、智力能力和体力能力。"[2] 实际上，这种观点是以对具体的个人特征的视而不见为基础的。如果个性化的特征均被排除出去，原初状态中的各方主体就不仅仅是境遇相似，而是相同了[3]。

相应地，"没有能力的人不能够一开始就进入契约关系，因为没有人可以受惠于他们"[4]。依此形成的对"效用"的强调，"可能为对少数群体的歧视提供经济学上的辩护"[5]。由此可见，无知之幕下的社会契约将残障人和女性排除出去了。作为社会契约订立基础的基本善（Primary Goods），是罗尔斯基于重叠共识展列出来的资源清单[6]。它是"那些假定为理性的人无论他想要别的什么都需要的东西……这些基本的社会善在广义上就是权利和自由、机会和权力、收入和财富"[7]。这是经济学上可以分配和评估生活质量的指标，分配的对象是符合"充分合作假设"[8]的社会成员。这种拜物教式的正义论，非但出于对外部资源的看重，而无法充分考虑残障人的特殊需要[9]。"对天启理性的强调，还隐含着理性优先于感性、只有男性具备理性等，与女性的认知和生存经验相对立的潜在假设。"[10]

类似的假设还体现在大卫·哥瑟尔（David Gauthier）有关正义的主张

---

[1] [美]罗尔斯：《正义论》，何怀宏等译，中国社会科学出版社2001年版，第121页。

[2] [美]罗尔斯：《政治自由主义》，万俊人译，译林出版社2000年版，第195页。

[3] 参见[美]迈克尔·J.桑德尔：《自由主义与正义的局限》，万俊人等译，译林出版社2011年版，第152页。

[4] 王新宇：《性别平等与社会公正——一种能力方法的诠释与解读》，中国政法大学出版社2014年版，第33页。

[5] [美]玛莎·C.努斯鲍姆：《女性与人类发展——能力进路的研究》，左稀译，中国人民大学出版社2020年版，第121页。

[6] 参见王进：《当代社会正义理论的形态与模型》，载冯玉军主编：《朝阳法律评论》第15辑，浙江人民出版社2021年版，第106页。

[7] [美]罗尔斯：《正义论》，何怀宏等译，中国社会科学出版社2012年版，第93页。

[8] Cynthia A. Stark, "How to Include the Severely Disabled in a Contractarian Theory of Justice", *The Journal of Political Philosophy*, Vol. 15, 2007, pp. 127-145.

[9] 参见于莲：《以可行能力视角看待障碍：对现有残障模式的反思与探索》，载《社会》2018年第4期，第167页。

[10] [美]迈克尔·J.桑德尔：《自由主义与正义的局限》，万俊人等译，译林出版社2011年版，第39页。

中。"相较之一种更厚重、更道德化的起点,选择纯粹审慎的、实际上是自我主义的社会合作目标的解释,似乎把正义论置于更有力的立足之地。这是哥瑟尔所相信的。"[1]哥瑟尔的正义论显著地表明,在诉诸理性自利的基础上,任何政治原则都能够得到辩护。虽然哥瑟尔认为,生理和精神上的不健全是正义论需要解决的难题,但是,他以实际上很难解决这一问题的正义论安排框定了起点目标。这主要源自他所描摹的互利社会合作的政治图景[2],由此同样会导致以无法实现互利合作目标为由,将女性和残障人从合格的社会成员中排除出去。尽管托马斯·斯坎伦(Thomas Scanlon)的正义论分享了对道德平等的信奉,进而在一定程度上跳出了康德式的人性论解释框架,但他所秉持的仍然是社会契约建构主体权力和能力大致平等的主张[3]。布莱恩·巴里(Brian Barry)深受古典契约教义对能力和权力相似性的强调,亦难以避免由此带来的对女性和残障人的排斥问题。

综上,"从霍布斯、洛克、康德到罗尔斯、哥瑟尔、斯坎伦形成的正义论传统,都将社会契约作为探讨正义的基本方法"[4]。但蕴含其中的种种预设,使得传统正义论无法回应残障女性普遍遭遇的不正义问题。

一方面,传统社会契约论假定订约各方能力平等。这意味着,"每个人都有足够的智识力量在社会中发挥着正常的作用"[5]。同时,每个人都拥有利用和转化资源的平等能力。当将更多的目光投向弱势群体,比如身体或精神上的残障人和女性时,平等就不再只是强调在资源等外在条件上享有同样的权利,而应从他们作为人的尊严、自由以及道德平等出发,关注弱势群体在身体和精神方面的不平等[6]。单纯地强调能力平等,会将他们

---

[1] [美]玛莎·C. 纳斯鲍姆:《正义的前沿》,朱慧玲等译,中国人民大学出版社2016年版,第39页。
[2] See David Gauthier, *Morals by Agreement*, New York: Oxford University Press, 1986, p. 68.
[3] See Thomas Scanlon, "Value, Desire, and Quality of life", in Martha C. Nussbaum, Amartya Sen, *The Quality of Life*, Oxford: Clarendon Press, 1993, pp. 185-200; Brian Barry, *Justice as Impartiality*, Oxford: Clarendon press, 1995, p. 68.
[4] 龚群:《对罗尔斯正义理论的回应与推进——森和努斯鲍姆的能力论》,载《华中师范大学学报(人文社会科学版)》2017年第5期,第72页。
[5] [美]玛莎·C. 纳斯鲍姆:《正义的前沿》,朱慧玲等译,中国人民大学出版社2016年版,第77页。
[6] 参见王新宇:《性别平等与社会公正——一种能力方法的诠释与解读》,中国政法大学出版社2014年版,第35页。

排除在契约的订立主体之外。另一方面，传统社会契约论主张订约各方是独立、不受他人控制、不依赖他人的主体。这种康德式的"人"的定义忽略依赖的固有性，进而认为"在极度依赖状态下生活的人和在不平等选择权利下的人，无法形成独立的善的观念。他们不是订约主体，亦非正义原则的适用对象"[1]。根据这种假设，考虑到残障人和女性固有的依赖性，正义论从起点就已排除他们。他们不是订约者，亦难受益于依此构建起来的正义论。女性和残障人尚且如此，两种状态叠加的残障女性处境则更糟糕。

二、传统女性主义研究的批判：残障视角缺失

女性主义者在寻求自身身份认同和权利保障的过程中，形成了女性主义研究。由于研究主体和适用对象的特定性，女性主义研究存在诸多缺陷，直观表现为，她们在构建女性主义理论框架的过程中，将自身的境况同所有女性的处境等同起来。这使她们"通常关注的只是中产阶级、白人、异性恋、健常女性，忽视对边缘弱势女性，尤其是对残障女性的关注"[2]。在此过程中，被成功勾画为发起女性运动并解放了的女性，奠定了女性主义研究的基调。女性主义残障研究者指出，"女性主义理论已被接受为理解女性生活和社会地位的框架，但残障女性被排除在女性主义分析以外"[3]。因此，"对依赖、无助、脆弱等与残障女性紧密相关因素的边缘化，与父权制对女性的歧视和压迫没有什么不同"[4]。

造成这种情况的原因很多，其最主要的是基于健常身体形成的特权[5]。女性主义研究者旨在打破女性不该有的受压迫根源——娇弱，她们担心"纳入通常被视为无助、孩子气、依赖、受害者和被动者的残障女性，会

---

[1] 王新宇：《性别平等与社会公正——一种能力方法的诠释与解读》，中国政法大学出版社2014年版，第37页。
[2] 熊伊伊、郑璇：《视障女性推拿技师的城乡流动与职业选择：性别与残障的交叉性研究》，载《残疾人研究》2019年第3期，第71页。
[3] Susan Hannaford, "Women, Disability and Society", *Interface*, June, 1989, p. 12.
[4] Anita Silvers, "Reprising Women's Disability: Feminist Identity Strategy and Disability Rights", *Berkeley Women's Law Journal*, Vol. 13, 1998, pp. 81-116.
[5] See Kristina R. Knoll, Feminist Disability Studies, Doctoral dissertation of Philosophy, University of Washington, 2012, p. 131.

强化针对女性的刻板印象,克减她们通过女性主义运动努力才取得的成果"[1]。由此,女性主义研究者似乎对身心障碍及残障女性产生了一种天然的抵触感。正如"当女性主义者将男性的身体设定为标准时,就再现了父权主义的偏见"[2],当女性主义研究者将健常女性的身体设定为标准时,残障女性同样会受到排斥和边缘化。女性主义研究的意识形态是用以对抗性别歧视的,关注的是理论化的身体,这个身体被假定为健康的、美丽的、三十岁女性的身体[3]。"女性主义研究者努力证明女性的能力,刻意掩盖她们的无能或缺陷,必然会导致对残障女性及其经验的忽视。"[4]

考虑到残障女性异常的身体条件会影响女性解放目标的设定,女性主义研究有意识地忽视了残障议题。一方面,女性主义研究者对身体的关注更倾向于性、月经、怀孕、分娩等,尤其强调女性掌握自身身体控制权的重要性[5]。虽然这些观点貌似与许多残障哲学倡导的自决价值不谋而合,实际上却无法为残障女性在这些方面遭遇的不利提供恰当的解释路径。比如,一些极力主张女性堕胎自由的女性主义研究者采纳备受当下残障研究者批判的残障医学模式的观点,认为"可能生育残障儿童的女性有义务终止妊娠"[6]。与健常女性旨在消除意外怀孕的困扰相比,残障女性更在乎的是,如何在不受歧视并获得更多支持的情况下拥有选择生育孩子的自由。另一方面,既有的女性主义研究中蕴含着对身体健康的强调。女性主义研究者认为,"当女人的身体从男人那里被争夺回来时,一切都会好起来的"[7]。然而,当美丽和健康等"可以接受的身体范式"[8]被说成是美德

---

[1] Michelle Fine, Adrienne Asch, ed., *Women with Disabilities: Essays in Psychology, Culture, and Politics*, Philadelphia: Temple University Press, 1989, p. 4.

[2] [澳]马格丽特·桑顿:《不和谐与不信任:法律职业中的女性》,信春鹰、王莉译,法律出版社2001年版,第234页。

[3] 参见[英]科林·巴恩斯、杰弗·墨瑟:《探索残障:一个社会学引论》,葛忠明、李敬译,人民出版社2017年版,第102页。

[4] Kristina R. Knoll, Feminist Disability Studies, Doctoral dissertation of Philosophy, University of Washington, 2012, p. 19.

[5] See Susan Wendell, "Toward a Feminist Theory of Disability", *Hypatia*, Vol. 4, 1989, pp. 104-124.

[6] Jeff McMahan, "Cognitive Disability, Misfortune, and Justice", *Philosophy and Public Affairs*, Vol. 25, 1996, pp. 3-34.

[7] Kristina R. Knoll, Feminist Disability Studies, Doctoral dissertation of Philosophy, University of Washington, 2012, p. 44.

[8] Hilde Zitzelsberger, "(In) visibility: Accounts of Embodiment of Women with Physical Disabilities and Differences", *Disability & Society*, Vol. 20, 2005, pp. 389-403.

时，便忽视或低估了与之相对应的消极身体经验，那么存在这些经验的女性会被认定为"不完整的女人"[1]。

除此之外，追求身体的解放、主张身体的享受是女性主义立论研究的核心指导思想之一。其中，性愉悦是典型的例子。在性关系中，父权制建构形成的主流文化对男性和女性的性设定了双重的道德标准[2]。具体为，男性是性的发起者和主导者，"女性的性功能是为男性服务的，女性只能扮演被动角色，主动提出性要求不是'好女人'做的事"[3]。对这种不平等性标准的挑战最早出现在女性运动中，女性运动道明了男性是天生的性控制者的谎言，进而促使很多女性冲破性禁忌，寻求身体的愉悦。但问题在于，对身体享受的强调使女性主义研究者不得不对身体的疼痛经历闭口不提，这导致她们在理论层面忽视了女性身体经验的另一重要面向——疼痛。在身心障碍和慢性病的背景下，疼痛与残障女性的价值认可和尊严紧密相关[4]。"对疼痛的恐惧表现为对置身于疼痛中的人的恐惧或逃避，这会让处于疼痛中的残障女性孤立无援。"[5] 由于害怕对身体疼痛体验的关注会弱化对女性身体健康和享受的强调，故女性主义研究者不愿触及与身体疼痛紧密相关的残障女性问题，亦不愿承认残障是女性面临的问题[6]。

三、主流残障研究的批判：性别要素的不足

在忽视残障女性这一问题上，带有浓厚性别本质主义色彩的女性主义研究固然应当受到批判，但残障研究也未必无可指摘，与女性主义研究忽视残障视角类似，残障研究亦未认真对待性别问题。

---

[1] Diane Driedger, ed., *Living the Edges: A Disabled Women's Reader*, Toronto: Inanna Publications & Education Inc., 2010, p. 66.
[2] 参见章静、方刚：《残障女性的性：多重禁忌下的伤害》，载《中国性科学》2018 年第 1 期，第 159 页。
[3] 李银河：《中国女性的感情与性》，内蒙古大学出版社 2009 年版，第 292 页。
[4] See Boudien Krol, et al., "Disease Characteristics, Level of Self-Esteem and Psychological Well-being in Rheumatoid Arthritis Patients", *Scandinavian Journal of Rheumatology*, Vol. 23, 1994, pp. 8-12.
[5] Susan Wendell, "Toward a Feminist Theory of Disability", *Hypatia*, Vol. 4, 2018, pp. 104-124.
[6] See Carol J. Gill, et al., "Health Services for Women with Disabilities: Barriers and Portals", in Alice Dan, ed., *Reframing Women's Health: Multidisciplinary Research and Practice*, London: SAGE Publications, Inc., 1994, p. 357.

残障是一种非常强大的身份,它具有超越其他身份的力量,甚至有能力消除不同主体之间基于性别质素而形成的差异。相应地,残障人通常被视为单一的身心障碍者,而不是具有性别差异的男人或女人[1]。问题在于,残障人内部存在的群体异质性是固有的,加入其他因素以后,这种异质性迟早要凸显出来。故而,"当从'性别'视角探讨残障人的处境时将会发现,性别不对等的痕迹随处可见"[2]。遗憾的是,"残障权利运动中很少涉及性别问题,欠缺考虑残障女性的特殊需求和愿望"[3]。作为残障权利运动的产物,残障研究兴起于20世纪60年代的英国。理论探讨和社会实践活动之间存在的"辩证螺旋式发展关系"[4]启发我们认识到,残障研究内容的设定必定会受制于残障权利运动的目标设定。残障权利运动初期的领导者大多是男性,正是"男性气质和男性的关注主导了残障权利运动"[5]。因此他们很可能将自己的经历视为常态,导致残障研究中的"性别盲视"。

残障研究的理论疏漏之一在于完全排斥了性别议题。"几乎所有的残障研究都认为,残障与性别及其他社会维度无关。"[6]相应地,在主流残障研究中,工具性、公共性、理性和物质性等事项,被认为比性、情欲、婚姻、生育和子女抚养等问题更重要。而且,"占主导地位的残障男性可能无视性别不平等在残障领域的呈现,或不会给予足够的重视来推动此议题"[7]。他们的观点和看法设定了残障研究的基本取向,导致残障女性及相关议题没有受到足够的重视。男性残障研究者未曾察觉到向残障女性提

---

[1] Tom Shakespeare, "Disability, Identity and Difference", in Colin Barnes, Geof Mercer, ed., *Exploring the Divide: Illness and Disability*, Leeds: The Disability Press, 1996, p.109.

[2] 王国羽等:《障碍研究:理论与政策应用》,台湾巨流图书股份有限公司2012年版,第302页。

[3] Lina Abu-Habib, ed., *Gender and Disability: Women's Experiences in the Middle East*, Skipton, UK: Oxfam GB, 1997, p.4.

[4] 鲍曼和斯科特在文章《女权主义法律理论、女权主义立法和法律职业》中提出了理论和实践之间的辩证螺旋式发展关系。See Cynthia Grant Bowman, Elizabeth Al. Schneider, "Feminist Legal Theory, Feminist Lawmaking, and the Legal Profession", *Fordham Law Review*, Vol.67, 1998, pp.249-271.

[5] Anita Ghai, *(DIS) Embodied Form: Issues of Disabled Women*, New Delhi: Har-Anand, Publications, 2003, p.51.

[6] Rannveig Traustadottir, Perri Harris, Women with Disabilities: Issues, Resources, Connections Revised, National Institute on Disability and Rehabilitation Research (ED/OSERS), Washington, Reference Materials, June, 1997.

[7] 蔡聪编著:《从她们到我们——受残障影响女性工作手册》,上海有人公益基金会,2021年。

供特殊健康服务及相关措施的意义，亦未意识到她们所面临的暴力侵害问题[1]。总之，"残障会成为残障人的单一标签，覆盖其他身份和经验。这使残障研究兴起时，难以关注到残障女性的双重压迫处境"[2]。

残障研究对女性视角的排斥不同于女性主义研究对残障视角的忽视。事实上，"当代女性主义的首要力量就是改变自己'形状'和方向的能力"[3]，主要表现为其具有的灵活性和可渗透性。这使女性主义理论更容易展开内部批评，以帮助女性主义研究者迅速掌握残障理论的大致框架。然而，鉴于残障研究倾向于从单一压迫的维度分析残障问题，女性主义在残障研究中受到了更高程度的抵制。主流残障研究者认为，女性主义研究的知识和观点都很狭窄，与自身的学术实践关系不大[4]。概言之，正是"身份研究的知识性狭隘导致残障研究对象的严格限定性，这是女性主义研究和残障研究都必须克服的持续性障碍"[5]。不管是女性主义研究还是残障研究，抓住过时的思想不放都会导致最终的失败[6]，有远见的理论研究必须持包容态度，以回应新的社会需求。

第二节　女性主义残障正义观的提出

对传统正义论、女性主义研究、残障研究的批判是具有明确的目的的，即应克服各自的弊端，促进各领域之间的融合和互动，发展出一种聚焦残障女性权利困境的修正正义观。这种正义观的提出主要基于如下认知

---

[1] See Diane Driedger, ed., *Living the Edges: A Disabled Women's Reader*, Toronto: Inanna Publications & Education Inc., 2010, p. 13; Elizabeth Ann Kutza, "Benefits for the Disabled: How Beneficial for Women?", in Mary Jo Deegan, Nancy Brooks, ed., *Women and Disability: The Double Handicap*, New Brunswick, NJ: Transaction Books, 1985, p. 77.

[2] 蔡聪、崔凤鸣编著：《从"不可能"到"不一样"》，上海有人公益基金会，2019年。

[3] [美] 贝尔·胡克斯：《激情的政治：人人都能读懂的女权主义》，沈睿译，金城出版社2008年版，第112页。

[4] See Kristina R. Knoll, Feminist Disability Studies, Doctoral dissertation of Philosophy, University of Washington, 2012, p. 60.

[5] Rosemarie Garland-Thomson, "Integrating Disability, Transforming Feminist Theory", *National Women's Studies Association Journal*, Vol. 14, 2002, pp. 1-32.

[6] 参见 [美] 贝尔·胡克斯：《激情的政治：人人都能读懂的女权主义》，沈睿译，金城出版社2008年版，第112页。

逻辑：在批判传统正义论对残障女性的忽视，以及女性主义和残障研究吸收彼此视角之不足的基础上，揭示融合女性主义和残障视角的可能性，形成女性主义残障研究；将基于女性主义残障研究得出的核心理论及方法方面的贡献纳入传统正义论框架，以纠正传统正义论对残障女性的忽视；提供在正义论框架下解决残障女性面临之不正义问题的进路，提出女性主义残障正义观。女性主义残障正义观拟从传统正义论存在的实质性欠缺之处着手，以新的理论构思，促使正义论从一开始就像适用于所有健常男性那样使残障女性同等受益。

一、前提：女性主义和残障视角融合的可能性

按照不同研究领域之间彼此吸收和影响的交互性逻辑，传统正义论对残障女性的忽视，在学术研究层面还存在一个前置性因素，即女性主义研究中残障视角的缺位和残障研究中的"性别盲视"，这是造成一般性理论研究乃至正义论层面对残障女性忽视的重要原因。改变此种情况的先期性尝试，应为女性主义视角和残障视角在理论研究层面的综合。基于上述对既有传统正义论、女性主义研究和残障研究的批判，可以发现融合这两种视角的可能性。

首先，从社会群体的角度看，残障人和女性这两类群体在范围上的交叉指向的便是残障女性这一具有双重身份的主体，这为融合女性主义视角和残障视角奠定了现实基础。其次，残障歧视与性别歧视在传统政治哲学的维度上具有相似性。女性主义者发现，传统政治哲学中普遍存在性别歧视。从柏拉图对畸形儿命运之不寻常的强调[1]，到休谟将患疾之人的言说排除在与知觉相关的理论范围之外，再到罗尔斯的正义论对残障人的忽视[2]，传统政治哲学中亦存在残障歧视。依此审视残障女性，二者便有了共通之处。再次，女性和残障人在公众意识层面存在同质性。长期以来，女性和残障人均被认为是存在缺陷的，都偏离了正常的标准[3]。巴特

---

[1] See Robert Garland, *The Eye of the Beholder*, Ithaca: Cornell University Press, 1995, p. 15.
[2] See John Rawls, *Political Liberalism*, New York: Columbia University Press, 1996, p. 20.
[3] See Rosemarie Garland-Thomson, "Integrating Disability, Transforming Feminist Theory", *National Women's Studies Association Journal*, Vol. 14, 2002, pp. 1-32.

勒甚至将性别反常性的判断与畸形身体的隐喻联系了起来，进而认为，"女性被视作男性的畸形状态，残障多与女性相关"[1]。"性别偏见还被用来定性残障人，特别是被认为缺乏男子气概的男性"[2]。启蒙哲学家对女性的"定罪"将女性视作残障人，得出了"性别歧视社会中女性身体残缺"的结论[3]。弗洛伊德主张，"女性从小就羡慕男性，因为她们是'发育不健全者'"[4]。最后，从权力与压迫的关系看，女性与残障人的处境亦有可比性。同为备受歧视、压迫、无能的对象，残障人和女性在很多方面都是类似的。

就具体进路而言，本书主张在女性主义理论框架下展开综合性的探索。事实上，女性主义研究是最接近残障研究的据点，它为残障研究提供了结构性的支持[5]。残障研究在兴起和发展的过程中充分借鉴了女性主义研究的智识成果，目标设定和策略完善都从中汲取了力量[6]。"女性主义研究提醒我们，寻找、支持边缘和交叉方法仍然是正义工作的核心。"[7]它还试图解决特权、压迫、歧视和无能问题。另外，"女性主义研究系统地讨论了群体差异对社会群体的影响，这些讨论逐渐成为公共论坛的活动原则"[8]。这些探讨以及女性主义理论在有色人种女性、亚裔女性等困难女性群体身上的实践，为异质公共性的发展提供了一种初始参考模式。

---

[1] Judith Butler, *Bodies that Matter: On the Discursive Limits of "Sex"*, London, New York: Routledge, 1993, p. 16.

[2] Helen Meekosha, "Gender and Disability", in Gary L. Albrecht, *Encyclopedia of Disability*, London: SAGE Publications, Inc., 2006.

[3] See Rosemarie Garland-Thomson, "Integrating Disability, Transforming Feminist Theory", *National Women's Studies Association Journal*, Vol. 14, 2002, pp. 1-32.

[4] [美] 吉利根：《男性生命周期中的女性地位》，张元译，载李银河主编：《妇女：最漫长的革命：当代西方女权主义理论精选》，生活·读书·新知三联书店1997年版，第108页。

[5] See Kristina R. Knoll, Feminist Disability Studies, Doctoral dissertation of Philosophy, University of Washington, 2012, p. 160. 这直观表现在基于女性主义和残障视角综合形成之研究的定位上，即它是女性主义理论的分支。这一点得到了温德尔的支持。See Susan Wendell, "Toward a Feminist Theory of Disability", *Hypatia*, Vol. 4, 1989, pp. 104-124.

[6] Helen Meekosha, "Gender and Disability", in Gary L. Albrecht, *Encyclopedia of Disability*, London: SAGE Publications, Inc., 2006.

[7] Kristina R. Knoll, Feminist Disability Studies, Doctoral dissertation of Philosophy, University of Washington, 2012, p. 1.

[8] [美] 艾丽斯·M. 杨：《正义与差异政治》，李诚予、刘靖子译，中国政法大学出版社2017年版，第198页。

受此影响，残障研究者开始对基于身心障碍所形成的身份差异，以及基本的政治预设展开理论反思，形成了残障研究。故从某种意义上讲，"残障研究试图解决的问题正是女性主义研究多年来一直试图解决的问题"[1]。当然，这不是说女性主义理论能完整地转移到残障研究中，而是旨在表明，女性主义研究可以提供深刻的见解、方法和观点以深化残障研究。这使残障研究以与20多年前女性主义研究相同的方式蓬勃发展。

二、综合：女性主义残障研究的初步考察

女性主义残障研究是连接两个概念范畴并实现两个研究领域之融合和转换的产物。其中，"融合"意味着女性主义研究和残障研究这两个领域之间的彼此吸收、借鉴，"转换"则代表了在此基础上实现对这两个研究领域的超越，从而构建一种聚焦残障女性的研究范式[2]。虽然女性主义残障研究"是一个极具开放性的研究领域，很难形成某种完整的理论"[3]，但基于对既有研究的梳理和分析，女性主义残障研究确实包含了某些具有可识别性的因素及独特的原则或方法。

首先，研究对象为残障女性。女性主义残障研究是典型的基于身份政治构建起来的理论分析框架，它重点关注的是"谁不存在"[4]的问题，旨在将残障女性的声音和行动作为反抗群体性压迫的工具。故这种研究必须依托于某一个具有可识别性的社会群体——残障女性。另外，回顾女性主义残障研究的起源不难发现，"这一研究领域的开创者正是女性主义研究者

---

[1] Rosemarie Garland-Thomson, "Integrating Disability, Transforming Feminist Theory", *National Women's Studies Association Journal*, Vol. 14, 2002, pp. 1-32.

[2] See Rosemarie Garland-Thomson, "Integrating Disability, Transforming Feminist Theory", *The National Women's Studies Association Journal*, Vol. 14, 2002, pp. 1-32.

[3] Licia Carlson, Cognitive Ableism and Disability Studies: Feminist Reflections on the History of Mental Retardation, Paper presented at the Gender and Disability Conference, Rutgers University, New Brunswick, NJ, 2001, p. 17.

[4] Licia Carlson, Cognitive Ableism and Disability Studies: Feminist Reflections on the History of Mental Retardation, Paper presented at the Gender and Disability Conference, Rutgers University, New Brunswick, NJ, 2001, p. 20.

中的某些身心障碍者"[1]。起初，她们的研究只是围绕自身作为残障者的实际经历展开的，并试图抽象出来构建一种基于残障女性特殊经验的理论图景。吸收残障女性的特殊经验，是实现女性主义研究和残障研究的转型，以及综合二者之女性主义残障研究的优越性所在。当然，也有研究者对将研究对象集中在残障女性身上可能带来的异化效果——群体特权的出现表示担忧[2]。就此，需要说明的是，本书将研究对象设定为残障女性，更多地强调将此类特殊社会群体遭遇的双重歧视、压迫和边缘化公之于众，并采取修补性的方式来弥补她们的能力欠缺，而不是基于优越性的政治建构来定义她们[3]。

其次，坚持社会性别平等和残障平等的双重视角及二者的交叉，是女性主义残障研究在方法层面的典型特征。作为具有女性和残障人双重身份的特殊群体，有关残障女性的研究应同时坚持社会性别平等和残障平等的视角，才能够全面呈现出残障女性面临的结构性不利，进而在此基础上指明消除这种结构性不利的大致方向和具体路径[4]。一方面，社会性别平等视角的引入可以克服残障研究中的"性别盲视"，促使残障研究者注意到残障女性的特殊经验和需求。另一方面，女性主义研究对残障人特殊经验的吸收，拓宽了既有的关注领域，有助于回应和满足残障女性的特殊需求。欠缺二者中的任何一种，都无法准确识别出残障女性遭遇的各种不利，亦难以为保障她们的权利提供切实的理论支撑。当然，对社会性别平等和残障平等双重视角的强调，不代表二者永远处于并行的状态。"从方法论角度

---

[1] Rannveig Traustadottir, Perri Harris, Women with Disabilities: Issues, Resources, Connections Revised, National Institute on Disability and Rehabilitation Research (ED/OSERS), Washington, Reference Materials, June, 1997.

[2] See Eunjung Kim, "Minority Politics in Korea: Disability, Interraciality, and Gender", in Emily Grabham, et al., *Intersectionality and Beyond: Law, Power, and the Politics of Location*, New York: Routledge-Cavendish, 2008, pp. 230-250.

[3] 如果女性群体中的一部分人被赋予了特权，那么，这种"被特权化了的"差异性特质是否也会走向一种另类的权威和另类的权力呢？女性本来是反对任何权威和特权的，如果差异性权力诉求的结果却是使自身沦为自己所反对的东西，那么，对女性主义残障研究而言，也将会是一种讽刺。参见宋建丽：《正义与关怀：女性主义的视角》，厦门大学出版社2018年版，第138页。

[4] 参见李勇：《残障人的融合困境及其回应理路——第十届东亚残障论坛综述》，载张万洪主编：《残障权利研究》第9辑，社会科学文献出版社2022年版，第17页。

看，它还涉及一种承诺，即将性别和残障之间的交叉理论化。"[1]据此我们可以分析社会性别和身心障碍因素在日常生活中如何相互作用，从而对残障女性权利的实现造成多重困难。

再次，研究内容是残障女性普遍遭遇的、基于残障人和女性的双重身份所形成的双重压迫。在这方面，社会主义女性主义（Socialist Feminism）采取的理论构造路径，为本书提供了重要的智识启发。社会主义女性主义是马克思主义和女性主义"联姻"的结果，它试图综合马克思主义的关键分析——阶级压迫和激进女性主义的核心主张——父权制压迫，来揭示和剖析在资本主义父权制下女性的处境，以为女性解放奠定理论基础并指导相关实践[2]。依此进路，女性主义残障研究在很大程度上是女性主义研究和残障研究"联姻"的结果，它聚焦残障女性基于残障人和女性的双重身份而面临的双重压迫。残障女性是残障人和女性的综合体，其基于身心障碍和女性身份受到的压迫来自不同的压迫系统，这两种不同的压迫系统合并或交互作用在残障女性的身上。

从次，研究的关键是回归残障女性的身体。"人的尊严既包括人格尊严，也包含身体尊严。"[3]在基于身体和精神形成的二元格局中，对身体的忽视是常见的。"根据社会的脚本，身体是非理性和不可预计的，不可改变地属于女性。"[4]故在基于性别形成的权力关系中，身体通常是权力的试验场，永远处于核心位置[5]。主流女性主义研究者认为，女性备受歧视和压迫的关键在于身体或体能方面的弱势，故而主张运用独立、自由、健康的新女性形象来代替弱势和无能的女性形象。女性主义残障研究者认识到这种潜在预设中存在的问题，试图通过将身体作为关键的概念范畴来探讨主体的政治意蕴。这首先涉及"如何看待身体，特别是那些不正常的

---

[1] Kristina R. Knoll, Feminist Disability Studies, Doctoral dissertation of Philosophy, University of Washington, 2012, pp. 71-72.
[2] See Zillah Eisenstein, "Constructing a Theory of Capitalist Patriarchy and Socialist Feminism", Critical Sociology, Vol. 25, 1999, pp. 197-203.
[3] 韩德强：《论人的尊严：法学视角下人的尊严理论的诠释》，法律出版社2009年版，第300页。
[4] [澳]马格丽特·桑顿：《不和谐与不信任：法律职业中的女性》，信春鹰、王莉译，法律出版社2001年版，第240页。
[5] 参见邓如冰：《身体之痛：〈祝福〉中的性别政治》，载谭琳、姜秀花主编：《性别平等与文化构建》（下册），社会科学文献出版社2012年版，第487页。

身体"[1]。事实上,"残障女性的性别认同与残障身体之间永远是相互依存的,性别角色必须在身体经验中完成。她们无法否认身体体验,无法将它完全去除,只能在日常生活中学会与之和谐共处"[2]。相应地,女性主义残障研究提出的更具进步性的主张是,人们最好学会接受、适应并欣赏残缺不全的身体[3]。

最后,研究的目的是残障女性权利保障。作为一种重要分析和批判工具,身份政治在推动女性主义残障研究方面固然发挥了极为重要的作用,但就最终目的而言,其不应只是为了建立差异性的身份政治,也应当是为消除残障女性的权利困境而斗争。西方女性主义研究以平权作为核心意识形态,需要注意(也常常被错误地理解)的是,平权意义上的"权"指向的是权利,而非权力或是特权[4]。事实上,自从玛莉·沃斯顿克雷福特(Mary Wollstonecraft)对托马斯·潘恩(Thomas Paine)在《人权论》中关于与男权并存的女权问题进行反驳后,有关权利的论述便对女性主义者产生了深远的影响[5]。在女性争取参政权、身体控制权及其他权利的斗争中,权利成为虽非唯一合理,却是极为重要的原则[6]。就此而言,女性主义残障研究应当正确处理手段和目的的关系。无论是现实处境的揭示,还是身份政治的研究,最终的目的均应是残障女性的权利保障。此外,女性主义残障研究的产生原就是残障女性呼吁的结果,回应她们呼求最重要的方式就是保障她们的权利,而非其他舍本逐末的东西。

---

[1] Kristina R. Knoll, Feminist Disability Studies, Doctoral dissertation of Philosophy, University of Washington, 2012, p. 82.
[2] 王国羽等:《障碍研究:理论与政策应用》,台湾巨流图书股份有限公司2012年版,第3页。
[3] See Margaret A. Nosek, et al., "Self-Esteem and Women with Disabilities", Social Science & Medicine, Vol. 56, 2003, pp. 1737-1747.
[4] 参见李银河:《李银河:我的社会观察》,中华工商联合出版社2013年版,第4页。
[5] 随着相关国际人权公约的出台,女性主义有了新的解读——"女权"即"人权"。这一说法在全球化的背景下引起强烈的共鸣。参见[英]西尔维亚·沃尔拜:《女权主义的未来》,李延玲译,社会科学文献出版社2016年版,第202—203页。
[6] See Francisco Ramirez, et al., "The Change Logic of Political Citizenship: Cross-National Acquisition of Women's Suffrage Rights, 1980-1990", American Sociological Review, Vol. 62, 1997, pp. 735-745.

三、延伸：女性主义残障正义观的建构

如前所述，传统正义论已经招致诸多批判，特别是其坚持之过于强调理性主义的人性论设定[1]。事实上，"任何有关人性的定义都是危险的，因为这可能排斥或贬低某些文化、人和生活方式"[2]。传统正义论中有关抽象人性的预设，不仅没有为真实的人际关怀留下空间，其对自由、平等、独立的单纯强调，还会将不符合标准的残障女性排除在外。这不仅无法被接受，而且是错误的。因为从理想状态看，"每个人都具有基于正义的不可侵犯性，这种不可侵犯性即使是以社会整体的名义也不能够逾越。鉴于此，正义论否认一些人为分享更大的利益，而剥夺另一些人的自由是正当的"[3]。就传统正义论旨在让理性人受益的同时而忽视残障女性遭遇的不正义问题，纳斯鲍姆指出，"任何正义论都需要从一开始就考虑这些问题，在基本制度结构的设计上，尤其是在有关首要善的理论中都需要做到这一点"[4]。

依照纳斯鲍姆对传统正义论的批判逻辑，一种更先进的正义论需要从一开始就充分考虑残障女性面临的双重歧视和压迫问题，从而在基本理论结构的设计上解决由此造成的不正义问题。对处于双重弱势地位的残障女性生存境况缺少关注和考虑，就此而言，传统正义论是不完善的，其在回应残障女性的不利处境方面存在诸多不足。为避免重蹈过去的不正义，就必须吸收女性主义残障研究的理论贡献和方法，扩大正义的辐射范围，构建女性主义残障正义观。这是一次修正性的尝试，旨在为正义论提供更人性化的路径——推动正义之于残障女性的实现。除基于外部视角推动政治国家的构建及基本政治结构的安排外，正义论在回应现实世界中最紧迫的、新出现的问题或被严重忽视的老问题时，需要对传统政治哲学家的构

---

[1] 参见宋建丽：《正义与关怀：女性主义的视角》，厦门大学出版社2018年版，第85页。
[2] [美] 艾丽斯·M. 杨：《正义与差异政治》，李诚予、刘靖子译，中国政法大学出版社2017年版，第42页。
[3] [美] 迈克尔·J. 桑德尔：《自由主义与正义的局限》，万俊人等译，译林出版社2011年版，第30页。
[4] Martha C. Nussbaum, *Frontiers of Justice: Disability, Nationality, Species Membership*, New York: Harvard University Press, 2000, p.127.

想甚至结构上的改变保持开放[1]。将长期以来被忽视的残障女性社会群体纳入正义论的视野，是我们从揭示她们遭遇的不正义的过程中学到的。

为确保处于双重弱势地位的残障女性正义的实现，对传统正义论作出适当的调整是必要的。就可能性而言：一方面，马克思主义唯物史观为我们提供了积极启发。只有"在对以经济关系为主的现实社会关系的深刻剖析中，才能够揭示与理解正义之多元价值的辩证统一，从而在物质实践以及历史发展视域的双重根基上展望一个真正正义与和谐的社会"[2]。基于唯物史视角窥见的正义论之多元和发展属性促使我们认识到，传统正义论不是固定不变的。"本着历史与逻辑相统一的原则，任何正义理念都是人类在实践的过程中，在人与人的关系中不断生成、变化和更新的。"[3]另一方面，正义是以人为基础的理论构建，如果对人及其权利的态度发生改变，正义论亦须作出调整[4]。根据正义论的发展逻辑，对残障女性友好的正义论需要超越西方传统正义论在主体资格和目标设定方面的偏狭视野，代之以残障女性全面发展及与其他主体关系和谐为旨归，来促进正义之多元价值的实现。

鉴于此，本书将借鉴女性主义残障研究在理论和方法上的贡献，将其纳入传统的正义论框架，进而建构一种体现残障女性特殊性的正义观。性质上，这种正义观既是对传统正义论设定之政治含义的补充，亦是对其涵盖范围的扩展。从具体建构路径来说，既不可以对传统正义论予以和盘否定，又不能够全然照搬其研究视角和方法。相应地，需要另辟蹊径才能够全面认识残障女性遭遇的双重不利，进而破除针对她们的歧视和压迫。具体来说，女性主义残障正义观聚焦的是残障女性，坚持社会性别平等和残障平等的双重视角，旨在关注残障女性身体的特殊经历，解决她们面临的双重压迫问题，促进她们的权利保障。就此而言，它是一种为边缘少数群

---

[1] 参见[美]玛莎·C.纳斯鲍姆：《正义的前沿》，朱慧玲等译，中国人民大学出版社2016年版，导言第1页。

[2] 马晓燕：《政治哲学视域中女性主义正义研究之反思》，载《贵州社会科学》2009年第3期，第13页。

[3] 马晓燕：《政治哲学视域中女性主义正义研究之反思》，载《贵州社会科学》2009年第3期，第13页。

[4] 参见杨国荣：《重思正义——正义的内涵及其扩展》，载《中国社会科学》2021年第5期，第64页；龚群：《正义：在历史中演进的概念》，载《华中科技大学学报（社会科学版）》2019年第1期，第51页。

体争取权利的社群主义正义观[1]。社群主义坚持的是非普遍性标准,"不同的学者虽会提出不同的社群主义正义原则,但其间都存在着某些共通之处,也即,对社会基本权利和义务的分配不可能是普遍的,必须针对不同范畴构建不同的分配原则"[2]。故本书提出旨在关注并回应残障女性基于双重不利地位而形成之权利困境的女性主义残障正义观。

第三节　女性主义残障正义观的关键要素

本书在女性主义残障正义观的系统性建构方面固然存在需要继续推进的地方,但是其中应当包含的关键性要素及其设置是确定的。一方面,对这些关键性要素的确定,有助于宣明女性主义残障正义观相较于传统正义论和性别正义、残障正义具有的可识别性因素,帮助人们理解这种相对独立的正义观,并确定其作为一种修正的正义观存在之现实性。另一方面,女性主义残障正义观具有强烈的现实指向性,这注定其不能只是简单喊口号或笼统地提出高度原则性的宣言,而是需要包含一系列基础性要件的具体设计。其中,较重要的是基本立场、核心主张、最终目的的设定。这些关键性要素的明确,可以为相关的实践活动提供理论指引,促使女性主义残障正义观走出学术研究的殿堂,进入现实生活。

一、基本立场:宰制和压迫

不同的正义论会对残障女性正义的实现产生不同的影响。鉴于传统正义论对残障女性的忽视,纳入残障平等和性别平等双重视角的女性主义残障正义观,不仅使我们能够深入剖析残障女性面临的残障歧视,更使我们得见蕴含其中的性别压迫。关键在于,这种歧视和压迫是如何体现不正义的?

---

[1] 参见王进:《当代社会正义理论的形态与模型》,载冯玉军主编:《朝阳法律评论》第15辑,浙江人民出版社,2021年版,第99页。
[2] 王进:《当代社会正义理论的形态与模型》,载冯玉军主编:《朝阳法律评论》第15辑,浙江人民出版社,2021年版,第100页。

柏拉图认为，正义是"让每一个人得到最适合他的回报"[1]；古罗马法学家查士丁尼将正义定义为，"给每个人他应得的部分这种坚定而恒久的愿望"[2]。西方传统哲学家则倾向于将资源分配作为正义的出发点来回答这一问题，认为"正义即在于得其应得"[3]。在这种正义论框架中，资源分配以理性、互利、自主等诸多外在要素为依据。如果没有这些要素作为支撑，个人很难获得资源，而这被认为是正义的。与之相对应的是，在基于资源分配构建起来的正义论框架下，对现实生活和日常道德经验的排斥是普遍存在的[4]。由此造成对女性和残障人的忽视是必然的。根据这种正义论的要求，在资源之"饼"的切分中，残障女性的"应得"不仅关乎天资，还涉及社会和生理现实。故残障女性获得更少的社会资源份额，被认为是符合正义之原初安排的，她们因此面临的歧视和压迫亦是可以被理解的。

以资源分配为根据，看似符合"得其应得"原初意义上的正义观，但偶然性因素的普遍存在，使其无法为消除残障女性的权利困境提供实质性的指引[5]。为准确识别出对残障女性的歧视和压迫中蕴含的不正义，需要调整并超越传统正义论对资源分配的强调。本书赞同美国女性主义政治哲学家艾丽斯·M.杨（Iris M. Young）的观点，认为在探讨正义时将"宰制"和"压迫"作为出发点比"分配"更合适[6]。只有依据强调"能力赋予"[7]（enabling）的宰制和压迫路径，才能够清晰地呈现出关乎正义的实质内涵，这又是传统正义论的形式层面所忽视之残障女性的特殊经验。在这种正义构想下，不正义不再简单地指向社会资源分配的多寡，而是指

---

[1] Plato, "Republic", in Edith Hamilton, Huntington Cairns, ed., *The Collected Dialogues of Plato*, Lane Cooper trans, Princeton: Princeton University Press, 1961, p.581.

[2] [古罗马]查士丁尼：《法学总论——法学阶梯》，张企泰译，商务印书馆1989年版，第12页。

[3] 杨国荣：《重思正义——正义的内涵及其扩展》，载《中国社会科学》2021年第5期，第65页。

[4] 参见[法]詹妮·佩拉贝：《社群主义的平等：按对群体认同的贡献分配》，曲云英译，载《国际社会科学杂志（中文版）》2019年第4期，第38页。

[5] 当先天禀赋和原初社会背景成为个体"应得"社会资源的依据时，便无法避免社会不平等的出现。参见杨国荣：《重思正义——正义的内涵及其扩展》，载《中国社会科学》2021年第5期，第67—68页。

[6] 参见[美]艾丽斯·M.杨：《正义与差异政治》，李诚予、刘靖子译，中国政法大学出版社2017年版，引言第1页。

[7] 苏峰山：《正义理论、差异政治与障碍研究》，载张万洪主编：《残障权利研究》第9辑，社会科学文献出版社，2022年版，第56页。

向阻碍个人能力实现的两种核心形式——宰制和压迫。宰制和压迫不只是少数残障女性自由选择或者政策造成的结果，而且是针对她们的系统性束缚形成的不正义网络。它根植于某些不受质疑的规范、习惯、象征以及遵循这些规范、习惯、象征造成的结果及其价值设定。这直观地表现为：残障女性陷入无能或逐渐弱化的结构性现象很难化约为某种单一的形态。

从"宰制"和"压迫"出发，可以看到残障女性遭遇不正义的四张"面孔"。

一是剥削。"剥削"这一概念来自马克思的阶级分析。"它的核心洞见在于，揭示了压迫产生于将一个社会群体的劳动成果转移到其他群体手中的稳定过程。"[1] 相较于将残障人视为"毫无价值和没有能力做任何有意义的事情之人"[2] 的假设，针对残障女性的剥削通常基于她们的女性身份。"女性角色、家庭地位、文化结构造成的消极刻板印象一直存在，残障女性同样处于由此形成的文化矩阵中。"[3] 身心障碍非但不会免除已婚残障女性的传统家庭责任，而且很多时候，她们是受父权制影响最深刻的群体，性别规范对她们的束缚更强[4]。或是出于保护（多表现为过度保护），或是认为自己有能力供养她们，伴侣更希望残障妻子留在家中，扮演好女儿、妻子和母亲的角色，承担主要的家务劳动和家庭照顾的责任[5]。这会形成对残障女性家务劳动的剥削。另外，男性以传宗接代为目的同残障女性缔结婚姻，在生下孩子以后便将残障女性抛弃的做法则是对她们生育劳动的剥削。2022年年初，引起社会广泛关注的"丰县八孩智障女子事件"，便是这种剥削形式的典型。

二是边缘化。"边缘化是现代社会的另一种严重压迫形式，它是指劳

---

[1] [美] 艾丽斯·M. 杨：《正义与差异政治》，李诚予、刘靖子译，中国政法大学出版社2017年版，第59页。

[2] Doris Rajan, Women with Disabilities and Abuse: Access to Supports, Montréal: DisAbled Women's Network (DAWN Canada) /Réseau d'action des femmes handicapées du Canada (RAFH Canada), March, 2011.

[3] Nyambura Salome, et al., "Gender and Disability: Voices of Female Students with Disabilities on Gender-Based Violence in Higher Education, Kenya", *International Journal of Education and Research*, Vol. 1, 2013, pp. 1-12.

[4] 参见熊伊伊、郑璇：《视障女性推拿技师的城乡流动与职业选择——性别与残障的交叉性研究》，载《残疾人研究》2019年第3期，第76页。

[5] 参见辛溦：《残障妇女社会参与和家庭地位调查分析》，载《残疾人研究》2013年第2期，第35页。

动体系无法或不愿意使用社会中的某些群体。"[1]残障女性是被边缘化群体的典型。"将生理性别和身心障碍这两种不同的社会身份联系起来,很可能导致残障女性在由健常男子设计和管理的社会中被边缘化。"[2]"边缘化最核心的运作形式是歧视和排斥。"[3]即便某些残障女性能够挣脱家庭的束缚进入有偿劳动力市场,身心障碍的存在亦会加剧她们被社会边缘化的程度[4]。残障女性无法像健常女性那样在有偿劳动力市场中谋生,亦难以和残障男性一样获得同等对待。作为最危险的压迫形式,边缘化会导致残障女性被排除在社会的有效参与之外。这会导致她们遭受严重物质短缺的威胁,甚至会被"囚禁"在参照现代监狱模式构建的社会福利机构中。边缘化不只会引发分配正义问题,给残障女性带来经济上的消极影响[5],还会阻碍个人在其他领域的充分参与,导致她们无法在得到认可的互动关系中运用自己的能力[6]。它们的共同作用将残障女性实质性地排除在主流社会之外。

　　三是力量褫夺。力量被褫夺者也即无能的人,就是那些权力作用在他们身上,导致他们无法享有权力的人[7]。"力量褫夺在一定程度上来自社会维持在'专业'的美德和行为中体面的理想。"[8]然而,无能的人无法成功地满足"体面的规范"[9]。他们处在特殊的境况中,也即"必须遵循

---

[1] [美]艾丽斯·M.杨:《正义与差异政治》,李诚予、刘靖子译,中国政法大学出版社2017年版,第63页。

[2] Lina Abu-Habib, ed., *Gender and Disability: Women's Experiences in the Middle East*, Skipton, UK: Oxfam GB, 1997, p.1.

[3] Leila Atshan, "Disability and Gender at Across-Roads: A Palestinian Perspective", in Lina Abu-Habib, ed., *Gender and Disability: Women's Experiences in the Middle East*, Skipton, UK: Oxfam GB, 1997, p.54.

[4] See Esther Boylan, *Women and Disability*, London: Zed Books, 1991, p.78.

[5] See Bond, *Stigma, Disability and Development*, London: Bond, 2017.

[6] See Berhanu Dendena Sona, "Psychosocial Challenges of Women with Disabilities in Some Selected Districts of Gedeo Zone, Southern Ethiopia", *International Journal of Criminal Justice Sciences*, Vol.10, 2015, pp.173-186.

[7] 参见[美]艾丽斯·M.杨:《正义与差异政治》,李诚予、刘靖子译,中国政法大学出版社2017年版,第67页。

[8] [美]艾丽斯·M.杨:《正义与差异政治》,李诚予、刘靖子译,中国政法大学出版社2017年版,第169页。

[9] [美]艾丽斯·M.杨:《正义与差异政治》,李诚予、刘靖子译,中国政法大学出版社2017年版,第171页。

他人的指令,但没有机会发出指令"[1]。力量褫夺会抑制个人的发展,导致个人丧失决定权,而且因为社会地位低下无法受到他人的尊重。凡此种种,都有违正义的要求。在现代社会中,身心障碍的限制加上性别歧视,导致残障女性很难参与与其生活密切相关之问题的公共决策[2]。实践中,参与残障立法的通常是健常人。即便有残障人参与配额制度或惯例,直接参与的亦多是残障男性。在男性主导制定的性别平等立法中,健常女性都很少实质性地参与其中,遑论残障女性。作为典型的力量被褫夺者,残障女性或是无法运用常规的形式来表达自我的需求,或是表达极其笨拙——尤其是在公众和官僚机构面前。凡此种种,都使残障女性成为受制于权力,却未曾行使权力的人,进而整体性地丧失了话语权。

四是暴力。剥削、边缘化、力量褫夺带来的否定性波及效应使残障女性不仅无法行使自身权利、实现自身发展、拥有最基本的尊严,还可能因为无法或难以得到公权力救济,而演变为他人暴力行为的牺牲品。针对残障女性的暴力,既包括身体暴力,又涵盖精神暴力,既关乎私领域中的暴力,又涉及公领域中的暴力,既指向源于父母、丈夫或其他关系亲密者的暴力,又包括源于陌生人的暴力。"对某些群体的成员来说,人身或财产随时都可能遭到随机、无故的攻击——没有别的动机,仅是为伤害、羞辱,甚至毁灭这个人——这种恐惧构成他们日常知识的一部分。"[3]针对残障女性之形式各样的暴力已成为全球性问题[4]。这种暴力具有系统性,残障女性多基于性别和残障交叉形成的结构性歧视而面临暴力威胁。很多国家的残障女性生活在各种暴力威胁之下,无法过上独立、自由、有尊严的生活。这或是出于对残障女性的恐惧,或是权力欲望的驱使,但无论从

---

[1] [美]艾丽斯·M.杨:《正义与差异政治》,李诚予、刘靖子译,中国政法大学出版社2017年版,第67页。

[2] See Sylvana Lakkis, "Mobilising Women with Physical Disabilities: The Lebanese Sitting Handicapped Association", in Lina Abu-Habib, ed., *Gender and Disability: Women's Experiences in the Middle East*, Skipton, UK: Oxfam GB, 1997, p. 67.

[3] [美]艾丽斯·M.杨:《正义与差异政治》,李诚予、刘靖子译,中国政法大学出版社2017年版,第73页。

[4] See Kai Spratt, Literature Review of People with Disabilities and Gender Based Violence, Written for USAID/Vietnam, July 21, 2017; Susan Stuntzner, "Self-Compassion and Sexuality: A New Model for Women with Disabilities", Paper is based on a program presented at the 2014 American Counseling Association Conference, Honolulu, HI, March, 2014.

哪个面向对残障女性施以暴力，都有违正义的要求。

二、核心主张：爱与关怀

（一）纳入关怀伦理是消除残障女性遭遇之不正义的必需

若试图消除宰制和压迫，公正地对待残障女性，就必须挑战以罗尔斯为代表的自由主义传统正义论的基本理念——社会合作的目标和存在的理由是互利[1]。在此基础上，传统社会契约论将无法达到这一目标的残障人和女性排除出去了，或待到社会基本制度选定以后，才着手解决这些问题[2]。"从'由谁'和'为谁'在一定程度上得到区分的角度讲，当代正义论确实更进一步。"[3]但从更普遍的层面看，"社会基本原则由谁设计"和"社会基本原则为谁而设计"仍然是混同起来的[4]。如果把健常男性归于"是谁"的范畴，且保持前后一致，女性和残障人就不在"为谁"的群体中。可能的解决办法是，超越对以"互利"为基础的社会合作的强调，转向对以"爱"为核心的关怀伦理。女性主义残障正义观正是以关怀作为实现正义的基本手段，是一种更温情的美德伦理。它主张，基本善不能够仅用收入和财富来衡量，关怀才是关键。对处于双重弱势地位的残障女性，只有对她们投以特殊的爱和关怀，从而采取特别应对措施，她们遭遇的不正义才有望消除。

20世纪80年代初期，关怀伦理始得出现在道德规范研究领域。它基于人类伦理生活的实践维度，就传统正义论主导人类道德生活的正当性展开了激烈的批判[5]。卡罗尔·吉利根（Carol Gilligan）和内尔·诺丁斯

---

[1] 参见[美]玛莎·C.纳斯鲍姆：《寻求有尊严的生活——正义的能力理论》，田雷译，中国人民大学出版社2016年版，第104页。

[2] 参见[美]玛莎·C.纳斯鲍姆：《寻求有尊严的生活——正义的能力理论》，田雷译，中国人民大学出版社2016年版，第104页。

[3] 任俊：《契约论并不排斥残疾人的正义权利——驳努斯鲍姆对罗尔斯的一个批评》，载《上海师范大学学报（哲学社会科学版）》2017年第5期，第23页。

[4] 参见[美]玛莎·C.纳斯鲍姆：《正义的前沿》，朱慧玲等译，中国人民大学出版社2016年版，第11页。

[5] 参见李萍、刘念：《"关怀"与"正义"优先性的道德反思》，载《现代哲学》2019年第4期，第101页。

(Nel Noddings),奠定了早期关怀伦理学的理论基础。1982年,吉利根率先提出了一种不同于传统正义论和自由主义女性主义理论的,以责任、关系、情境为基本特征的道德推理方式。吉利根不否认传统正义论具有的重要价值,但认为其反映的只是男性的认知,故另起炉灶提出了一种专属于女性的道德推理模式。这种道德推理模式主张,在不伤害自身及他人的整体性考虑之下,关怀应当代替正义成为女性道德认知所遵守的普遍性法则。此后,诺丁斯从哲学和伦理学的层面发展了吉利根提出的关怀伦理。她主张构建一种以关怀为基础的社会政策,认为对关怀的强调之于社会的发展和福祉具有重要的促进作用,并具体探讨了关怀伦理在生态保护、医疗、教育等领域中的运用[1]。概言之,吉利根和诺丁斯的研究,"提出了被传统道德和政治哲学忽视的关怀问题,对传统之普遍主义道德和个人主义的正义论构成很大的挑战"[2]。

在吉利根和诺丁斯理论的基础上,随着社会的发展和理论研究的推进,关怀伦理本身亦存在一个不断发展的过程。从领域上看,关怀伦理最初仅适用于对家庭私领域问题的探讨,后逐渐延伸至公领域,适用于对政治、经济、社会等领域中存在之诸多事项的分析[3]。就对象而言,关怀伦理是基于对女性作为妻子和母亲之特殊经验的总结和提升得出来的。最初指向的是对父母、丈夫、子女、公婆等家庭成员的关怀,后逐渐涉及所有弱势群体,表现为对弱势者的爱与关怀[4]。在主题方面,关怀伦理最初被认为是女性特有的道德属性,慢慢地被认定为所有人都需要拥有的美好品质,进而强调生活于现代社会中的每个人都应当葆有源于内心深处的关爱之情和怜悯之心。可见,关怀伦理如今已成为"使我们可以更好地生活在这个世界上的,维持、延续、修复我们世界的一切事情"[5]。需要注意的是,关怀伦理不同于日常话语意义上的关怀,它秉持的是平等、尊重、正义的态

---

[1] 参见[美]内尔·诺丁斯:《始于家庭:关怀与社会政策》,侯晶晶译,教育科学出版社2006年版,第2页。

[2] 刘慧:《女性主义关怀政治伦理的理论逻辑和政策构想》,载《浙江学刊》2020年第5期,第104页。

[3] 参见[美]内尔·诺丁斯:《始于家庭:关怀与社会政策》,侯晶晶译,教育科学出版社2006年版,第1页。

[4] 参见宋建丽:《正义与关怀:女性主义的视角》,厦门大学出版社2018年版,第162页。

[5] Joan C. Tronto, *Moral Boundaries: A Political Argument for an Ethic of Care*, London, New York: Routledge, 1993, p. 103.

度,充满爱意地关心残障女性的权利和尊严,并关注她们的切身利益。

关怀伦理试图打破任何性别、残障、等级的限制,以对异己者的包容提升社会的宽容度。关怀伦理的根源是基于平等关系形成的"爱",而不是自上而下产生的"同情"[1]。在同情的语境下,人们倾向于将残障女性的经历形容为充满苦难的、值得可怜的,进而为她们提供恩赐或施舍。在这一过程中,人们不自觉地将残障女性的形象"他者化",残障女性因此成为被排斥在普通人之外的、有着不幸经历的社会群体[2]。相反,"爱是打开通往终极现实意义之门的钥匙,也是通往至善的路径"[3]。作为情感体验和表达的爱,"虽然没有直接告诉人们解决问题的方法,但它促使人们去关注某些长期以来被忽视的问题"[4]。由此形成的"理性情感力量",可以帮助人们判断哪种进路能够更好地感知残障女性面临的双重歧视和压迫,以及特殊需求[5]。在此基础上,运用"爱"形成的温暖浸润到正义的理性"普照之光"照不到的残障女性身上。爱的伦理强调服务他人,调整社会契约论者对"效用"或"互利"的强调。现实中,对爱的强调演变为对关怀的看重,才能真正地展开并实现个体对美好生活的追求。

(二) 关怀伦理与正义论的"结盟"

正如女性主义政治哲学家苏珊·穆勒·奥金(Susan Moller Okin)所言,"正义伦理和关怀伦理的区别被夸大了……把两种伦理作以严格对比的二分法是误导"[6]。女性主义残障正义观对关怀伦理的强调,不意味着要取代或疏远传统正义论,而是认为最理想的正义论需要具备关怀的理念。这实际上追求的是正义和关怀在正义论框架下的"结盟"。在大多数研究

---

[1] 参见陈文娟:《依赖性、社会契约论与能力进路——以残障的正义问题为讨论域》,载《道德与文明》2017年第3期,第16页。

[2] 参见熊伊伊、郑璇:《视障女性推拿技师的城乡流动与职业选择:性别与残障的交叉性研究》,载《残疾人研究》2019年第3期,第74页。

[3] [美] 贝尔·胡克斯:《反抗的文化:拒绝表征》,朱刚等译,南京大学出版社2011年版,译者前言第7页。

[4] 王国豫、荆珊:《从诗性正义到能力正义——努斯鲍姆正义理论探究》,载《伦理学研究》2016年第1期,第55页。

[5] Cristina López Mayher, The Empowerment of Women and Girls with Disabilities, Brussels Bridging the Gap, April, 2021, p.9.

[6] [美] 苏珊·穆勒·奥金:《正义、社会性别与家庭》,王新宇译,中国政法大学出版社2017年版,第20页。

者看来，传统正义论和关怀伦理都存在紧密相关性[1]。他们探讨的通常是"关怀"和"正义"谁相对优先的问题[2]，都"拒斥关怀伦理和正义论的二元对立，谋求在关怀实践中实现二者的平衡与融合，认为只有这样，才能够真正地确立通向政治领域的关怀伦理"[3]。在残障女性权利议题上，正义论和关怀伦理的关系亦是如此。一般来说，"政治哲学和女性主义关怀伦理学都有各自的适用领域，彼此之间似乎没有太多的交集"[4]。然而，一旦触及残障女性议题，传统正义论和关怀伦理就很难再保持彼此分离和绝对独立的状态。

在女性主义残障正义观这里，正义与关怀呈现出彼此互补、密不可分的辩证关系。现实中，女性主义残障正义观如果仅是单纯地强调正义论，残障女性就不得不有意识地弱化自身的特殊经验和需求，以适应健常男性主导塑造的传统正义模式，从而造成实质不正义的状态。反之，如果只是强调基于特殊身心经验提出的关怀伦理，则可能固化关于残障女性的刻板印象，从而产生适得其反的效果。为此，一种更可行的做法是"取缔正义抑或是关怀的二元对立模式，代之以寻求二者的融合"[5]。在女性主义残障正义观的理论框架中，正义论和关怀伦理理应是并行不悖的。二者可以分别从"得其应得"和"得其需得"的向度，共同为女性主义残障正义观的落实提供底线正义层面的刚性支撑和充满柔性情谊的情感关怀。

一方面，任何政治实践都希望寻求一致的同意和稳定的抽象道德法则。这要求女性主义残障正义观将正义作为不可更改的底线伦理，不能否认"正义是最基本或必不可少的美德"[6]。为满足作为底线伦理之正义论的要求，必须首先将残障女性定位为与残障男性、健常女性，乃至所有人

---

[1] See Owen Flanagan, Kathryn Jackson, "Justice, Care, and Gender: The Kohlberg-Gilligan Debate Revisited", *Ethics*, Vol. 97, 1987, pp. 622-637.
[2] 参见李萍、刘念：《"关怀"与"正义"优先性的道德反思》，载《现代哲学》2019年第4期，第101—107页。
[3] 刘慧：《女性主义关怀政治伦理的理论逻辑和政策构想》，载《浙江学刊》2020年第5期，第167页。
[4] 宋建丽：《正义与关怀：女性主义的视角》，厦门大学出版社2018年版，自序第3页。
[5] 王新宇：《性别平等与社会公正——一种能力方法的诠释与解读》，中国政法大学出版社2014年版，前言第13页。
[6] [美]苏珊·穆勒·奥金：《正义、社会性别与家庭》，王新宇译，中国政法大学出版社2017年版，第36页。

一样独立的公民，免于绝对贫困、受国家的平等保护和免受国家不当干涉。传统正义论有关个体权利、自治、平等地受到尊重的主张，是残障女性平等享有各项权利的基础。一般性的正义主张可以为残障女性提供一种普遍化的成员资格，增强对她们的认同，确保对她们的平等对待，避免宰制和压迫等问题的存在威胁社会团结和稳定。关怀伦理如果没有正义论的支撑，很可能导致性别歧视和残障歧视永久化，甚至会消解关怀伦理赖以存在的政治基础。为避免陷入本质主义的恶性循环，关怀伦理亦需以"底线之维的正义"[1]作为基础。只有这样，关怀伦理才可以充分发挥更体贴人心、更精致、更严谨的民主精神[2]。

另一方面，单纯强调忽视经验性质素的底线正义，不足以精确地解决残障女性受到的歧视和压迫问题，必须将具有"最高或最尊贵属性"[3]的关怀伦理纳入正义论的探讨。"物之不齐，物之情也"[4]，人亦如是。个体差异的存在导致"现实中充满着不同利益群体之间的矛盾和冲突，纯粹客观中立的平等立场是很难确立的，关怀伦理是普遍正义伦理的有益补充"[5]。正义不仅指向理性主体及其构建政治共同体的权力，还应积极开发人性的力量——关怀。"关怀同正义'不是互相矛盾的'，它是对正义原则的延续，而不是否定。"[6]将关怀纳入正义的范畴，可以促使人们认识到残障女性面临的双重不利处境。事实上，无论如何，残障女性都无法像健常女性那样自主地控制月经、性、生育，实现在结婚、子女监护、抚育、探视等方面的权利，遑论在与男性同等的情况下享有其他权利。将这些困境与权利的享有联系起来，有助于改善残障女性面临的双重不利处境，切实保障她们的权利。从此意义上讲，"关怀是比正义更根本的道德价值"[7]。

---

[1] 杨国荣：《重思正义——正义的内涵及其扩展》，载《中国社会科学》2021年第5期，第64页。

[2] 参见宋建丽：《正义与关怀：女性主义的视角》，厦门大学出版社2018年版，第212页。

[3] [美]苏珊·穆勒·奥金：《正义、社会性别与家庭》，王新宇译，中国政法大学出版社2017年版，第36页。

[4] 《孟子·滕文公上》。

[5] 宋建丽：《正义与关怀：女性主义的视角》，厦门大学出版社2018年版，导言第16页。

[6] 罗伯中、杨洁：《当代家庭正义理论的两种模式及反思——从奥金的性别正义到纳斯鲍姆的能力进路》，载《内蒙古大学学报（哲学社会科学版）》2020年第3期，第106页。

[7] 李萍、刘念：《"关怀"与"正义"优先性的道德反思》，载《现代哲学》2019年第4期，第101页。

为了补强残障女性的先天或后天能力弱势，使之达到与健常人平等的状态，关怀伦理的纳入是必要的。"关怀伦理要求人们考虑具体情境中的偶然情况。在这种伦理中，权力差别和个人的历史未被忽略。"[1]相应地，为达到实质平等的目的，需要在社会资源的分配方面向残障女性适度倾斜。弗吉尼亚·赫德（Virginia Held）在有关关怀伦理的最基本道德论断中明确指出，"关怀伦理特别关注的是人们需要承担责任的个体，对他们需求的满足具有特别重要的个人道德意义"[2]。这种对个体需求的强调，可以增强长期被排斥、遭受广泛歧视和被边缘化之残障女性群体的可见度。关怀伦理强调对残障女性最基本权利保障需求的满足，甚至说，"关怀本身就是一种首要的社会权利"[3]。通常，"必须置身群众中和人们具有同样的感受后，才能判断别人的处境"[4]。通过关怀伦理特有的"移情"和"关怀行动"，即"我了解你的处境，因而我支持你"的设身处地的同理心，并据此展开行动，残障女性的权利困境才可以得到更大程度的破除。

（三）基于差异的关怀

"正义论以抽象和普遍的权利为出发点，关怀伦理强调的则是特殊情境中的关系。"[5]对特殊情境中的道德原则应当有特殊的理据，不能简单地借由普遍的原则直接加以演绎。"关怀伦理拒绝无差异。"[6]它要求在承认差异存在之现实性的基础上，为因此受到不恰当、不利影响的个人或群体投去爱与关心。"只有这样，弱势人群、边缘人群，才能够真正地表达自己需要被关怀的特殊需求。"[7]依此认知逻辑不难发现，残障女性基于身心障碍和女性身份的交互影响形成的差异，不仅不应当成为她们被歧视和压迫的根源，反而需要重视这些差异。忽视现实差异而主张形式平等的

---

[1] [美] 约瑟芬·多诺万：《女权主义的知识分子传统》，赵育春译，江苏人民出版社2002年版，第271页。
[2] Virginia Held, *The Ethics of Care: Personal, Political, and Global*, New York: Oxford University Press, 2006, p. 176.
[3] 罗伯中、杨洁：《当代家庭正义理论的两种模式及反思——从奥金的性别正义到纳斯鲍姆的能力进路》，载《内蒙古大学学报（哲学社会科学版）》2020年第3期，第110页。
[4] [英] 玛丽·沃斯通克拉夫特：《女权辩护》，王蓁译，商务印书馆1996年版，第143页。
[5] 宋建丽：《正义与关怀：女性主义的视角》，厦门大学出版社2018年版，第148页。
[6] 袁玲红：《生态女性主义伦理形态研究》，上海人民出版社2011年版，第226页。
[7] 宋建丽：《正义与关怀：女性主义的视角》，厦门大学出版社2018年版，第208页。

抽象正义主张，无助于实质平等之于残障女性的实现。反之，需要以差异性观照作为出发点，在承认差异的基础上寻求面向残障女性的具体正义。关怀伦理承认残障女性基于差异产生之依赖的现实性，并特别关注她们在私领域中遇到的权利困境，由此形成聚焦残障女性并具有更美好价值追求的差异政治。差异政治有别于主流女性主义或是男性构建起来的特权化的身份政治，它注重从具体情境出发，为国家、社会和公民等相关主体设定相应的法律和道义要求。

概言之，只有承认残障女性基于残障人和女性身份的特质差异，采取共情和关怀行动，才能更好地回应残障女性的权利困境。从更长远和更高的维度讲，女性主义残障正义观试图成就的不是一个披着抽象正义外衣的社会，而是一个多元共存、充满道德情谊、具有人情温度的关怀社会。从此意义上讲，传统正义论备受批判的主要局限在于，它"限制培养那些合作性美德的可能性，这些美德能够缓解冲突。但这些美德恰恰是建立在个人主义假设基础上的社会最难以生长繁荣的美德"[1]。女性主义残障正义观的提出是克服上述局限的重要尝试，它关注的是利他主义和仁慈等非"互利"但具有"合作性"的美德，体现的是由明智的旁观者通过畅想和关怀而形成的公共判断标准——"诗性正义"[2]。这种正义观强调，"正义和诗性看似两个极端，也即最理性和最感性、最抽象和最形象、最逻辑和最直觉，但二者可以融为一体"[3]。既追求理想也立足现实，促成二者彼此融合的纽带便是女性主义残障正义观所主张的爱与关心。

三、最终目的：能力提升

（一）实质性自由是残障女性能力的核心

女性主义残障正义观对能力的强调，将它引进了选择或自由的王国。

---

[1] [美]迈克尔·J. 桑德尔：《自由主义与正义的局限》，万俊人等译，译林出版社2011年版，第24页。
[2] 王国豫、荆珊：《从诗性正义到能力正义——努斯鲍姆正义理论探究》，载《伦理学研究》2016年第1期，第56页。
[3] 徐昕：《诗性正义》，法律出版社2011年版，序言第1页。

"能力是介于客观资源和主观感受之间的概念。"[1]"它关注的是实质性自由,在乎的是个人是否有能力去做某事,重视的是个人选择。"[2]能力首先是为每个人寻求的,这里的"个人"不会受残障和性别等附加性因素的影响。这种理论方法认为,在进行社会比较并评估它们基本的正义时,需要提出的问题是:一个人的能力如何,又如何通过这些能力来实现自身的发展?换言之,"能力是一种自由——实现可替换的功能组合的实质性自由"[3]。它的核心在于,"批判传统正义论分配范式导致某些人丧失主体地位,认为实现功能组合的机会自由才是人之目的性的体现"[4]。在此基础上,促使个人有更多机会去选择自己珍视的事物,进而过上有尊严的生活。

相较于聚焦抽象理论构建起来的传统正义论,能力理论反映的是对实际遭遇的特别关注[5]。具体到残障女性身上,这对揭示她们面临的权利困境具有重要意义。不管是基于历史的维度,还是基于现状的审视,残障女性的权利都面临困境。这在私领域中表现得尤为突出,即残障女性常常被剥夺选择权。无论是月经管理及必要的资源、性和生育,还是婚姻缔结、子女抚养、监护和探视等权利的行使,残障女性都很难自主地作出选择。通常,残障女性的月经管理是由父母或其他监护或护理人员主导进行的,她们的性和生育也无法由自己掌控,婚姻更是由父母、兄长在经济考量的基础上缔结的。完成传宗接代的任务以后,残障女性的亲权还会被剥夺或受到限制。凡此种种,实际上都否定了残障女性作为理性和可自主选择之主体的能力。此外,将残障女性定位为慈善和福利干预对象的预设,忽视了残障女性作为独立主体之生存和发展的内在需求,亦未对她们的固有属性投以足够的关注。

---

[1] 于莲:《以可行能力视角看待障碍:对现有残障模式的反思与探索》,载《社会》2018年第4期,第168页。

[2] 王新宇:《性别平等与社会公正——一种能力方法的诠释与解读》,中国政法大学出版社2014年版,第178页。

[3] [美]玛莎·C.纳斯鲍姆:《寻求有尊严的生活——正义的能力理论》,田雷译,中国人民大学出版社2016年版,第15页。

[4] 王行知:《能力与基本善:纳斯鲍姆回应阿马蒂亚·森与罗尔斯的争论》,载《学术研究》2021年第5期,第22页。

[5] 参见于莲:《以可行能力视角看待障碍:对现有残障模式的反思与探索》,载《社会》2018年第4期,第174页。

造成残障女性权利困境的关键是其在理解、认知周遭世界和为自己的生活做决定等事项上很难获得有效的支持，残障女性的自我决定权被质疑，她们的真实意愿很少被聆听，更不用说得到应有的承认。能力理论对于实质性自由的强调，为解决这些权利困境，并消除残障女性因此遭遇的不正义提供了建构性的指引。它关注的不是影响残障女性能力之向内的、具体的因素，而是她们能力的实现状况，尤其是在现实生活中受到的持续性、整体性的不利影响，它力图达到"让每位残障女性都有机会成为自己主人"的最终目标。

鉴于此，首先，应当在整体上承认所有残障女性都具有实质性自由，确认她们享有自由的能力，她们的实质性自由不会因为身心障碍或女性身份而受到损害。强调残障女性由于实质性自由而具有主体性，并把她们当成目的本身来对待。要想达到这一目标，"所问的不是总体或平均福利，而是选择的权利和机会"[1]。其次，需要为残障女性实质性自由的行使提供现实层面的补强性措施。"实质性自由不只是栖息在个人体内的能力，还是个人能力和政治、社会、经济环境融合后，人为创造的自由或机会。"[2]对作为边缘弱势群体的残障女性而言，她们需要获得额外的供给和帮助才有望达到能力的底线，从而真正享有实质性自由。最后，残障女性对实质自由的享有确实可能因为精神障碍的存在而受到影响，需要明确她们作为独立之人的主体资格。只有当智力障碍发生，致使其无法作出正确的选择时，才可以提出相应的补强办法，也即在确保残障女性利益的基础上由代理人代为行使。为实现残障女性利益的最大化，代理人的代理行为需要或至少需要满足纳斯鲍姆提出之核心能力的要求[3]。

（二）能力进路对残障女性本能的强调及其人权/权利属性

能力理论还可以帮助国家、社会和其他公民更好地识别弱势者的特殊需

---

[1] [美] 玛莎·C.纳斯鲍姆：《寻求有尊严的生活——正义的能力理论》，田雷译，中国人民大学出版社2016年版，第14页。

[2] [美] 玛莎·C.纳斯鲍姆：《寻求有尊严的生活——正义的能力理论》，田雷译，中国人民大学出版社2016年版，第15页。

[3] 纳斯鲍姆核心能力包括：（1）生命；（2）身体健康；（3）身体健全；（4）感觉、想象和思考；（5）情感；（6）实践理性；（7）归属；（8）其他物种；（9）娱乐；（10）对外在环境的控制。参见[美] 玛莎·C.纳斯鲍姆：《寻求有尊严的生活——正义的能力理论》，田雷译，中国人民大学出版社2016年版，第24—25页。

求,这决定了女性主义残障正义观是一种体现残障女性特殊需求的具体正义观。森在批判福利主义、提出能力理论过程中使用的"跛足者论证"[1]使我们认识到,这里的"需求"不是任意的,甚或是无理的,而是那些超乎传统权利框架或没有得到传统权利框架关注的、具有人权性质或道德权利属性的需求,特别是个人基于固有之动物性产生的特殊需求。这种需求看似不上台面,而且对绝大多数人来讲并不成其为"问题"的需求,之于消除残障女性的权利困境却具有基础性的作用。遗憾的是,传统正义论在对"人是'道德和政治存在物'的强调中,忽视了人本来就是'拥有动物身体的人'"[2]。由此导致,它并没有充分地考虑残障女性基于生理现实和生物本能等自身甚或是动物属性所产生的特殊需求。事实上,"人的尊严不是仅从理性层面来讲的,动物性本身也具有尊严的维度"[3]。

鉴于此,在批判传统正义论的基础上,纳斯鲍姆认识到了人之动物性中蕴含的重要意义,强调能力同人的动物性和全部生命体的关联,进而指出古典政治哲学"过分地将人类孤立出来,没有能够把对人的研究与对一般生物有机体的全面探究结合起来"[4]。由此导致无法在更深层次将人类与其他形式的生命体联系起来。当然,对人之动物性的强调不是将人降格为动物,而是强调人的本能属性和生理现实,这在残障女性身上表现得非常明显。实际上,残障女性面临的行走、倾听、言语、月经、吃喝、起居、怀孕、分娩等天然劣势都具有动物属性,她们主张的亦是使自身在天性方面的劣势能够得到一定的补强。如果一种正义论只强调理性及由此形成的公共参与,必然会忽视残障女性基于动物属性所形成的特殊经验和的需求。相应地,坚持能力进路的女性主义残障正义观不是将残障女性的生活进行割裂式的片段考虑,更不会只以人的理性状态为核心,无视生命的全貌,而是需要重视并着力消除她们基于动物性本能和生理现实面临的困境。

---

[1] 李剑:《残疾与正义:一种基于能力的正义理论》,载《国外理论动态》2018年第6期,第79—80页。

[2] 王行知:《能力与基本善:纳斯鲍姆回应阿马蒂亚·森与罗尔斯的争论》,载《学术研究》2021年第5期,第20页。

[3] 陶涛:《残障人问题对罗尔斯正义理论的挑战——兼论纳斯鲍姆之"能力法"》,载《伦理学研究》2010年第4期,第134页。

[4] [美]玛莎·C.纳斯鲍姆:《善的脆弱性:古希腊悲剧和哲学中的运气与伦理》,徐向东、陆萌译,译林出版社2018年版,第404页。

除此之外,"能力理论的提出与国家人权运动存在着紧密的关联。确切地说,能力理论可以被视作人权理论的一种"[1]。将女性主义残障正义观的最终目的设定为能力提升,同样是将其设定为人权保障。能力提升和人权保障之间存在的一致性,可以直观地表述为:残障女性是人,就应享有一些核心的权益,以国家为主导的相关主体便有义务去尊重和支持她们实际享有这些权益。这两种理论在内容上也紧密相关,"能力理论包含的核心能力清单与《世界人权宣言》和其他人权文件认可的人权存在相当程度的契合"[2]。而且,考虑到传统人权理论在一定程度上被批判为没有充分关注性别和残障议题,忽视了残障女性的特殊困境和权利需求[3],能力理论便与卓越的人权理论一样,试图修正这些缺陷。以能力为进路、人权保障为目的的女性主义残障正义观一方面坚持残障女性是人,其就应享有作为人所应有的一切权利和自由,另一方面,应认识到残障女性同健常人之间差异的现实性及其权利难获保障的事实。强调能力的提升可以弥补残障女性在权利享有方面的不足,并在现实层面保障她们的人权[4]。概言之,"以能力来解释权利不是概念分析的进路,而是一种关于权利的正义论"[5]。

---

[1] [美]玛莎·C. 纳斯鲍姆:《寻求有尊严的生活——正义的能力理论》,田雷译,中国人民大学出版社2016年版,第44页。在纳斯鲍姆的著述中,能力和人权有时在同等意义上被使用。参见朱振:《可行能力与权利——关于法治评估之权利指数的前提性思考》,载《河南大学学报(社会科学版)》2019年第2期,第62页。

[2] [美]玛莎·C. 纳斯鲍姆:《寻求有尊严的生活——正义的能力理论》,田雷译,中国人民大学出版社2016年版,第44页。

[3] See Jahda Abu-Khalil, "Taking the World Stage: Disabled Women at Beijing", in Lina Abu-Habib, ed., *Gender and Disability: Women's Experiences in the Middle East*, Skipton, UK: Oxfam GB, 1997, p. 80.

[4] Cristina López Mayher, The Empowerment of Women and Girls with Disabilities, Brussels: Bridging the Gap, April, 2021, p. 4.

[5] 朱振:《可行能力与权利——关于法治评估之权利指数的前提性思考》,载《河南大学学报(社会科学版)》2019年第2期,第67页。

第五章　女性主义残障正义观指导下的三维义务构想

女性主义残障正义观不只是出于抽象层面的思考，而且具有明确的目的指向，即希冀为帮助残障女性走出权利困境提供可能的理论指引。它试图回答的问题是，在消除残障女性的权利困境时，应当依据什么样的理论？国家、社会和公民等不同位阶的主体之间如何进行责任分担，才可以满足实现残障女性正义的要求？在此基础上，相关主体又需要采取哪些具体的举措和行动，最大限度地促进残障女性权利实现？

从义务主体的视角看，国家、社会和公民义务构想的提出，为帮助残障女性走出权利困境提供了积极的理论视角和实践进路。这三类义务主体在重要程度上存在差异，需要明晰其各自应当履行的义务。考虑到残障女性生活在特定的政治空间中，国家理应重点履行对她们的权利保障义务[1]。相关国际人权法的要求[2]、恩格斯关于国家的主张[3]、德沃金有

---

[1] 参见廖原：《残疾人权益保障的国家、社会与公民责任范围研究》，载《江汉大学学报（社会科学版）》2013年第5期，第52页。

[2] 《残疾人权利公约》第6条第2款："缔约国应当采取一切适当措施，确保妇女充分发展，地位得到提高，能力得到增强，目的是保证妇女能行使和享有本公约所规定的人权和基本自由。"

[3] 恩格斯认为，"国家是承认：这个社会陷入了不可解决的自我矛盾，分裂为不可调和的对立面……需要有一种表面上凌驾于社会之上的力量，这种力量……就是国家"。参见［德］恩格斯：《家庭、私有制和国家的起源》，中共中央马克思恩格斯列宁斯大林著作编译局译，人民出版社1999年版，第176—177页。

关认真对待权利的呼吁[1],都指出残障女性权利保障的大部分义务应当分配给国家。同时,残障女性权利保障是系统工程,企业、非政府组织和公民个人都需要承担相应的责任。三者的关系表现为:国家义务是基础,社会义务是配合和支撑,公民义务是底层支架[2]。

就义务的内容而言,从更深层面讲,残障女性的权利困境涉及国家、社会和公民个人秉持的抽象理念以及由他们所默许的、隐藏于政治社会中的结构性安排等问题。鉴于此,各层级主体在残障女性权利保障方面的义务应包含抽象理念、隐藏结构、具体对策这三个不同的维度。既指向"自治神话"、福利保障、同一逻辑、形式平等对于残障女性不友好的理念,又涵盖公共领域和私人领域的二元划分、正常与异常、国家发展的价值评价模式等隐藏之否定性结构的调整,还包含实然层面的国家义务设置、社会义务安排和公民义务分配。只有综合这三部分,才可能全面地解决残障女性基于女性和残障人的双重身份遭遇的不正义问题,切实保障她们的权利。

第一节 残障女性权利保障的理念更新

指导性理念层面的必要更新是国家、社会和公民义务的题中之义。相较于实然的行动安排和举措设置,抽象理念的更新对切实保障残障女性的权利更具有深层次的意义。当然,更新指导性理念不是轻易实现之事,此种更新要做的更多是颠覆性的工作。即,就可能对各层级主体看待残障女性及其权利保障问题的态度造成不良影响的理念进行更新,运用对残障女性更友好的理念,来指引残障女性权利保障具体对策的设计。

---

[1] 德沃金指出,每个人都有作为平等的人受到对待的权利。参见[美]德沃金:《认真对待权利》,信春鹰、吴玉章译,上海三联书店2008年版,第272—273页。作为平等的人受到平等对待不仅指同等待遇,每个人的处境不同,所以一些人需要政府更多作为,对弱者给予更多关爱。这要求国家保障更弱势的残障女性的权利。参见郑玉敏:《作为平等的人受到对待的权利:德沃金的少数人权利法理》,法律出版社2010年版,第199页。

[2] 参见廖原:《残疾人权益保障的国家、社会与公民责任范围研究》,载《江汉大学学报(社会科学版)》2013年第5期,第56页。

一、从"自治神话"到依赖理论

在《神话与现实》一书中,米尔恰·伊利亚德(Mircea Eliade)声称神话具有多样性[1]。与原始社会不同,先进社会发展出政治神话,这些神话与其他类型的神话在基本原则上是相通的,不同的只是主题。"政治神话讲述的是政治社会如何建立的故事,表达的是那些从政治社会的建立和存在中获益之人的价值观。"[2]在这种价值观中,自治及与之相关的独立、自给自足等观念备受推崇[3]。自治代表着个人拥有充足的经济收入,这种经济收入需要通过参与有偿劳动或进行资本投资等直接的途径获得[4]。若通过与有经济收入的人缔结婚姻等方式间接取得经济收入,则不符合自治的基本要素。自治呈现为个人对他人不存在经济依赖的状态,包括对国家、社会和其他人的经济依赖。自治被视为由于经济上的自给自足而获得的奖励[5]。

这种自治神话立基于自主独立的个体,不但难以认识到人类固有的依赖性,无法解决蕴含其中的不平等和权力支配问题,还假定经济补助会催生受补助者的依赖性,这是个人自治减损的证据。对不符合自治伦理假设的残障女性而言,简单强调自治非但不利于她们的权利保障,还可能给她们的权利造成新的侵害。因为,"残障女性面临更多困境,仰赖于他人提供的特殊保护,都是不可否认的事实"[6]。作为女性,残障女性会因为月经、生育、更年期等生理现实而产生依赖;作为身心障碍者,残障女性的生活在不同程度上都需要他人的帮助。性别和残障双重因素的交叉作用,更将残障女性置于依赖者的境地。在以美国为代表的西方主流意识形态中,"依赖"是不具有吸引力且被高度歧视的术语。西方国家崇尚的是自治、独立

---

[1] See Mircea Eliade, *Myth and Reality*, Illinois: Waveland Press Inc., 1998, p. 48.
[2] Henry Tudor, *Political Myth*, New York: Red Globe Press, 1972, p. 14.
[3] 参见[美]玛萨·艾伯森·法曼:《自治的神话:依赖理论》,李霞译,中国政法大学出版社2014年版,第7页。
[4] 参见[美]玛萨·艾伯森·法曼:《自治的神话:依赖理论》,李霞译,中国政法大学出版社2014年版,第7页。
[5] 参见[美]玛萨·艾伯森·法曼:《自治的神话:依赖理论》,李霞译,中国政法大学出版社2014年版,第6页。
[6] 蔡聪编著:《从她们到我们——受残障影响女性工作手册》,上海有人公益基金会,2021年。

和自给自足,并将这些品质设定为国家、社会和公民个人的理想,歧视未达到这些标准的人。在此情形下,如果只强调自治神话,将不利于残障女性权利的保障。只有改变自治的人性假设,从依赖的主体出发,才能看到残障女性生存的真实样态。

为打破自治神话,回应残障女性等不符合神话假设对象之人的权利保障问题,承认依赖理论是必要的。尽管依赖构成不正义的诸多条件,但不必然是压迫性的。相反,"依赖是人类的核心状况之一,现代道德哲学必须严肃地对待依赖问题"[1]。"在人类生命历程中,经常会遇到各种困难,多数人都会受到身体疾病、精神缺陷等折磨。在此情形下,无论是为生存,还是为幸福,人们都依赖于他人。"[2] 就此而言,依赖至少应当被视为不可避免的。"我们无法想象没有依赖的社会,很多时候,有些人必定会依赖他人。"[3] 附加性别和身心障碍等因素,残障女性的依赖性程度更高。为区别于普遍性的依赖,可以将有特殊脆弱性的残障女性称为特殊依赖者。国家有义务通过确保所有残障女性都能够通过获得必要的支持,来减少她们的依赖性[4],社会和公民个人同样有义务采取配套行动来促成这一目标的实现。将残障女性的固有依赖性作为起点,形成的是依赖式正义观[5]。这种正义观承认残障女性存在依赖性的现实,力图通过国家、社会和公民个人采取适当举措,来避免她们存在之依赖性造成的损害。

二、从福利保障到可行能力

残障女性的边缘化带来的物质资源匮乏显然是不正义的,特别是在其

---

[1] 陈文娟:《依赖性、社会契约论与能力进路——以残障的正义问题为讨论域》,载《道德与文明》2017年第3期,第16页。

[2] 陈文娟:《依赖性、社会契约论与能力进路——以残障的正义问题为讨论域》,载《道德与文明》2017年第3期,第13页。

[3] [美]艾丽斯·M.杨:《正义与差异政治》,李诚予、刘靖子译,中国政法大学出版社2017年版,第65页。

[4] See Nina A. Kohnt, "Vulnerability Theory and the Role of Government", *Yale Journal of Law and Feminism*, Vol. 26, 2014, pp. 1-27.

[5] 参见陈文娟:《依赖性、社会契约论与能力进路——以残障的正义问题为讨论域》,载《道德与文明》2017年第3期,第12页。

他人都过着丰裕生活的社会中。当代社会已经采取一系列措施来解决这个问题。但关键是，在福利主义语境下，这些解决路径很可能将残障女性定位为慈善的对象。由此带来的福利供给不仅未提升残障女性的可行能力，反而在她们身上产生一种消极文化。福利不是问题的解决之道，反而让问题变得更难以解决，这导致残障女性演变为消极的受助者。以福利为基础的举措未能帮助残障女性摆脱客体地位，确保她们拥有充分的自决权[1]。现实中，很多依此行动的福利再分配并没有大幅减少残障女性的痛苦和贫困。但这些问题没有引起公众对福利主义的足够反思，福利供给仍然被视作保障残障女性正常生活的不二选择。福利主义支持运用一揽子计划，对残障女性的福利进行统一的规划。在这个过程中，残障女性的需求被简化了。

对残障女性而言，"只要功利——甚至是最广泛的功利——是决定性的根据，普遍福利就必须僭越正义，而不是确保正义的实现"[2]。福利供给确实在一定程度上缓解了物质层面的匮乏，但其中存在的道德风险和"单边主义"[3]（unilateralism）缺陷限制了残障女性获得以社会规定和认可的方式实现权利的可能性。"福利会阻碍个人能力的发展，并因为自身身份而受歧视，弱化他们参与公共生活的能力。"[4] 从作用范围来看，由于福利主义是在公私二元结构基础上建构起来的，因此它很难被运用于私领域问题的解决中。此外，作为功利主义的福利主义很看重效用，效用被认为是个人的真正利益所在。"但个人的成就不能仅根据福利来判断，它涵盖的内容是多方面的。"[5] 福利主义把个人福利仅看成效用，存在明显的缺陷。"以效用为基础的福利主义计算关注的仅是个人福利，忽视个人能动

---

[1] 参见［美］凯利·D. 阿斯金、多萝安·M. 科尼格编：《妇女与国际人权法案（第3卷）：走向赋权》，黄列等译，生活·读书·新知三联书店2012年版，第290页。

[2] ［美］迈克尔·J. 桑德尔：《自由主义与正义的局限》，万俊人等译，译林出版社2011年版，第16页。

[3] 亓同惠：《残障、昂贵偏好与承认的区分性机制：以德沃金的两种平等主义为分析资料》，载《中外法学》2012年第2期，第318页。

[4] ［美］艾丽斯·M. 杨：《正义与差异政治》，李诚予、刘靖子译，中国政法大学出版社2017年版，第81页。

[5] 高景柱：《超越平等的资源主义与福利主义分析路径——基于阿玛蒂亚·森的可行能力与平等的分析》，载《人文杂志》2013年第1期，第30页。

性，或未区分能动性与福利。"[1]故被称为"最好的家长式和最坏的惩罚"[2]的福利主义，难以成为消除残障女性权利困境的正道。

世界上缺少的不是福利和施舍，而是自由和选择。为解决福利主义的困境，对替代性理论——可行能力的承认是必要的。可行能力是森在批判福利主义和普遍主义的基础上提出，由纳斯鲍姆发展起来的分析路径。作为一种关于基本权利的政治学说，可行能力道明了能力不平等在社会不平等中的作用方式，强调超越对生活手段的关注，转向对权利的重视[3]。它的独到之处在于，"从人类固有的多样性出发，将评价平等的'焦点变量'从有限的收入、效用或基本善的领域，扩充到更宽广、更包容的可行能力领域"[4]。它"植根于具体生活中个体实质性享有权利遭遇的现实障碍，致力于过富裕的、配得上人类尊严的生活需要的最低限度的正义"[5]。这一独特的理论视角有助于我们关注更多社会结构中的无权力者和弱势人群。"由于患有身体或精神残疾的人不仅是世界上受剥夺程度最高的群体，也最容易被忽视"[6]，故身心障碍是可行能力关注的重要领域之一，它在一定程度上为解决残障女性的权利困境提供了方向性指引。

可行能力之于残障女性具有非常重要的价值。它将"恻隐"的情感发展为一种更自觉、更积极的"尊重"等蕴含权利属性的情感[7]。它认为，"个人只有自己有权支配他的生活、自由和身体"[8]，才能从事功能性行动，以在各方面自主作出选择，过上自己想要的生活。"有别于福利援助通常被看作是慈善捐助而不是权利，可行能力以根植于人的依赖性的普遍

---

[1] 高景柱：《超越平等的资源主义与福利主义分析路径——基于阿玛蒂亚·森的可行能力与平等的分析》，载《人文杂志》2013年第1期，第31页。

[2] The Committee on The Rights of Persons with Disabilities, General Discussion of Women and Girls with Disabilities, Madrid: Area de Documentacion y Publicaciones, 2014, p. 326.

[3] 参见[印]阿马蒂亚·森：《正义的理念》，王磊、李航译，中国人民大学出版社2012年版，第215—216页。

[4] 王新宇：《性别平等与社会公正——一种能力方法的诠释与解读》，中国政法大学出版社2014年版，第76页。

[5] 宋建丽：《正义与关怀：女性主义的视角》，厦门大学出版社2018年版，自序第2页。

[6] [印]阿马蒂亚·森：《正义的理念》，王磊、李航译，中国人民大学出版社2012年版，第241页。

[7] 参见罗伯中、杨洁：《当代家庭正义理论的两种模式及反思——从奥金的性别正义到纳斯鲍姆的能力进路》，载《内蒙古大学学报（哲学社会科学版）》2020年第3期，第111页。

[8] 聂圣平：《诺齐克权利正义观的学理分析与逻辑解读》，载《湖北大学学报（哲学社会科学版）》2013年第3期，第30页。

公民权利为基本预设。"[1]森以饥荒的解决为例指出,"饥荒的救济不能只是提供食品救援,真正的解决之道是提供就业机会,保障获得关键产品的其他权利根源"[2]。可行能力不只关注残障女性的现实需要,还包括她们的独立、自由和发展。这意味着在残障女性权利保障议题上,国家、社会和个人均需要注重可行能力的培养,以勾勒出一幅残障女性全面、实质和积极发展的图景。概言之,残障女性权利享有和落实的基础并非源于福利或慈善,而是她们在与他人平等的基础上拥有可行能力。

三、从同一逻辑到差异政治

"对正义原则的讨论,不论持何种立场,都意在建立某种确定的社会制度,拥有某种全体社会成员一致同意遵守的社会规范。"[3]就人与人之间的差异而言,政治哲学家多主张,"即使是最顽固的改革者也必须承认,生活是不公平的,任何社会制度都无望纠正这一点"[4]。由此带来的国家、社会和公民对同一性或规范化的强调是将残障女性置于受宰制和压迫地位的重要原因。通常,"正义论的建构首先需要对人性本质、社会本质和理性本质进行一般性假定,以推导出适用于所有人或大多数社会的基本正义原则"[5]。持不同主张的正义论都有很好的理由,以抽离于个体发出正义呼求的特定政治社会生活环境,在政治社会生活外找到以理性为基础的立足点。相应地,为保持正义论的这种同一性,理论建构者将不符合同一性要求的主体排除出去。残障女性正是因为不符合同一性要求而被排除出去的群体,这导致她们难以充分受益于在同一性逻辑指导下展开的政治、社会和个人活动。

事实上,同一性逻辑是国家、社会和公民秉持的基本理念。这种强调

---

[1] 刘慧:《女性主义关怀政治伦理的理论逻辑和政策构想》,载《浙江学刊》2020年第5期,第168页。
[2] [美]玛莎·C.纳斯鲍姆:《寻求有尊严的生活——正义的能力理论》,田雷译,中国人民大学出版社2016年版,第101页。
[3] 宋建丽:《正义与关怀:女性主义的视角》,厦门大学出版社2018年版,导言第1页。
[4] [美]迈克尔·J.桑德尔:《自由主义与正义的局限》,万俊人等译,译林出版社2011年版,第93页。
[5] [美]艾丽斯·M.杨:《正义与差异政治》,李诚予、刘靖子译,中国政法大学出版社2017年版,第81页。

先验主义的同一性逻辑主要关注理想社会制度的正义与否，否认现实中存在的人与人之间的差异[1]。相较于同一性的假设，这个世界是由具有差异性的人组成的。同一性逻辑将某类或某些群体纳入正义论的辐射范围，却将另一些群体排除在正义论的适用以外。由此带来的直接后果是，在着力实现某些人的正义的同时，却将另一些人遭遇的不正义当成正义。此外，同一性逻辑"逃离"了个别化的体验。通过同一性逻辑，国家、社会和公民凭借将作用和干预范围完全置于某个既定的概念范畴，来把握群体异质性的具体感觉。"它寻找像思考客体那样的方法来思考主体的一致性，通过思想来把握和理解主体之间差异的现实性。"[2]在此基础上，将超越既定主体范围的其他身体事实和感受精神化，把异质性的群体设定为"他者"。

然而，对正义的追求不是就"无处不在的观察"的总揽，亦非单纯运用理智来思考的问题，而应保持对不公正现象的敏锐度和洞察力，审慎地考虑不同主体的观点[3]。为达此目标，像囊括男性主体及其观点和主张那样，将残障女性囊括进正义论的作用范围，便需要以宽容的心态挑战传统正义论设定的同一性逻辑，并代之以承认差异政治[4]。残障女性的弱势地位必须通过承认差异政治来克服。差异政治强调承认和正视不同文化与群体之间的差异性，主张被压迫群体并非反常的存在。相反，差异性具有之独特意义应得到足够的认识和承认，差异本就是社会生活的自然状态[5]。"差异政治倡导群体自治，以便群体能够被赋权，并发出他们独特的声音，运用他们独特的视角，提升在社会和文化层面的差异身份认同，使他们可以相互尊重、相互肯认差异性的权利诉求，促成正义在多元背景下的真正

---

[1] 参见［印］阿马蒂亚·森：《正义的理念》，王磊、李航译，中国人民大学出版社2012年版，序言第5页。

[2] ［美］艾丽斯·M.杨：《正义与差异政治》，李诚予、刘靖子译，中国政法大学出版社2017年版，第118页。

[3] 参见［印］阿马蒂亚·森：《正义的理念》，王磊、李航译，中国人民大学出版社2012年版，序言第3页。

[4] 本书只在有限的情况下主张差异政治。因为如果按照差异性本身的发展逻辑，就会分化出多种差异性的身份，这种差异性身份与社会结构中的多种社会划分相结合，会演化为无穷的差异立场。依此推演，便很难真正地拥有某种基于女性身份的"统一"的"女性经验"，无止境的身份分裂会给作为整体的女性团结带来困难。参见宋建丽：《正义与关怀：女性主义的视角》，厦门大学出版社2018年版，第138页。

[5] 参见宋建丽：《正义与关怀：女性主义的视角》，厦门大学出版社2018年版，第127页。

实现。"[1]对差异的强调可促使各层级主体正视残障女性的不利情境,进而给予她们特殊的集体权利和对待,将之视为独立的社会群体,承认并保护其特殊群体的代表权[2]。

差异政治为解决残障女性普遍面临的不平等问题打开了重要的突破口,明确了国家、社会和公民个人正确对待残障女性的态度。相较于功利主义主张的"最大多数人的最大利益",差异原则关注的是"最不利者的最大利益"[3]。它要求各层级主体尊重残障女性的差异性,保障她们依照性别定义自身和保有女性气质的权利。为维护残障女性的尊严并确保她们生存和发展的权利,需要对其予以额外关照。残障女性拥有不同的文化、经验及对社会的看法和需求,这归结于她们基于双重身份而形成的差异。依循差异政治这一弱势群体争取权利的思想武器,残障女性可以主张历来被忽视的权利。残障女性根据差异政治来争取独立政治和社会成员资格的积极溢出效应是,残障和女性身份导致的差异,就不再带有否定性的价值意蕴,反而可能产生某些积极的效果,甚至成为某种特殊立场的根据,抑或是残障女性身份政治建立的基础[4]。另外,对于差异性的强调亦是促使身处边缘地位的残障女性群体迈向中心地位的重要条件。

四、从形式平等到实质平等

维护群体之间的平等在当下社会已经得到普遍认可。原则上,所有人都应当得到平等的尊重和对待,所依托的主要路径是在法律上保护个人免遭歧视,确保所有人在法律面前获得同等对待,这同样适用于残障女性。"形式平等的理念隐含在法律制度中"[5],这反映的是法律对平等的承诺。至少在法律层面,残障女性拥有和残障男性、健常女性乃至健常男性同等

---

[1] Iris Young, *Justice and the Politics of Difference*, New Jersey: Princeton University Press, 1990, p. 163.
[2] 参见宋建丽:《正义与关怀:女性主义的视角》,厦门大学出版社 2018 年版,第 183 页。
[3] 参见郑玉敏:《作为平等的人受到对待的权利:德沃金的少数人权利法理》,法律出版社 2010 年版,绪言第 39 页。
[4] 参见王蓁:《文化多元主义的身份政治困境》,载《山东师范大学学报(人文社会科学版)》2019 年第 6 期,第 57 页。
[5] 王立:《平等的范式》,科学出版社 2009 年版,第 159 页。

的地位。有关残障女性先天就是劣势的、遗传的或不完全的观念，已逐渐从立法理念中被剔除出去。形式平等的法律理想之于宣示法律应平等地对待残障女性固然重要，但也很可能导致她们固有的和特殊的依赖性被令人瞩目的、表征性的平等和独立所掩盖[1]。事实上，与其他社会群体之间差异的现实会妨碍各层级主体对残障女性面临之结构性压迫的认识，进而克减形式平等之法律规定的效力。

鉴于此，抽离于残障女性个性化特点之修辞性的形式平等的法律规定，受到了女性主义残障研究者的批评。"这种具有抽象性和形式性的平等不过是一种掩饰，以形式平等为核心的法律制度不过是这层掩饰的组成部分。"[2]虽然不否认这种普遍意义之平等的价值，但如果国家一味地固守形式平等原则，依此制定的法律将会无视残障女性的特殊性。这一切都服务于从现状中获得权力之阶层的利益，不仅无法为残障女性带来自由和解放，甚至还会形成"承认这些不利，是对她们从属性地位的默认，妨害她们对某些权利之享有"的消极性假设。形式平等的观念还可能支持"如果关注这些缺陷和不足，而不是消除残障女性遭受的不平等，平等永远也不能够实现"的主张。在探讨平等时，不能忘记与之相关的假设和主张体现的形式平等是以健常男性设定之规范为标准的。它们否认"一视同仁原则必须有例外"[3]的事实，忽视残障女性的特殊经验及由此形成的特殊需求。

现实中，"根本不存在什么样的法律能脱离具体情境和群体异质性，实现超越性的存在"[4]。在基于形式平等逻辑构建起来的规则秩序中，残障女性面临的特殊脆弱性导致她们难以真正享有和行使自身的权利。"现代社会中的显见事实是，法律规定的平等未能完全带来现实中的平等。"[5]

---

[1] [美]玛萨·艾伯森·法曼：《虚幻的平等：离婚法改革的修辞与现实》，王新宇等译，中国政法大学出版社2014年版，第60页。

[2] [美]玛萨·艾伯森·法曼：《虚幻的平等：离婚法改革的修辞与现实》，王新宇等译，中国政法大学出版社2014年版，第176页。

[3] [英]彼得·斯坦、约翰·香德：《西方社会的法律价值》，王献平译，中国人民公安大学出版社1990年版，第85页。

[4] [美]艾丽斯·M.杨：《正义与差异政治》，李诚予、刘靖子译，中国政法大学出版社2017年版，第200页。

[5] 王蕣：《文化多元主义的身份政治困境》，载《山东师范大学学报（人文社会科学版）》2019年第6期，第64页。

即便在更强调一视同仁的公民和政治权利领域，残障女性的权利保障也不完善。信息掌握不全备、无障碍环境和托儿服务设施等的缺失，都可能阻碍残障女性公民和政治权利的行使；其他权利亦如此。残障与女性身份的共同作用，让残障女性在卫生设施享有、性权利保障、婚姻自主权行使、生育权实现、亲权保有等方面都会遇到相应的困难。残障女性不仅需要拥有形式平等，还应基于阿伦特意义上的"区别性"存在而主张获得特殊的保护。否则，残障女性和残障男性、健常女性、健常男性之间便只能形成形式意义上的平等，这会妨碍残障女性对权利的实质享有。由此形成的总体情况是，形式平等使得残障女性在应然意义上拥有各项权利，但现实差异的作用导致这些权利难以实际落实，进而造成法律上的平等规定和实际不平等之间的落差。

纳入实质平等的观念，或许能够消除单纯强调形式平等造成的落差。"为确保残障女性的权利成为事实，特别是作为公共服务的受益者和使用者"[1]，就不能够忽视残障女性与其他社会群体之间的差异，而应当承认这些差异的现实性。进一步讲，承认这些现实差异及由此形成的身份差异带来的不平等，各层级主体需要就残障女性的权利保障采取非常态化的应对措施[2]。试想，盲、聋、哑、失去双腿、欠缺认知能力等弱势女性群体的权利，如何获得与健常女性同等的保障？相应地，只有采取特殊和额外的补救措施，才有望消除残障女性面临的权利困境[3]。对相同的人同样对待，不同的人不同对待，以倾斜保护原则对待弱势群体，对残障女性的权利保障作出特殊规定，体现的便是实质平等的要求。由此采取的特殊行动纵然超出形式平等的设定，但回应了残障女性处于弱势地位的境况，依此达至的平等才是真正的平等。

---

[1] Lola Linares Marquez De Pardo, "Action Plan for Women and Girls with Disabilities in Spain", in Luis Cayo, Pérez Bueno, ed., Recognizing the Rights of Girls and Women with Disabilities: An Added Value for Tomorrow's Society, Madrid: European Conference, 2007, p. 59.

[2] 参见陶涛：《残障人问题对罗尔斯正义理论的挑战——兼论纳斯鲍姆之"能力法"》，载《伦理学研究》2010年第4期，第136页。

[3] See Lola Linares Marquez De Pardo, "Action Plan for Women and Girls with Disabilities in Spain", in Luis Cayo, Pérez Bueno, ed., Recognizing the Rights of Girls and Women with Disabilities: An Added Value for Tomorrow's Society, Madrid: European Conference, 2007, p. 59.

第二节　残障女性权利保障的结构调整

考虑到残障女性的权利困境通常是建立在结构性不公正基础上的，故在更新理念的同时，需要进一步展开对基于否定性观念形成之隐藏结构的调整[1]。这里说的隐藏结构是指观念层面或文化层面的结构。这些结构中隐含着从属、支配、等级制度的思维，固化性别、身体和审美等具有本质意义的东西，造成争论的两极分化，否定人类生活事实的复杂性和多样性[2]。就残障女性而言，这种结构的形成源自残障或性别歧视的否定性文化传统，影响各层级主体对待残障女性的态度，进而体现到国家、社会及其他公民的行为中。只有打破隐藏其后之极具歧视性和压迫性的结构安排，消除蕴含在这些否定性结构中的不对等权力关系，才能为残障女性走出权利困境扫清障碍。

一、弱化公、私领域的划分

公共和私人领域的二元划分，是造成女性受到歧视和压迫的重要原因[3]。"弱化公领域和私领域的二分法……是女性运动最终要做的事情。"[4] 女性主义者意识到，"把私领域从公领域中区分出来，在很大程度上是意识建构的结果，和人类的生活实践没有太大的关联"[5]。在意识层面实现这一重要转变后，作为女性运动分化的结果，弱化公私领域二元划分就成为

---

[1] See Valerie Ann Johnson, Bringing Together Feminist Disability Studies and Environmental Justice, Barbara Faye Waxman Fiduccia Papers on Women and Girls with Disabilities Center for Women Policy Studies, February, 2011.
[2] 参见宋建丽：《正义与关怀：女性主义的视角》，厦门大学出版社2018年版，第155页。
[3] See Frances E. Olsen, "The Family and The Market", *Harvard Law Review*, Vol. 96, 1983, pp. 1497-1578.
[4] Garole Pateman, "Feminist Critiques of the Public/Private Dichotomy", in Stanley Benn, Gerald Gaus, ed., *Private and Public in Social Life*, London: Croom Helm, 1983, p. 101.
[5] [美]苏珊·穆勒·奥金：《正义、社会性别与家庭》，王新宇译，中国政法大学出版社2017年版，第30页。

残障女性权利运动的重要任务之一[1]。对残障女性而言，在公私二元划分的作用下，无论是家庭内部事项，还是与性隐私相关的事项，多存在于私领域中。国家、社会和公民个人对待私领域中出现之问题或冲突的常见态度是默认，这种默认实际上妨碍了残障女性权利的实现，以及其权利受损时寻求司法救济[2]。相应地，打破公私二元对立模式，可以将私领域中的权利受损问题置于公权力的干预范围中，强化对残障女性权利的保障和救济。

事实上，将正义的标准用于衡量私领域中存在的种种事项不仅是必需的，而且具有现实可能性，这可以借助"个人的即是政治"[3]的理论主张来实现。"'个人的即是政治的'，是女性主义批评公共和私人二分法的核心信息。"[4]它强调的是，公共领域和私人领域不像二元论在哲学层面上存在严格的划分，"女性的日常现实是被政治所熟知和塑造的，必然也是政治性的"[5]。相应地，"通过将'个人'政治化，女性主义者扩大了斗争的边界，不仅争取社会经济的再分配平等，还主张家庭事务、性别特征和再生产等方面的平等"[6]。在这里，政治问题被应用于私人层面，家庭和与性隐私有关的事项也被囊括其中。

随着时间的推移，这个主张逐渐成为一种标志性的旗帜。它鼓励女性思考自身受歧视、剥削、压迫的经历，她们对形塑其社会地位的意识形态和制度理解之间存在的共通之处。"很多没有完全审视自己处境的女性开始对所处的现实情况及其与女性群体的关系形成新的认识"[7]，残障女性

---

[1] 弱化公私领域的二元划分不意味着否认隐私权理论的作用及隐私权的价值，也不否认在公私领域之间作出合理的区分。参见［美］苏珊·穆勒·奥金：《正义、社会性别与家庭》，王新宇译，中国政法大学出版社2017年版，第178页。

[2] See Frances E. Olsen, "The Family and The Market", *Harvard Law Review*, Vol. 96, 1983, pp. 1497-1578.

[3] ［美］凯瑟琳·A. 麦金农：《迈向女性主义的国家理论》，曲广娣译，中国政法大学出版社2007年版，第132页。

[4] ［美］苏珊·穆勒·奥金：《正义、社会性别与家庭》，王新宇译，中国政法大学出版社2017年版，第173页。

[5] Bell Hooks, *Ain't I a Women: Black Women and Feminism*, London: Pluto Press, 1984, p. 24.

[6] 李丙清、付文忠：《弗雷泽的女权主义性别正义理论建构逻辑探析》，载《兰州学刊》2016年第12期，第112页。

[7] ［美］贝尔·胡克斯：《女权主义理论：从边缘到中心》，晓征、平林译，江苏人民出版社2001年版，第31页。

即是如此。"女性主义者呼吁的'个人的即是政治的',已经被积极地纳入与残障女性有关的文献中。"[1]相关的学术研究试图放弃本能的、自然的、先验的、神圣的权威,将具体经验形态作为阐释残障女性境况的基础,力图"在权利备受侵害的私领域中稳定她们的权力关系,并解决她们的不满"[2]。"个人的即是政治的"强调,"私人的、个人的最初体验事实上都具有政治的维度,都可以展现出权力关系的某些方面"[3]。它将具有公领域属性的政治运用到私领域中,使得原本属于私领域的事项具有了公共属性,成为公权力可作用的领域。这意味着残障女性权利困境虽多发生在私领域中,但当私领域被政治化后,它们便不再受传统规范的庇护,进而落入公权力的作用域。

从整体上看,"把私领域的问题——'包括经验中的消极部分'政治化意味着控制"[4]。这在很大程度上是通过掌握隐私权的形式进行的。承认"个人的即是政治的"促使我们认识到,"任何组织都无法阻止我们探询法律和公共政策对它的塑造,组织机构本身没有隐私权"[5]。家庭便是这种组织的典型代表,所谓的家庭"隐私权"应重新接受审视。"个人的即是政治的"这一主张内含的信息是,不存在严格或绝对的私人问题,主张私领域需要在一定程度上保持开放并接受公权力的干预[6],这要求国家、社会和公民个人不能够忽视残障女性家庭中的事项及与性有关的事项,各层级主体应采取积极行动来改善她们的处境。"个人的即是政治的"主张的提出不仅将残障女性在家庭中的权利受损问题纳入政治和社会权力的调整范畴,还使残障女性此前不可言说、无法主张、备受侵害的性转化

---

[1] [英]科林·巴恩斯、杰弗·墨瑟:《探索残障:一个社会学引论》,葛忠明、李敬译,人民出版社2017年版,第102页。

[2] [美]凯瑟琳·A. 麦金农:《迈向女性主义的国家理论》,曲广娣译,中国政法大学出版社2007年版,第163页。

[3] [美]艾丽斯·M. 杨:《正义与差异政治》,李诚予、刘靖子译,中国政法大学出版社2017年版,第187页。

[4] Jenny Morris, *Independent Lives: Community Care and Disabled People*, Basingstoke: Macmillan Press, 1993, p.69.

[5] [美]玛莎·C. 努斯鲍姆:《女性与人类发展——能力进路的研究》,左稀译,中国人民大学出版社2020年版,第231页。

[6] 参见宋建丽:《正义抑或关怀——当代西方女性主义公民资格理论述评》,载《马克思主义与现实》2011年第4期,第201页。

为可倡导的性政治[1]。对家庭内部的调整和性政治的建构是将公领域中的正义论适用于私领域的结果，它提醒各层级主体必须着力消除残障女性在私领域中的权利困境。

二、模糊正常与异常的边界

现代社会中还暗含着一种正常与异常的二元对立结构，这纯粹是善和恶的排他性对立结构[2]。实际上，各类主体"在塑造'正常'的同时，将不符合'正常'标准的人边缘化"[3]。从此意义上讲，"'正常'与'异常'不仅是描述性的语词，还是一种解释模型"[4]。就政治目的而言，此种结构性划分蕴含的假设是，某些对象通常比其他对象处于更核心的位置。在国家层面，结构划分带来的偏好会给法律、政策、行动方案的制定提供不利的指引。在社会层面，这种划分在维系社会既有利益关系的同时，也会形塑社会偏见。"正常"和"异常"及由此形成的"共同的公民资格"和"区别对待的公民资格"的界限，在很大程度上是政治社会中的主流群体合力构建起来的，反映的亦是他们的利益[5]。他们决定了哪些是理所当然的，哪些又是例外[6]。"任何主体只要偏离正常模式，就难以逃脱被排斥或同化的命运。"[7]随着女性运动在全球范围内的推进，将女性

---

[1] 参见[美]凯特·米利特：《性政治》，宋文伟译，江苏人民出版社2000年版，第157页。
[2] 参见[美]艾丽斯·M.杨：《正义与差异政治》，李诚予、刘靖子译，中国政法大学出版社2017年版，第187页。
[3] Valerie Ann Johnson, Bringing Together Feminist Disability Studies and Environmental Justice, Barbara Faye Waxman Fiduccia Papers on Women and Girls with Disabilities Center for Women Policy Studies, February, 2011.
[4] Valerie Ann Johnson, Bringing Together Feminist Disability Studies and Environmental Justice, Barbara Faye Waxman Fiduccia Papers on Women and Girls with Disabilities Center for Women Policy Studies, February, 2011.
[5] See Della Perry, Ruth Keszia Whiteside, Women, Gender and Disability: Historical and Contemporary Intersections of "Otherness", Paper presented at the Fourth International Abilympics Conference, 1995, Retrieved April 3, 2005.
[6] See Jackie Leach Scully, "Disability and Vulnerability: On Bodies, Dependence, and Power", in Catriona Mackenzie, et al., *Vulnerability: New Essays in Ethics and Feminist Philosophy*, New York: Oxford University Press, 2013, p. 103.
[7] 郑玉敏：《作为平等的人受到对待的权利：德沃金的少数人权利法理》，法律出版社2010年版，第56页。

视作异常的情况已经有很大的改观。然而，残障带来的异常问题并没有得到根本性的解决。故在附加了残障因素以后，一个女性的"正常"状态便会被打破。

当正常的标准被建构出来后，个人形象的正面判断就是通过与正常标准的比对来实现的[1]。与男性为女性设定标准相似，"健常女性为正常女性设定了标准，但身心障碍将残障女性与'正常'的世界区分开来，演变为一种异常的存在"[2]。由此形成的残障女性社会群体便成为异质性的群体，被集体性地描述为异常的存在[3]。需要注意的是，这种异常直接对应的正常标准是健常女性，而不是一般意义上的健常人。身心障碍的加入甚至会彻底改变国家、社会和公民个人对待性别角色和职能的态度。有关健常女性生命历程的通常描述是：月经初潮—性需求出现—结婚—生育—抚养子女—更年期。附加了残障因素后，呈现出来的是截然不同的描述：残障女性不该或不会来月经—没有性需求—不该结婚—不该怀孕生子—无法履行子女抚养和监护责任—不会受更年期综合征的困扰。可见，在性别和残障之否定性文化树立的标准之下，对这两类群体生命历程的描述形成了鲜明的对比——健常女性是正常的女性，残障女性是异常的女性。在正常和异常的划分及由此形成的"排异运动"[4]中，残障女性受到了严重的贬损和歧视。

随着社会的进步和人权观念的推进，国家、社会和公民逐渐认识到，不应该再以健常女性的生活方式要比残障女性更高贵或更优越为由，对后者的权利或自由作出各种各样的限制。这体现的是正常主体对异常主体的结构性排斥。逐渐地，先前受到排挤的残障女性试图挣脱被排斥的命运，或不愿意仅仅因为她们与所谓的正常公民在身体、心理上存在差异，就被

---

[1] See Vanshika Bhatt, "93% of Women and Girls with Disabilities Are Denied Reproductive Rights. Have We No Shame?", this post has been self-published on Youth Ki Awaaz, December 8, 2020.

[2] Helen Meekosha, "Gender and Disability", in Gary L. Albrecht, *Encyclopedia of Disability*, London: SAGE Publications, Inc., 2006.

[3] See Valerie Ann Johnson, Bringing Together Feminist Disability Studies and Environmental Justice, Barbara Faye Waxman Fiduccia Papers on Women and Girls with Disabilities Center for Women Policy Studies, February, 2011.

[4] [美]艾丽斯·M.杨：《正义与差异政治》，李诚予、刘靖子译，中国政法大学出版社2017年版，第176页。

当作异常的存在。残障女性试图通过挑战健常女性以自己为核心参照主体设定之正常的标准,秉持"多元文化主义政治"[1]的立场,以使自身能够顺利地被纳入"正常"的范畴。鉴于此,采取积极行动来模糊正常和异常的边界,扩大正常的涵盖范围,是消除残障女性可能面临之贬损和歧视的必然选择。考虑到残障女性要求拥有能够表达自身的关怀需求、更具容纳力、可以确认她们独立性的公民资格,差异的存在便使得残障女性不再被"异常化",反而可以在"正常化"的意义上获得"差异的身份承认"[2]。

由于正常与异常的划分不是自然而然形成的,而是各级、各类主体在自我识别和彼此识别的社会交往中被建构出来的[3],只要这种划分关系到自我和他人的身份认同,它就会持续存在。从此意义上讲,相较于拆除现实层面的壁垒,模糊隐藏结构的边界更为困难。最有可能的办法是激发相关主体的外部性意识觉醒。具体到残障女性身上,考虑到国家、社会和公民个人在异常化残障女性中都扮演了一定的角色,外在力量的意识觉醒主要针对的是这三类主体。意识觉醒指向的是看法和观念的改变,意在打碎附着于残障女性身上的消极刻板印象。具体而言:一是需要促使各类主体意识到自身的行为习惯、本能反应和刻板印象,以及在促成针对残障女性的压迫方面可能产生的负面影响。二是认识到残障和性别的双重压迫作为一种统治体制的基本运作形式,也即这种压迫是如何形成的,又是如何得到维持的[4]。三是要求各类主体形成改变的内在自觉,着力模糊人为建构起来的正常与异常的边界[5]。

---

[1] 周少青:《西方权利正义理念的发展演变述评》,载《民族研究》2015年第1期,第113页。
[2] 王蓁:《文化多元主义的身份政治困境》,载《山东师范大学学报(人文社会科学版)》2019年第6期,第64页。
[3] 参见[美]艾丽斯·M.杨:《正义与差异政治》,李诚予、刘靖子译,中国政法大学出版社2017年版,第162页。
[4] 参见[美]贝尔·胡克斯:《激情的政治:人人都能读懂的女权主义》,沈睿译,金城出版社2008年版,第8页。
[5] See Imad Sayrafi, Invisible People: Women and Girls with Disabilities and Access to Rights Organizations in the West Bank, Gaza Strip, and Palestinian Refugee Camps in Lebanon (2013), https://fada.birzeit.edu/jspui/bitstream/20.500.11889/217/1/Invisible%20people%20women%20and%20girls%20with%20disabilities.pdf, last visited on July 8, 2021.

三、价值衡量模式的再审视

就如何评估一个国家的发展水平，立法者、执行者、经济学家共同建构起以财富为核心、与人类经验相背离的模式。在这种模式中，"只有当一个国家的人均国内生产总值（GDP）得到增长时，该国人民的生活品质才得以提升"[1]。在大多数人难以分享经济发展成果，而且存在明显不平等的国家，依照这种评估标准通常都取得了较高的分数[2]。由于国家一般都会对影响其声誉的国际排名作出回应，因此该评估模式可能促使国家为追求经济的增长而不惜忽视对弱势者的关注，亦不着手解决与经济增长无直接关联的权利侵犯问题。社会和公民个人的行为亦会受这种模式的影响，典型表现为在追求自身经济利益的同时，忽视对弱势者的关切，从而导致"能者越能，两极分化"[3]局面的出现。这些问题具有复杂的生成逻辑，不会简单地随着经济增长而得到解决。然而，该模式通常被用于评估发展中国家的成就，亦被用于考察西方国家社会发展及民众生活品质改进的情况。

该评估模式造成的直接后果是，将不符合经济发展要求的弱势群体排除出去，以免拉低国家整体经济发展的基准线[4]。这些被排斥出去的群体中，便包含了残障女性。与作为目的论的功利主义对效用的强调相似，以经济增长为核心的发展模式特别关注经济发展的结果，而没有充分考虑初级财富的再分配问题[5]。"它遮盖了要紧的事务，认为当一个国家提升其人均GDP的时候，这个国家就实现了很好的'发展'。"[6]由于无法参与

---

[1] [美]玛莎·C.纳斯鲍姆：《寻求有尊严的生活——正义的能力理论》，田雷译，中国人民大学出版社2016年版，前言第1页。

[2] 参见[美]玛莎·C.纳斯鲍姆：《正义的前沿》，朱慧玲等译，中国人民大学出版社2016年版，第50页。

[3] 王新宇：《性别平等与社会公正——一种能力方法的诠释与解读》，中国政法大学出版社2014年版，第164页。

[4] 参见[美]玛莎·C.纳斯鲍姆：《寻求有尊严的生活——正义的能力理论》，田雷译，中国人民大学出版社2016年版，第35页。

[5] 参见于莲：《以可行能力视角看待障碍：对现有残障模式的反思与探索》，载《社会》2018年第4期，第171页。

[6] [美]玛莎·C.纳斯鲍姆：《寻求有尊严的生活——正义的能力理论》，田雷译，中国人民大学出版社2016年版，第35页。

财富的初次分配，在庞大的GDP总量中，残障女性真正受益的不多。在此情形下，整个社会都在为实现经济发展而努力，没有生产能力的残障女性则沦为局外人。即便残障女性在再分配中能够得到一定的补偿，但她们的消极处境不会因此得到实质性的改观。从此意义上讲，GDP模式存在致命性的缺陷，在有关发展的界定中，未充分考虑残障女性等弱势者的生存和发展。从而导致残障女性等边缘弱势群体非但没有被当成社会发展的目的性存在，出于实现更多人或者共同体的富裕，她们还可能被当成提升社会总体善的手段[1]。

为消除GDP模式对残障女性的不友好，在能力理论基础上提出的新模式——发展模式，或可成为改变这种情况的替代路径[2]。"此种理论模式源自一个非常简单的问题，即个人（特别是弱势者）能得到什么，又可成为什么？足以得到哪些真实的机会？"[3]发展模式对个人发展的强调，使国家、社会和公民不能再忽视残障女性面临的权利困境会阻碍她们个人发展和能力实现的事实。从1990年开始，联合国开发计划署每年都会发布《人类发展报告》，报告包含的发展模式、秉持的发展理念因此影响了绝大多数国家。这为各国运用发展模式衡量本国不同群体的处境提供了启发，但这还远远不够。联合国应将此模式加以固定和传播，而各国应积极主动接受此模式的指引，社会主体和公民个人亦应秉持发展模式的观念，依此调整自身行为，弥补纯GDP模式造成之忽视残障女性的弊端[4]。这种强调个人发展而非生产总值的评估模式应当被规范化，以在凸显经济总量的情况下，尽可能准确地评估包含残障女性在内的弱势者在发展中的现实处境，改变国家、社会、公民对待她们的态度和采取的行动。

---

[1] 参见［美］玛莎·C.纳斯鲍姆：《正义的前沿》，朱慧玲等译，中国人民大学出版社2016年版，第50页。

[2] 纳斯鲍姆的能力理论是关于人类发展的理论。参见朱振：《可行能力与权利——关于法治评估之权利指数的前提性思考》，载《河南大学学报（社会科学版）》2019年第2期，第58页。

[3] ［美］玛莎·C.纳斯鲍姆：《寻求有尊严的生活——正义的能力理论》，田雷译，中国人民大学出版社2016年版，前言第1页。

[4] 参见［美］玛莎·C.纳斯鲍姆：《正义的前沿》，朱慧玲等译，中国人民大学出版社2016年版，第51页。

第三节 残障女性权利保障的具体对策

抽象理念的更新和隐藏结构的调整,要求相关主体的实践作出转变,故具体对策的提出是必要的。这些对策一边连接抽象要素,另一边指向具体实践,对抽象权利的落实有重要价值。残障女性权利议题广泛,相关对策亦有多维性。本书主要基于国家、社会和公民三维义务主体,在综合考虑国际人权法的规定、既有研究成果的主张、可能发挥之实效的基础上提出具体对策。这些对策坚持"一视同仁"和"区别对待"并用原则[1]:一是对包含残障男性和健常女性在内的所有人同等适用的权利保障路径;二是体现群体差异性、对残障女性具有针对性的特殊权利保障路径。还需要注意的是,这一部分提到的义务既强调实然层面的法律义务,又关注应然意义上的道德义务[2]。

一、残障女性权利保障的国家义务

"国家义务是保障公民权利不可或缺的工具。"[3]"国家义务萌芽于古代城邦国家,发端于罗马法复兴时期,形成于英国《大宪章》时期,确立于英国资产阶级革命时期。"[4]国家义务与人权互为条件。"国家存立的终极目的是保障人权,国家负有保障人权之义务属应有的义务。"[5]但在历史上的很长时间里,国家对"人"(Man)的预设掩盖了男人和女人、健常人和残障人的差别,支持男人对女人、健常人对残障人的统治。在这种关于"人"的假设中,残障女性被理所当然地排除在外。但随着时代的推

---

[1] 参见周少青:《西方权利正义理念的发展演变述评》,载《民族研究》2015年第1期,第113页。
[2] 公民义务分为两类:一是法律义务,二是道德义务。参见[美]托马斯·雅洛斯基:《公民与文明社会》,柯雄译,辽宁教育出版社2000年版,第33页。
[3] 朱军:《国家义务构造论的功能主义建构》,载《北京理工大学学报(社会科学版)》2018年第1期,第128页。
[4] 蒋银华:《国家义务论——以人权保障为视角》,中国政法大学出版社2012年版,第4页。
[5] 蒋银华:《国家义务论——以人权保障为视角》,中国政法大学出版社2012年版,第4页。

移,此前被排除出去的社会群体开始提出关乎自身的人权主张,挑战传统的国家义务理论[1]。残障女性权利保障要求的提出就是一个典型,国家在这方面的义务主要包括如下四方面内容。

(一) 展开针对残障女性的数据统计

数据能够客观地反映出事物的面貌与发展规律,这使得决策的作出不再立足于直觉和经验[2]。"数据统计是解决问题的前提条件,在全面数据统计的基础上分析,抓住主要矛盾、出台相应的措施,是解决问题的必经阶段。"[3]实际上,任何事物都有数量特征,统计数据覆盖各个领域,对统计数据的需求源自社会生活的多方面。从第一次世界妇女大会开始,国际社会即已注意到展开性别数据收集和统计工作的重要性。《北京行动纲领》对性别统计的概念、分类、测定和收集方法都作出了明确界定。如今,有关按性别分列的数据收集在国际和国内层面都有了较大的突破。但是性别统计中欠缺残障视角导致针对残障女性的统计数据缺位[4]。需要注意的是,这里的数据收集包括残障女性的定量数据和定性数据两方面。

如上所述,无论是残障女性特殊卫生护理权、性权利、生育权,还是婚姻自主权、子女抚养、监护、探视权、更年期健康权的保护情况,全球范围内关于残障女性的元数据统计都非常少见[5]。这给残障女性权利保障情况的检测和评估及相关法律的制定和修改,造成了现实的阻碍。从1995年开始,联合国妇女地位委员会便在检测、审查和评估第四次世界妇女大

---

[1] 参见赵晶:《国家义务研究——以公民基本权利演变为分析视角》,天津大学出版社2017年版,第135—136页。

[2] See Office of the United Nations High Commissioner for Human Right, Data Sources for Outcome Indicators on Article 6: Women with Disabilities, Geneva: OHCHR, this is an advance version of the SDG-CRPD Resource Package, 2020.

[3] 都爱霞:《谈统计数据的重要性》,载《素质教育论坛》2008年第4期,第40页。

[4] See The Committee on The Rights of Persons with Disabilities, General Discussion of Women and Girls with Disabilities, Madrid: Area de Documentacion y Publicaciones, 2014, p. 318; United Nations Economic and Social Commission for Asia and the Pacific (UNESCAP), Hidden Sisters: Women and Girls with Disabilities in the Asian and Pacific Region, Bangkok: UNESCAP, ST/ES-CAP/1548, 1995.

[5] See Women Enabled International (WEI), Where Are Women and Girls with Disabilities: An Analysis of Government Country Reports Submitted to the Commission on the Status of Women, Washington: WEI, March 8, 2015.

会以来缔约国履行《北京宣言》的情况时发现，绝大多数国家提交的履约报告都没有提及残障女性[1]，在审查报告中指出缔约国有意排斥或无意忽视了残障女性，并对造成这种情况的原因作出说明[2]。一方面，数据统计情况可直观反映国家对待残障女性的态度；另一方面，残障女性统计数据缺位会导致制度设计中对她们的忽视，而这种忽视会不利于对残障女性的进一步保障。

"双轨制"纳入后，《残疾人权利公约》第31条提出，在国家层面收集和统计数据，理应包含按性别分列收集数据[3]。为落实《残疾人权利公约》而制定的《仁川战略》[4]明确，政府部门应当提供有关残障女性的统计数据。从国际层面看，这可以协助评估各缔约国履行《残疾人权利公约》的情况，查明残障女性权利在全球范围内的实现障碍[5]。在缔约国内部，残障女性数据的搜集同样发挥着基础性作用。一方面，高质量的统计数据可以帮助决策者增进对残障女性权利保障整体情况的了解，以为相关立法的制定提供分析依据[6]。另一方面，基于直观的数据能够检测残障女性在实现经济、社会、政治、婚姻、家庭、文化权利等方面获得的机会和取得的进展，以此作为设定立法评估指标的依据，为法律的修改提供第一手资料[7]。鉴于此，需要国家主导开展全面的、足以反映残障女性权利

---

[1] See Stephanie Ortoleva, Enabling a Global Human Rights Movement for Women and Girls with Disabilities, Geneva: United Nations Committee on the Status of Women, 2012.

[2] See The Committee on The Rights of Persons with Disabilities, General Discussion of Women and Girls with Disabilities, Madrid: Area de Documentacion y Publicaciones, 2014, p. 318.

[3] 《残疾人权利公约》第31条规定："一、缔约国承诺收集适当的信息……以便制定和实施政策，落实本公约……二、依照本条规定收集的信息应当酌情分组，用于协助评估本公约规定的缔约国义务履行情况，查明和清除残疾人在行使权利时遇到的障碍。三、缔约国应当负责传播这些统计数据，确保残疾人和其他人可以使用这些统计数据。"

[4] 《仁川战略》是由联合国亚太经社委员会于2012年提出的。它是以《残疾人权利公约》的相关原则为基础制定的，主要内容是由10项相互关联的目标、27项具体目标和62项指标组成，要求会员国在2022年之前达标或超标完成。参见郭键勋：《〈世界残疾报告〉与亚太残疾政策发展》，载《中国康复理论与实践》2013年第10期，第905页。

[5] 参见李莹等：《不让任何一个人掉队——对处境不利妇女群体发展的初步评估》，载《山东女子学院学报》2021年第1期，第36页。

[6] See Paola Uccellari, "Multiple Discrimination: How Law Can Reflect Reality", The Equal Rights Review, Vol. 1, 2008, pp. 24-49.

[7] See The Committee on The Rights of Persons with Disabilities, General Discussion of Women and Girls with Disabilities, Madrid: Area de Documentacion y Publicaciones, 2014, p. 295.

保障现状的数据统计工作。

这一要求应当体现在缔约国的统计政策当中。在观念层面，统计部门工作人员需要增强残障平等和性别平等意识，将残障和性别双重主流化纳入统计工作。一种更直接的双重主流化的方法是在数据收集过程中注重残障女性的参与[1]。残障女性参与国家统计工作，可通过成为国家统计工作人员和作为直接或间接的统计对象来实现。具体层面，国家统计机构应当展开"双系统"的数据统计，也即在其他数据统计中将残障女性作为一个子项统计项目纳入一般性的统计规划中，同时展开专项的残障女性数据统计。在欠缺整体性统计数据的情况下，针对残障女性的专门数据统计尤其重要[2]。统计项目越细，越能反映出残障女性的真实情况，包括但不限于：数量、年龄、障别、照护方式、健康、被害情况等，以建立起有关残障女性的完整数据库[3]。数据分析则需要按照性别和残障等质素设置分类和报告指标，为之后的相关决策做好准备[4]。另外，缔约国内部的数据收集固然重要，但全球和区域之间亦需要进行数据共享，以推动构建残障女性的全球信息数据库[5]。

（二）完善残障女性权利保障法律制度

"作为一种社会工具，法律可以在保护个人尊严、完整性和自决权的同时，消除针对个人的制度化歧视或否认。"[6]考虑到法律具有的稳定性、

---

[1] See Stephanie Ortoleva, et al., Forgotten Sisters—A Report on Violence Against Women with Disabilities: An Overview of Its Nature, Scope, Causes and Consequences, Boston: Northeastern University School of Law Research Paper, 2012, p. 13.

[2] See Jill Astbury, Fareen Walji, Triple Jeopardy: Gender-Based Violence and Human Rights Violations Experienced by Women with Disabilities in Cambodia, Canberra: Australian Agency for International Development Research Working Paper 1, 2013.

[3] See Jill Astbury, Fareen Walji, Triple Jeopardy: Gender-Based Violence and Human Rights Violations Experienced by Women with Disabilities in Cambodia, Canberra: Australian Agency for International Development Research Working Paper 1, 2013.

[4] See The United Nations Entity for Gender Equality and the Empowerment of Women (UN Women), Empowering and Including Women and Girls with Disabilities, New York: UN Women, December 2, 2015.

[5] See David Clarke, Jennifer Sawyer, Girls, Disabilities and School Education in the East Asia Pacific Region, Draft Working Discussion Paper, 2014.

[6] The Committee on The Rights of Persons with Disabilities, General Discussion of Women and Girls with Disabilities, Madrid: Area de Documentacion y Publicaciones, 2014, p. 554.

连续性和权威性等一系列优点，最有效而且最核心的残障女性权利保障手段亦应是法律[1]。从价值判断的角度看，"法治乃至善之治"[2]。法律不只是冰冷的工具，它还饱含着善意，这使其有条件对残障女性投去爱与关心。按照实质平等理论，通过立法给予残障女性以特别关照符合权利实质保障的要求，是人权保障的应有之义[3]。具体而言，基于残障女性的统计数据，各国政府可以监测和查明社会中暗含的歧视与压迫，完善残障女性权利保障的法律制度[4]。这是正确认识并在法律的制定、修改和废除中承认残障女性特殊依赖性的必然要求。问题是，在将"寻求法律改革视为构建公正社会之手段"[5]的现代社会，与残障女性权利保障有关的事项繁多，如何确保残障女性的权利保障以系统化的方式在立法中体现出来？

从总体上讲，国家立法需要展开残障影响和性别影响的双重评估[6]。《残疾人权利公约》就此已提供了指引[7]。国家立法性别平等评估的起步较早，意图在立法中推动性别主流化[8]。立法残障评估之主张及制度的提

---

[1] See Asma Abdulla M. Al-Attiyah, Elsayed Elshabrawy A. Hassanein, "Women with Disabilities in the State of Qatar: Human Rights, Challenges and Means of Empowerment", *International Journal of Special Education*, Vol. 32, 2017, pp. 507-519.

[2] 薛宁兰、邓丽主编：《中国慈善法研究与立法建议稿》，中国社会科学出版社2014年版，序言第1页。

[3] 参见余少祥：《弱者的权利——社会弱势群体保护的法理研究》，社会科学文献出版社2008年版，第305页。

[4] See United Nations Economic and Social Commission for Asia and the Pacific (UNESCAP), Hidden Sisters: Women and Girls with Disabilities in the Asian and Pacific Region, Bangkok: UNESCAP, ST/ESCAP/1548, 1995.

[5] [美]玛萨·艾伯森·法曼：《虚幻的平等：离婚法改革的修辞与现实》，王新宇等译，中国政法大学出版社2014年版，第91页。

[6] 残障和性别影响评估的核心虽是残障人和女性，但这种评估还应包括受影响的女性亲属。因为普遍存在的女性是照顾者的刻板印象，导致残障人的女性亲属同样受消极影响。参见蔡聪编著：《从她们到我们——受残障影响女性工作手册》，上海有人公益基金会，2021年。

[7] See Itumeleng Shale, "Sexual and Reproductive Rights of Woman with Disabilities: Implementing International Human Rights Standards in Lesotho", in *African Disability Rights Yearbook*, Pretoria: Pretoria University Law Press, 2015, p. 41.

[8] See Ines Havet, et al., Gender Mainstreaming: A Key Driver of Development in Environment & Energy, New York: United Nations Development Programme (UNDP), Training Manual, November, 2007.

出相对较晚，旨在将残障平等视角纳入政策、计划和法律的主流[1]。在立法中，这两种类型评估需要同时展开。无论是性别主流化，还是残障主流化，国际人权法都将责任划归给了国家。各国不只是要把残障平等和性别平等之类的语词写进法条，而是必须站在提高能力和实质平等的立场上承认残障女性是权利的平等持有者，基于人权视角来消除残障女性的权利困境[2]。具体而言，一是需要把好立法的第一关，对法律草案中有悖残障女性权利保障的内容进行提示，拟定专家建议稿，供立法者参考；二是对在关涉性较强的法律中没有积极体现残障和性别双重主流化要求的，专业评估者应当强化宣传并呼吁立法者落实双重主流化的原则；三是全面审查和清理已生效的法律，废除不当限制或剥夺残障女性的法律能力、有悖于她们权利实现的法律[3]。

"每个群体的特殊性都需要符合自我特征的特殊权利，综合性较强的群体更是如此。"[4]就残障女性而言，除因身心障碍和女性身份面临的歧视和压迫以外，二者的交叉还将她们置于更不利的境地[5]。在此情形下，应正视起点的不平等，促使残障女性的不同及特殊需求得到更公正的检视，改变残障和性别主流化指导下的分散立法乏力的情况。为此，出台具有针对性的暂行特别措施，或许可以成为实质性解决残障女性权利困境的最快捷而且有效的路径。

暂行特别措施关注的是弱势群体的特殊处境和需求。在性质方面，暂行特别措施应当是权利型而非福利型法律。在具体路径方面，暂行特别措施要求国家采取积极行动，运用强有力的手段来消除歧视背后的不平等权力关系。消歧委员会多次建议，为推动实质平等之于女性的实现，应当充

---

[1] See Ministry of Labour and Social Protection, National Disability Mainstreaming Strategy (2018 – 2022), Republic of Kenya Official document, Milimani, 2018.

[2] See Women Enabled International (WEI), Legal Capacity of Women and Girls with Disabilities, Washington: WEI, 2021.

[3] See The Committee on The Rights of Persons with Disabilities, General Discussion of Women and Girls with Disabilities, Madrid: Area de Documentacion y Publicaciones, 2014, p. 532.

[4] [美] 艾丽斯·M. 杨：《正义与差异政治》，李诚予、刘靖子译，中国政法大学出版社 2017 年版，第 185 页。

[5] See Muleta Hussein Sedeto, Mohd Jameel Dar, "Socio-Economic Challenges of Persons with Disabilities: A Case Study of Ethiopia", *Global Journal of Human Social Science: C Sociology & Culture*, Vol. 19, 2019, pp. 8-16.

分使用暂行特别措施[1]。概言之，《消除对妇女一切形式歧视公约》第4条[2]和《残疾人权利公约》的相关规定[3]，为缔约国采取暂行特别措施保障残障女性的权利提供了国际法依据。从内容的角度看，具有针对性的暂行特别措施设置应当系统、全面地回应残障女性的权利困境，将她们在特别卫生护理，性愉悦实现和免受性侵犯，生育选择自由，婚姻关系缔结，离婚自由，子女抚养、监护、探视，更年期健康维护等事项上的权利予以充分考虑。针对残障女性面临的权利救济困难问题，暂行特别措施还需要特别明确救济途径，以提高残障女性维权的有效性。原则上，残障女性权利保障暂行特别措施必须建立在公平合理的基础之上。所允许的区别对待应当是"有理、有利、有节"的，以免形成针对残障男性或是作为总体之健常人的"反向歧视"[4]。同时，这些措施应是"必要"的，比如，2022年新修订的《妇女权益保障法》第52条规定，"各级人民政府和有关部门应当采取必要措施，加强……残疾妇女等困难妇女的权益保障……"

女性主义残障正义观承认并且要求残障女性作为独立的主体在与其他人的平等交互中产生积极的影响，这集中表现为《残疾人权利公约》起草的内在因素"Nothing About Us Without Us"（没有我们的参与，不能替我们做决定）[5]中蕴含的"参与平等"[6]原则，具体反映在支持残障女性领

---

[1] 具体内容见消歧委员会作出的：《关于中国第二次定期报告的结论性意见》（1992）、《关于中国第三和第四次合并定期报告的结论性意见》（1999）、《关于中国第五和第六次合并定期报告的结论性意见》（2006）、《关于中国第七和第八次合并定期报告的结论性意见》（2014）、《关于中国第九次定性报告的结论性意见》（2023）等。

[2] 《消除对妇女一切形式歧视公约》第4条："1.缔约各国为加速实现男女事实上的平等而采取的暂行特别措施，不得视为本公约所指的歧视，亦不得因此导致维持不平等或分别的标准；这些措施应在男女机会和待遇平等的目的达到之后，停止采用。2.缔约各国为保护母性而采取的特别措施，包括本公约所列各项措施，不得视为歧视。"

[3] 《残疾人权利公约》第4条："一、缔约国……（一）采取一切适当的立法、行政和其他措施实施本公约确认的权利；（二）采取一切适当措施，包括立法，以修订或废止构成歧视残疾人的现行法律、法规、习惯和做法；（三）在一切政策和方案中考虑保护和促进残疾人的人权……（五）采取一切适当措施，消除任何个人、组织或私营企业基于残疾的歧视……"

[4] 参见[美]希尔斯曼：《美国是如何治理的》，曹大鹏译，商务印书馆1986年版，第491页。

[5] The Committee on The Rights of Persons with Disabilities, General Discussion of Women and Girls with Disabilities, Madrid: Area de Documentacion y Publicaciones, 2014, p.239.

[6] Nancy Fraser, "Feminist Politics in the Age of Recognition: A Two-Dimensional Approach to Gender Justice", *Studies in Social Justice*, Vol.1, 2007, pp.23-35.

导并在各阶段实质性参与立法改革和政策的制定上[1]。这充分体现了"残障女性不仅是既有法律制度的作用对象,也应是立法的积极参与主体"[2]。

从整体上讲,由于女性和残障人在能力培养方面长期处于匮乏状态,他们的主体地位既缺乏他人认同,也缺乏自我认同。加上社会的排斥和歧视,作为综合体的残障女性被迫保持沉默,无法进入展开有效商谈的平等状态[3]。"利益表达最典型的方式是政治参与"[4]的观念要求,无论是总体上基于残障和性别的双重评估,还是暂行特别措施的制定,都必须有残障女性的参与。强调残障女性的参与不应只是符号化或象征性的,而是要真正"寻找、尊重并聆听她们的声音"[5]。考虑到"话语是权力的产物,在话语实践中潜藏着权力关系的运作"[6],强调残障女性的立法参与有助于赋予残障女性权能,承认她们是历史的主人,可以平等地分享经济社会的发展成果。就此而言,强调"商谈的法律制定"[7]为残障女性权利保障提供了新视角,反映了"每个人都是自己生活计划的制订者,都应被视为目的"[8]的信念。具体可参照《仁川战略》的规定[9],通过"参与配额"——在存在直接关涉性的立法中规定残障女性的参与和为参加国会议员或其他民选官员选举的残障女性提供额外的支持来实现[10]。

---

[1] See Cristina López Mayher, The Empowerment of Women and Girls with Disabilities, this publication was produced with the financial support of the European Union, Brussels, April, 2021, p. 19.

[2] Cristina López Mayher, The Empowerment of Women and Girls with Disabilities, this publication was produced with the financial support of the European Union, Brussels, April, 2021, p. 30.

[3] 参见董石桃、何植民:《协商民主:公民资格理论的反思与发展》,载《湖北社会科学》2014年第10期,第31页。

[4] 余少祥:《弱者的权利——社会弱势群体保护的法理研究》,社会科学文献出版社2008年版,第83页。

[5] Delanie Woodlock, et al., Voices Against Violence: Paper 6: Raising Our Voices—Hearing from Women with Disabilities, Melbourne: Women with Disabilities Victoria (WDV), January 1, 2014.

[6] 马姝:《法律的性别问题研究》,中国社会科学出版社2017年版,第25页。

[7] [德]哈贝马斯:《在事实与规范之间:关于法律和民主法治国的商谈理论》,童世骏译,生活·读书·新知三联书店2003年版,第186页。

[8] 王新宇:《性别平等与社会公正——一种能力方法的诠释与解读》,中国政法大学出版社2014年版,第152页。

[9] 《仁川战略》规定,应当在议会或同等国家立法机构中明确残障女性所占席位的比例。

[10] See The Committee on The Rights of Persons with Disabilities, General Discussion of Women and Girls with Disabilities, Madrid: Area de Documentacion y Publicaciones, 2014, p. 326.

（三）增强对残障女性权利的司法救济

除立法的完善外，保障残障女性的权利还需要立法和司法的协同推进。无论是具有"司法立法"性质的英美法系国家的司法活动，还是大陆法系国家严格基于成文法展开的司法活动，都是切实保障残障女性权利不可或缺的环节。20世纪50年代以来，随着民权运动的蓬勃发展，各国在人权司法救济方面普遍加强了对社会弱势者的关注和保护，这使得有关弱势群体权利的司法保护呈现出国际化的趋势。在当代法治社会中，"运用司法手段保护弱势群体的权利已经成为世界性的潮流"[1]。

作为权利保障的最后防线，司法应当充分发挥残障女性"保护伞"的作用，为权利受侵犯的残障女性提供可能的救济。为残障女性提供司法保护得到了国际人权法的回应，《残疾人权利公约》确认残障人拥有获得司法保护的同等权利[2]，《消除对妇女一切形式歧视公约》则要求成员国确保男女两性拥有平等的法律地位，并关切忽视女性的证词或质疑她们法律能力的问题[3]。根据这两个公约的要求，缔约国有义务确保残障女性获得司法保护的权利不会因为残障人和女性的双重身份受到损害。为避免司法者在造成残障女性权利困境方面所扮演的"共谋者"角色，并营造对残障女性友好的司法氛围，女性主义残障正义观指导下的司法活动，需要突破性地吸收彰显人道主义关怀的要素，以在坚持平等保护原则的基础上，承认残障女性面临的特殊脆弱性，对她们实行适度的倾斜性保护。

就此，司法机关[4]亟待作出五个方面的调整。第一，应当承认残障女

---

[1] 余少祥：《弱者的权利——社会弱势群体保护的法理研究》，社会科学文献出版社2008年版，第397页。美国在通过司法保护弱势群体权利方面，有许多经典判例。就女性权利而言，寻求司法保护已成为美国女性解放的重要策略。参见李勇：《通过司法实现女性解放：美国女性解放的路径及启示》，载《山东女子学院学报》2020年第4期，第37—46页。

[2] 《残疾人权利公约》第13条第1款："缔约国应当确保残疾人在与其他人平等的基础上有效获得司法保护，包括通过提供程序便利和适龄措施，以便利他们在所有法律诉讼程序中，包括在调查和其他初步阶段中，切实发挥其作为直接和间接参与方，包括其作为证人的作用。"

[3] 《消除对妇女一切形式歧视公约》第15条第2款："缔约各国应在公民事务上，给予妇女与男子同等的法律行为能力，以及行使这种行为能力的相同机会。特别应给予妇女签订合同和管理财产的平等权利，并在法院和法庭诉讼的各个阶段给予平等待遇。"

[4] 这里说的司法机关是广义的概念，包含公安机关、检察机关和审判机关。参见王松苗、王丽丽：《立法上的"司法机关"是广义概念》，载《检察日报》2006年11月2日，第1版。

性的法律能力，破除"残障女性不能够或无法有效地行使权利，故需要对她们的权利加以限制"的否定性观念，代之以发展"残障女性友好型司法"。这种类型的司法主张，残障女性的司法权不仅不应由于性别和残障因素受到限制，相反，应为她们权利的实现提供"合理便利"[1]。第二，打破司法父权主义的假设，破除残障女性不可信的前见，在法律允许的范围内对她们的证言予以更高程度的认可。同时，为了让残障女性能够充分、有效地发表证言，设定相对灵活的陈述机制是必要的[2]。第三，侦查机关需要加大对侵害残障女性权利犯罪"隐案"的侦破力度，以为被害残障女性提供尽可能的救济[3]。现实中，与残障女性有关的案件更可能发生在私领域中，涉及父母及其他监护人、护理人员等同残障女性存在密切关系的群体。考虑到此类案件在案发和取证方面较为困难，司法机关应当加大工作力度，以尽快将这些案件公之于众。第四，支持创新式司法服务，包括一站式司法服务和专门法庭等，以为残障女性权利的实现提供程序上的便利。基于关怀伦理对于共情的强调[4]，需要有意识地引导更多残障女性进入司法系统工作。在审理涉及残障女性的案件时，安排相应的警察、检察官和法官主导进行[5]。第五，为无法支付代理费和诉讼费的残障女性提供公益律师服务、制定或落实诉讼费用减免制度[6]。

---

[1] "合理便利"是主要适用于残障人司法的一个专有名词。《残疾人权利公约》第2条将"合理便利"界定为，"根据具体需要，在不造成过度或不当负担的情况下，进行必要和适当的修改和调整，以确保残疾人在与其他人平等的基础上享有或行使一切人权和基本自由"。

[2] See Lola Linares Marquez De Pardo, "Action Plan for Women and Girls with Disabilities in Spain", in Luis Cayo, Pérez Bueno, ed., Recognizing the Rights of Girls and Women with Disabilities: An Added Value for Tomorrow's Society, Madrid: European Conference, 2007, p. 62.

[3] See The Committee on The Rights of Persons with Disabilities, General Discussion of Women and Girls with Disabilities, Madrid: Area de Documentacion y Publicaciones, 2014, p. 502.

[4] 参见邓文华、胡蓉：《心灵哲学的医学人文关怀：共情说的回归》，载《医学与哲学》2017年第6期，第36页。

[5] See Stephanie Ortoleva, et al., Forgotten Sisters – A Report on Violence Against Women with Disabilities: An Overview of Its Nature, Scope, Causes and Consequences, Boston: Northeastern University School of Law Research Paper, 2012, p. 113.

[6] See The Advocates for Human Rights, The United Nations Entity for Gender Equality and the Empowerment of Women (UN Women), Working with the Justice Sector to End Violence Against Women and Girls, Minnesota, New York: HRA, UN Women, December 25, 2011; Doris Rajan, Women with Disabilities and Abuse: Access to Supports, Montréal: DisAbled Women's Network (DAWN Canada) /Réseau d'action des femmes handicapées du Canada (RAFH Canada), March, 2011.

司法机关还需要主动了解残障女性进入司法系统时面临的阻碍，以为她们营造良好的司法无障碍环境[1]。从物质无障碍层面讲，依据2023年出台的《无障碍环境建设法》第41条的规定，"司法机关、仲裁机关、法律援助机构应当依法为残疾人、老年人参加诉讼、仲裁活动和获得法律援助提供无障碍服务"，法院应主动为残障女性进入法院并参与诉讼提供便利。具体包括：修缮无障碍通道，提供盲文、手语翻译，建造区分性别的无障碍卫生间、辅助表达措施、辅助出行设备，允许监护人或个护人员陪同出庭等[2]。事实上，无论是证据收集，还是案件审理，有关残障女性的案件均有别于普通案件。如果没有培训相关司法者，残障女性很难成为充分和平等的诉讼参与者[3]。为妥善审理涉及这类特殊群体的案件，需要对包括警察、检察官、审判法官、执行法官、司法辅助人员在内的司法者进行残障平等、性别平等、心理咨询等方面的培训，增强他们对残障和性别平等的敏感度，深化他们对残障女性的认识，提升他们对相关突发情况的应对能力[4]。另外，考虑到关于残障女性的偏见和刻板印象会阻碍司法公正之实现，司法者需要自觉破除否定性观念，为权利受到损害的残障女性寻求救济清除观念障碍。

（四）强化国家机制保障残障女性权利的作用发挥

国家保障残障女性权利的义务还体现在具体机制的设计和完善上。事实上，"自第四次世界妇女大会以来，几乎所有国家均已设立旨在提高女性地位的机制"[5]。例如，联合国妇女发展基金于2001年分别在20个国家启动性别预算项目，以确保在不同的政治经济体制之下，各国的政府预算

---

[1] See The Committee on The Rights of Persons with Disabilities, General Discussion of Women and Girls with Disabilities, Madrid: Area de Documentacion y Publicaciones, 2014, p. 199.

[2] See Women Enabled International (WEI), Access to Justice for Women and Girls with Disabilities, Washington: WEI, May 17, 2019.

[3] See Stephanie Ortoleva, et al., Forgotten Sisters – A Report on Violence Against Women with Disabilities: An Overview of Its Nature, Scope, Causes and Consequences, Boston: Northeastern University School of Law Research Paper, 2012, p. 112.

[4] See Presentation Guidelines, The Path to Equality for Women and Young Persons with Disabilities: Realizing Sexual and Reproductive Health and Rights and Ending Gender-Based Violence, Population Reference Bureau, 2019, p. 28.

[5] 宋建丽：《正义与关怀：女性主义的视角》，厦门大学出版社2018年版，第260页。

都能够充分地考虑性别平等的要求。时至今日,加强性别平等国家机制建设,已经成为国家促进性别平等之决心的重要体现。与之相对应的是,随着《残疾人权利公约》的通过及普遍化之人权理念的传播,国家机制中亦逐渐体现出对残障人的关注。问题在于,无论是有关男女平等的国家机制,还是涉及残疾平等的国家机制,或未触及残障女性的特殊权利保障问题,或仅是简单且笼统地写入了与残障女性相关的字眼,很难为残障女性的权利提供实质性的保障[1]。

与法律制度完善相类似,国家机制可以从如下两方面发力。

一方面,促进各项国家机制的制定吸收残障平等和女性主义的双重视角,将残障女性纳入其中[2]。比如,在政府预算中增加对残障女性卫生护理、性和生殖健康保健、更年期健康保健等方面的资金投入;将残障女性纳入相关的国家运动,并以她们能够接受的形式开展这类运动[3]。在相关国家计划的制订中,需要妥善地解决社会性别和身心障碍交叉作用造成的残障女性的特殊脆弱性问题[4]。国家之"手"在调控市场的过程中,需要完善同工同酬、休息休假、安全健康等必要的劳动保障,可以通过政策补贴来降低用人单位因为雇用残障女性而付出的额外成本[5]。同时,可以设定有针对性的奖励机制,鼓励企业生产适合不同障别的残障女性所使用的月经护理产品。公共和私营托儿机构,亦可以为残障女性抚育儿童提供帮助。为解决残障女性更容易遭受家庭暴力、获得公力救济情况不乐观的问题,国家应主导建立适合残障女性的避难机构。另外,加大专业律师培养力度,优化律师管理机制,培养残障女性律师,亦是保障残障女性权利

---

[1] See The Committee on The Rights of Persons with Disabilities, General Discussion of Women and Girls with Disabilities, Madrid: Area de Documentacion y Publicaciones, 2014, p. 317.

[2] 参见郭键勋:《〈世界残疾报告〉与亚太残疾政策发展》,载《中国康复理论与实践》2013年第10期,第907页。

[3] See Stephanie Ortoleva, et al., Forgotten Sisters – A Report on Violence Against Women with Disabilities: An Overview of Its Nature, Scope, Causes and Consequences, Boston: Northeastern University School of Law Research Paper, 2012, p. 311.

[4] See Jill Astbury, Fareen Walji, Triple Jeopardy: Gender-Based Violence and Human Rights Violations Experienced by Women with Disabilities in Cambodia, Canberra: Australian Agency for International Development Research Working Paper 1, 2013.

[5] 参见蔡向东:《残障问题本质、实质公平与公共服务无障碍行动》,载《福祉研究》2019年第2卷,第52页。

的重要机制[1]。

另一方面，如果条件允许，为更好地破解残障女性普遍面临权利困境的难题，国家可以设定针对残障女性的专门机制或中长期计划（表6）。残障女性权利保障专门国家机制和中长期计划的设定，在总体上应当遵循女性主义残障正义观内涵之三种关键要素的指引，参照《残疾人权利公约》《消除对妇女一切形式歧视公约》等国际人权法的规定，承认残障女性面临的残障和性别的双重压迫，积极落实残障平等和性别主流化的要求。就内容而言，国家采取行动机制消除残障女性在就业、教育、参政等公领域中面临的权利困境固然重要，但出于对迫切性和紧密关联性的考量，需要特别关注她们在月经管理，性权利的实现和免受性侵犯，自主缔结婚姻关系，生育选择自由，保有子女监护权、抚养权、探视权，促进更年期健康等私领域事项上的特殊需求。

表6 残障女性中长期发展计划指标

领域	主要指标
健康、康复及残障防控	平均预期寿命、孕产妇死亡率、享有基本医疗卫生服务、享有康复服务、残障预防
教育	接受义务教育情况、接受其他各级教育情况、接受特殊教育情况、识字率
经济	劳动参与率和就业结构、职业培训和就业服务、收入
社会保障	享有社会保险情况、享有最低生活保障情况、享有特殊津贴情况、消除贫困
社会参与	参与社会管理和决策的情况、各级领导班子中残障妇女的比例、社区活动参与率
婚姻家庭	婚姻状况、在家庭中的地位和作用、家务承担情况

二、残障女性权利保障的社会义务

残障女性权利保障是一个复杂的议题。国家在保障残障女性权利方面扮演主导性角色，但也要反思将国家作为唯一义务主体可能存在的问题。在国家和市场二元分立的结构下，社会力量以更鲜活和新兴的样态凸显出

---

[1] See Stephanie Ortoleva, et al., Forgotten Sisters—A Report on Violence Against Women with Disabilities: An Overview of Its Nature, Scope, Causes and Consequences, Boston: Northeastern University School of Law Research Paper, 2012, p. 19.

来，加之残障女性权利内涵对多元化、多维度保障的需要，均在推动既有义务理论和实践的调整。基于现实视角的审视，国家作为核心义务主体的影响力正在逐步消解，主导性力量亦在降低，越来越多的社会力量[1]已经在涉及残障女性权利保障的情境中发挥相应的作用。另外，人固有的社会性亦要求社会主体对保障残障女性的权利负担部分义务[2]。在这种情况下，社会需要承担哪种类型和程度的义务？这种义务又应当以何种方式履行？这些都是探讨残障女性权利保障需要解决的问题。

（一）引导残障女性歧视文化的变革

对残障人和女性的歧视可以说是一种普遍的否定性文化传统。在当今社会，对残障女性的歧视虽已逐渐从意识层面撤退，但在现实中，这些具有歧视和压迫性的文化传统依旧形成了繁重的文化桎梏，直接或者间接地作用在每个残障女性的身上，对她们的权利保障产生了极为不利的影响。改变这种否定性观念具有基础性的作用，只有改变极具歧视性的文化观念，才能进一步消除由它们催生或强化的歧视、剥削、压迫、边缘化。《残疾人权利公约》第8条[3]和《消除对妇女一切形式歧视公约》第5条[4]，强调社会层面的歧视性文化对残障人、女性及作为二者综合体的残障女性可能造成的负面影响。这要求各类社会主体对残障歧视和性别歧视的否定性文化观念保持敏感，并采取一切适当的措施来消除这种负面影响。

当务之急是改变这种极具歧视性的传统文化。文化的形成经历了漫长

---

[1] 主要是第二、第三部门。第一部门是政府，第二部门为企业，第三部门是在民政部门登记的社会组织以及未经注册的草根组织。参见吴振亚：《残疾人社会救助中政府与第三部门合作方式探讨——基于浙江省衢州市的实证研究》，载《劳动保障世界》2012年第10期，第21—24页。社会义务具体由企业和社会组织等社会主体承担。参见廖原：《残疾人权益保障的国家、社会与公民责任范围研究》，载《江汉大学学报（社会科学版）》2013年第5期，第55页。
[2] 参见廖原：《残疾人权益保障的国家、社会与公民责任范围研究》，载《江汉大学学报（社会科学版）》2013年第5期，第52页。
[3] 《残疾人权利公约》第8条规定："一、缔约国承诺立即采取有效和适当的措施，以便：（一）提高整个社会，包括家庭，对残疾人的认识，促进对残疾人权利和尊严的尊重；（二）在生活的各个方面消除对残疾人的定见、偏见和有害做法……"
[4] 《消除对妇女一切形式歧视公约》第5条："缔约各国应采取一切适当措施：（a）改变男女的社会和文化行为模式，以消除基于性别而分尊卑观念或基于男女定型任务的偏见、习俗和一切其他作法；（b）保证家庭教育应包括正确了解母性的社会功能和确认教养子女是父母的共同责任，但了解到在任何情况下应首先考虑子女的利益。"

的过程。"文化变迁的动因、形态、归趋以及对于经济、教育和现实政治的影响，都非常复杂。"[1]文化传统的改变亦非一日之功。从层级角度讲，文化变革主要包含两种路径：一是自上而下的、国家引导下的文化变革；二是自下而上的、社会自发形成的文化变革。就前者而言，不能否认，立法、司法、制定并实施机制、计划等国家行为确实可以在一定程度上推动否定性文化的变革，而且可以以一种相对稳定的方式来确认变革取得的成果。然而，考虑到社会文化的特殊性，很难通过国家行为推动文化的彻底变革。后者则通过社会运动缓慢推动歧视性文化的变革。虽然这种变革路径见效相对较慢，但是如果取得了成功，带来的改变会更具根本性，由此产生的积极性弥散效应也会更加明显。鉴于此，本书特别关注的是第二种变革路径，主张变革残障歧视、性别歧视及基于二者的共同作用形成的交叉歧视、具有惰性的否定性文化传统，这需要充分发挥各类社会主体的作用。

各类社会主体需要将消除残障歧视和性别歧视、保障残障人和女性的权益上升到意识层面，让平等真正成为全社会共同遵循的行为规范和价值标准，从而营造对残障女性友好的社会文化氛围。就此而言，在整个社会层面提高对残障女性的认识，是各类社会主体的必要义务[2]。具体做法是：各类社会主体应当正面承认并有意识地改变残障歧视和性别歧视的否定性文化观念[3]；在此基础上发起并持续展开宣传、教育和培训，提高各类社会主体对残障平等和性别平等的认知[4]；引导改变社会公众看待残障女性及其权利问题的否定性态度，增强其对残障女性生存境况的了解、促进对残障女性能力的承认[5]。与此同时，相关的社会组织需要开展旨

---

[1] 殷海光:《中国文化的展望》，中华书局2016年版，第41页。
[2] 参见［爱尔兰］杰拉德·奎因编著：《〈残疾人权利公约〉研究：海外视角（2014）》，李敬等译，人民出版社2015年，第226页。
[3] See Kai Spratt, Literature Review of People with Disabilities and Gender Based Violence, Written for USAID/Vietnam, July 21, 2017.
[4] See People with Disability Australia (PWDA), Domestic Violence New South Wales (DVNSW), Women with Disability and Domestic and Family Violence: A Guide for Policy and Practice, New South Wales: PWDA, DVNSW, the information in these documents was prepared by Meredith Lea, 2015.
[5] See Cristina López Mayher, The Empowerment of Women and Girls with Disabilities, this publication was produced with the financial support of the European Union, Brussels, April, 2021, p. 15, 40.

在提高意识觉醒的运动或培训方案，破除已为残障女性所内化的否定性观念[1]。在此基础上，帮助残障女性"重新定义有关自我的正面概念和积极形象"[2]。另外，如果教育未能扭转对残障女性的刻板印象，女性主义残障研究的理论贡献或实践成果最终会被负面信息所破坏[3]，故需要在各级教育系统中提高残障女性的自主和权利意识，破除残障和性别歧视的观念[4]。

"作为信息把关人，报纸和新闻节目通过决定让哪些新闻曝光，如何描摹女性的形象以影响、引导公众的看法，选择性地规约人们的视角。"[5] 现实中，娱乐业、时尚业、化妆业每天都在兜售女性的青春美貌。由此呈现出来的女性形象非但与残障女性相去甚远[6]，"基于大众媒体形成的舆论还可能强化残障女性的无助形象"[7]。虽然存在使用不恰当的问题，但是不否认"在消除残障女性歧视的力量中，媒体是重要的支持系统"[8]。为充分发挥媒体的积极作用，应鼓励所有媒体以符合《残疾人权利公约》宗旨的方式报道残障女性，强化新闻媒体的自我监管，构建起对残障女性友好的网络环境，确保她们在出版物、演讲及其他媒体产品中以符合当代人

---

[1] See The Committee on The Rights of Persons with Disabilities, General Discussion of Women and Girls with Disabilities, Madrid: Area de Documentacion y Publicaciones, 2014, p. 481; Cristina López Mayher, The Empowerment of Women and Girls with Disabilities, this publication was produced with the financial support of the European Union, Brussels, April, 2021, p. 37.

[2] Beatrice Ann Posner Wright, *Physical Disability: A psychosocial Approach*, Elmsford, New York: Permagon, 1983, p. 68.

[3] 参见 [美] 贝尔·胡克斯：《激情的政治：人人都能读懂的女权主义》，沈睿译，金城出版社2008年版，第26页。

[4] See Doris Rajan, Women with Disabilities and Abuse: Access to Supports, Montréal: DisAbled Women's Network (DAWN Canada) /Réseau d'action des femmes handicapées du Canada (RAFH Canada), March, 2011.

[5] [美] 朱丽亚·T. 伍德：《性别化的人生传播：性别与文化》，徐俊、尚文鹏译，暨南大学出版社2005年版，第199页。

[6] 参见王利芬、郑丹丹：《语言与文化读本：社会性别》，华中科技大学出版社2015年版，第23页。

[7] United Nations Economic and Social Commission for Asia and the Pacific (UNESCAP), Hidden Sisters: Women and Girls with Disabilities in the Asian and Pacific Region, Bangkok: UNESCAP, ST/ESCAP/1548, 1995.

[8] 高圆圆：《我国残疾妇女社会支持网的解构与重构》，载《残疾人研究》2011年第3期，第49—50页。

权观念之正面形象出现[1]。同时，可以借助媒体讲述残障女性的故事，增强公众对她们的认知[2]。此外，"商业广告是现代文化氛围的营造中最广泛和重要的图像来源，媒体上的正面残障女性形象对引导文化变革有重要意义"[3]。"特别是残障女性时尚模特形象的广泛传播会使残障人将自己定位为普通消费世界的一部分，而非被隐藏的特殊群体。"[4]本书呼吁媒体采用正面残障女性形象，并应设定明确的标准鼓励并督促各类媒体如此行为[5]。

（二）为残障女性营造良好的无障碍社会环境

正如台湾残障研究者王国羽女士所述，"在我的人生中，经历过不知道多少没有扶手的楼梯、没有斜坡的大门走道、没有电梯的大楼与不友善的人们……如果我无法用乐观的态度来看待这一切，那么，在我眼中的世界将会是凄惨与可悲的"[6]。针对我国残障女性的研究亦显示，残障女性融入社会的愿望强烈[7]。她们非常看重交通设施无障碍环境的营造，认为这是她们参与社会的必要条件。概言之，在残障女性的生活词典中，"无障碍"是第一位的。从横向看，无障碍关系着残障女性生活的各个方面。"出门、去工作、去运动、去看看世界，都需要克服诸多障碍。"[8]就纵向而言，无障碍贯穿残障女性整个生命历程。在欠缺无障碍环境的情况下，

---

[1] See Timothy R. Elliott, "Media and Disability", *Rehabilitation Literature*, Vol. 43, 1982, pp. 348-355.

[2] 参见章玉萍：《残障文化与另类新媒体传播：基于传播行动者的视角》，载单波主编：《中国媒体发展研究报告》，社会科学文献出版社2018年版，第229—231页。

[3] Rosemarie Garland-Thomson, "Integrating Disability, Transforming Feminist Theory", *National Women's Studies Association Journal*, Vol. 14, 2002, pp. 1-32.

[4] Rosemarie Garland-Thomson, "Integrating Disability, Transforming Feminist Theory", *National Women's Studies Association Journal*, Vol. 14, 2002, pp. 1-32.

[5] See The Committee on The Rights of Persons with Disabilities, General Discussion of Women and Girls with Disabilities, Madrid: Area de Documentacion y Publicaciones, 2014, p. 325.

[6] 王国羽等：《障碍研究：理论与政策应用》，台湾巨流图书股份有限公司2012年版，楔子第4页。

[7] 参见谢琼主编：《国际视角下的残疾人事业》，人民出版社2013年版，第145页。

[8] 卜卫：《倾听残障女性心声，不仅仅在国际残疾人日》，载《中国妇女报》2015年12月1日，第B02版。

描绘再美好的愿景也不过是"画饼充饥"[1]。还需要注意的是，有关"环境正义"之于残障女性重要性的研究已经取得了丰富的成果[2]。20世纪90年代伊始，残障女性便成为"女性主义地理学"（Feminist Geography）的研究对象[3]。

无障碍是残障女性平等融入常规社会生活，充分实现各项权利，享有社会进步成果，过上从容和有尊严生活的基础。现实中，无障碍社会环境的缺失是残障女性被排斥在社会生活之外的重要原因。在住房、医院、公共交通等各方面设施的设计者和建造者都是健常人的情况下，很难保证各类设施考虑到残障人士的经验和需求[4]。时至今日，上述情况虽已大为改观，但对残障女性不友好的社会环境依旧存在。"残障女性从月经初潮到更年期都存在独特的医疗保健需求，她们更需要全方位，而且具有针对性的医疗保健服务"[5]，同时，身心障碍和生理性别的交互作用使残障女性接受医疗服务的可能性更大，因此，就医无障碍之于残障女性权利的实现更为重要[6]。世界卫生组织发布的《世界残疾人报告》将就医障碍划分为三种类型：一是财务方面的障碍；二是服务输送方面的障碍；三是人力资源方面的障碍[7]。

为帮助残障女性克服这些障碍：第一，需要为残障女性提供免费的生殖健康和护理咨询，确保所有医疗信息都以残障女性有条件接受的方式提

---

[1] 参见骆燕：《心向天唱，情暖未来，一切为了我们的残疾姐妹》，青年之声，https://qnzs.youth.cn/20201122_12586082.htm，最后访问日期：2024年11月25日。
[2] See Valerie Ann Johnson, Bringing Together Feminist Disability Studies and Environmental Justice, Barbara Faye Waxman Fiduccia Papers on Women and Girls with Disabilities Center for Women Policy Studies, February, 2011.
[3] 参见肖昕茹：《参与和融入：残疾人社会空间研究》，东方出版中心2016年版，第37—38页。
[4] See Della Perry, Ruth Keszia Whiteside, Women, Gender and Disability: Historical and Contemporary Intersections of "Otherness", Paper presented at the Fourth International Abilympics Conference, 1995, Retrieved April 3, 2005.
[5] Karen Piotrowski, Linda Snell, "Health Needs of Women with Disabilities Across the Lifespan", Clinical Issues, Vol. 36, 2007, pp. 79-87.
[6] See Berhanu Dendena Sona, "Psychosocial Challenges of Women with Disabilities in Some Selected Districts of Gedeo Zone, Southern Ethiopia", International Journal of Criminal Justice Sciences, Vol. 10, 2015, pp. 173-186.
[7] See World Health Organization (WHO), World Report on Disability, Geneva: WHO, January 1, 2011.

供[1]。加大对残障女性的"两癌"筛查力度，免除或减少治疗费用，降低她们患上生殖健康疾病的风险[2]。减免残障女性在产检、住院分娩、产后康复等事项上的费用，提高产检率、住院分娩率，加大产后康复医疗的干预力度[3]。第二，医疗机构应完善医院建筑工程的指标，调整医疗程序和器械的标准，使之满足残障女性获得医疗保健服务的特殊需求[4]。包括但不限于：确保救护车可以为不同障别的残障女性所使用；修缮医院无障碍通道，保证通道不被出于其他目的而使用；在产检、分娩及其他必要的情况下适当调整常规医疗程序，为残障女性提供快捷通道；推动区分性别的无障碍卫生间建设，确保无障碍卫生间的正常使用[5]；医疗设施设备亦需做出调整[6]。第三，为残障女性获得医疗服务提供人力资源。具体为：对更可能接触到残障女性的医护人员展开培训，使之知悉残障女性身心状态的特殊性，掌握与之交流的技巧，改变针对她们的否定性态度[7]。

（三）加大对残障女性的社会支持力度

溯及造成残障女性权利困境根源，贫困是最关键的要素。一项针对黑龙江残障女性的问卷调查显示，她们的最大需求是基本生活保障[8]。单纯依靠国家提供补助金，残障女性的基本生活往往很难维系。而且，在计算

---

[1] See The Committee on The Rights of Persons with Disabilities, General Discussion of Women and Girls with Disabilities, Madrid: Area de Documentacion y Publicaciones, 2014, p. 533.

[2] See Berhanu Dendena Sona, "Psychosocial Challenges of Women with Disabilities in Some Selected Districts of Gedeo Zone, Southern Ethiopia", *International Journal of Criminal Justice Sciences*, Vol. 10, 2015, pp. 173-186.

[3] 参见郝蕊：《残障妇女健康、康复基本状况分析》，载《残疾人研究》2013年第2期，第28页。

[4] See Talking About Reproductive and Sexual Health Issues (TARSHI), *Sexuality and Disability: In the Indian Context*, New Delhi: TARSHI, Working Paper, 2018.

[5] See The Committee on The Rights of Persons with Disabilities, General Discussion of Women and Girls with Disabilities, Madrid: Area de Documentacion y Publicaciones, 2014, pp. 322-323.

[6] 例如，病床与病床之间的距离、病床同墙之间的距离，病床、B超检查床和产床的高度，提供可移动设施等。See Itumeleng Shale, "Sexual and Reproductive Rights of Woman with Disabilities: Implementing International Human Rights Standards in Lesotho", in *African Disability Rights Yearbook*, Pretoria: Pretoria University Law Press, 2015, p. 88.

[7] See Willi Horner-Johnson, et al., "Preconception Health Risks Among U. S. Women: Disparities at the Intersection of Disability and Race or Ethnicity", *Women's Health Issues*, Vol. 31, 2021, pp. 65-74.

[8] 参见刘伯红等：《中国残障妇女发展困境、利益需求与对策研究》，载《残疾人研究》2013年第2期，第16页。

养恤金时，国家一般不会将残障女性在医疗方面的大笔支出考虑其中[1]。此外需要注意的是，平等就业机会的缺失是造成残障女性贫困的根本原因[2]。正如恩格斯所言，"只要妇女仍然被排除于社会的生产劳动之外而只限于从事家庭的私人劳动，那么妇女的解放，妇女同男子的平等，现在和将来都是不可能的"[3]，充分参与有偿社会劳动是实现女性解放的先决性条件之一。为获得充足的生活资料、消除面临的权利困境，进而走上解放的道路，在社会层面为帮助残障女性就业提出支持性的举措是必要的。

首先，企业应积极地履行社会义务，或是为残障女性提供支持性的就业服务，或是集中安排就业，抑或是严格地执行按比例就业政策[4]。社会组织数量不断增加，其具有公益性、社会性、安全性等特点，正日益成为吸收残障女性参与就业的重要社会主体[5]。需要注意的是，以提供帮助为目的的工作安排不应当是出于仁慈和同情的消极性预设，而是需要在"融合就业"[6]的语境下强调就业赋能，将残障女性视作正常的、拥有权利、自主和有尊严的人[7]。其次，一些残障女性在致残之前拥有固定工作，所在单位不得以在工作期间基于公务或其他原因致残为由，在她们没有丧失劳动能力的情况下，单方解除与她们的劳动关系、恶意调岗或致其

---

[1] 事实上，残障女性在医疗方面的支出普遍更高，18—44岁残障女性每年的医疗支出是健常女性的2.5倍，45—64岁残障女性每年的医疗支出是健常女性的3倍多。See The Committee on The Rights of Persons with Disabilities, General Discussion of Women and Girls with Disabilities, Madrid: Area de Documentacion y Publicaciones, 2014, pp. 290-291.

[2] 参见黄晨熹等：《社会组织吸纳残障人士就业问题及对策研究》，载《福建论坛（人文社会科学版）》2018年第2期，第135页。

[3] [德]恩格斯：《家庭、私有制和国家的起源》，中共中央马克思恩格斯列宁斯大林著作编译局译，人民出版社1999年版。

[4] 参见廖原：《残疾人权益保障的国家、社会与公民责任范围研究》，载《江汉大学学报（社会科学版）》2013年第5期，第54页；郭砾、冈杰：《残障妇女经济保障现状与对策研究》，载《残疾人研究》2013年第2期，第23页。

[5] 参见黄晨熹等：《社会组织吸纳残障人士就业问题及对策研究》，载《福建论坛（人文社会科学版）》2018年第2期，第137—138页。

[6] 融合就业大体包含两方面内容：一是鼓励和帮助有劳动能力的残障人进入职场；二是通过改变社会环境，特别是工作场所环境，促进残障职工的社会融合和独立生活。参见廖慧卿、岳经纶：《工作场所无障碍环境、融合就业与残障者就业政策——三类用人单位的比较研究》，载《公共行政评论》2015年第4期，第78—79页。

[7] 参见刘伯红：《中国残障妇女发展困境、利益需求与对策研究》，载《残疾人研究》2013年第2期，第15页。

待岗[1]。再次，企业必须严格遵守有关最低工资标准的规定，为残障女性支付最基本的工资报酬。同时，还应及时、足额地为残障女职工缴纳失业保险。在正常离职的情况下，须积极协助申请失业保险，确保残障女性失业期间的基本生活[2]。最后，企业需要为残障女性提供特殊的劳动保护，诸如营造包容性就业环境、完善无障碍设施、适度增加医疗和生育补贴等保障措施。

妇联、残联、残障女性权利组织及其他社会组织不仅应积极履行社会监管职责，亦需充分发挥自身的作用，消除残障女性的权利困境。这主要可通过三方面展开：一是采取具有针对性的职业技能培训及其他志愿服务，提升残障女性就业能力，拓宽就业渠道，促进残障女性就业权的实现[3]。比如，中国残联和中国妇联2014年联合出台的《大力发展手工编织促进残疾妇女就业创业方案》强调，在建立省级妇女手工制品协会的15个省（区市）实施开发就业岗位、展开手工技能培训等举措，帮助10000名有就业能力和意愿的残障女性从事手工编织，并无偿为她们提供技能培训[4]。另外，各地残联、妇联、残疾人劳动就业指导中心等组织机构多措并举，加强对残障女性的实用技术和就业技能培训，发展手工制作，让残障女性居家就业；鼓励"全国巾帼脱贫基地"负责人、农村致富女带头人等与残障女性结对帮扶；孵化创业就业基地，为残障女性提供多元化的就业岗位；加强就业指导和服务，扶持残障女性就业。二是需要（特别是残障女性社会组织[5]）采取有效的措施，预防和制止对残障女性的家庭暴

---

[1] 参见高圆圆：《我国残疾妇女社会支持网的解构与重构》，载《残疾人研究》2011年第3期，第48页。

[2] 参见高圆圆：《我国残疾妇女社会支持网的解构与重构》，载《残疾人研究》2011年第3期，第48页。

[3] 参见高圆圆：《我国残疾妇女社会支持网的解构与重构》，载《残疾人研究》2011年第3期，第47页；郭砾、闵杰：《残障妇女经济保障现状与对策研究》，载《残疾人研究》2013年第2期，第23页。

[4] 参见《全国妇联与中国残联联合出台方案帮扶万民残疾妇女就业创业》，载《中国残疾人》2014年第8期，第17页。

[5] 在全球范围内，有关残障女性的组织机构不胜枚举。我国也有关注残障女性权益的组织。如，受残障影响女性中国网络是国内第一个关注残障女性的自助小组。北京通州区乐益融社会工作事务所是一家专门服务残障女性的公益组织。广州市残疾妇女协会作为广州市唯一注册的残障女性社会团体，致力于为各类残障女性谋福祉。深圳雨燕残疾人关爱事业发展中心成立了龙华区第一家残障女性组织——雨燕残疾人关爱事业发展中心妇委会。

力、性违法犯罪及其他侵犯残障女性权利的行为,并为上述行为的受害者提供帮助。比如,设立庇护所,为权利受到侵害的残障女性及时提供人身保护、心理干预、法律咨询、儿童托养等志愿服务[1]。三是引导相关主体对残障女性的婚姻家庭关系树立正确态度并减轻她们的家务劳动负担。具体为:重点关注残障女性婚姻、家庭生活,加大社会工作的介入力度,通过宣传、激励及必要的批评教育等措施,促进残障女性婚姻家庭权利的实现,提高她们的婚姻家庭生活质量[2]。

三、残障女性权利保障的公民义务

公民的权利和义务是相对应的,权利话语高涨的同时,公民义务问题在一定程度上被忽视了[3]。事实上,权利的实现离不开公民义务的履行。这种义务不仅要求公民采取积极行动促进他人权利的实现,还主张对公民行使自身权利的行为作出必要的限制[4]。作为国家中最基础的构成单位,公民同样是保障残障女性权利的义务主体。根据对残障女性权利的实现给予的支持力度、内容、效果等方面的不同,作为整体义务主体的公民又可以分为普通公民和残障女性的亲属两种类别。前者负担的主要是一般性义务,要求公民履行残障女性权利保障中的常规性义务,以达到积少成多的效果。后者负有特定义务。在性质上,亲属在保障残障女性权利方面负担的是法定义务。就效果而言,由于亲属能直接接触到残障女性的生活,与她们有情感上的联结,故亲属在帮助残障女性走出困境,切实保障她们的权利方面发挥着更关键的作用。

(一) 残障女性权利保障的普通公民义务

残障女性权利保障的普通公民义务的根据在于社会关系。"人的本质不

---

[1] 参见高圆圆:《我国残疾妇女社会支持网的解构与重构》,载《残疾人研究》2011年第3期,第50页。

[2] 参见辛漫:《残障妇女社会参与和家庭地位调查分析》,载《残疾人研究》2012年第2期,第39页。

[3] 参见陈立林:《文明社会与公民义务——以托马斯·雅洛斯基著〈公民与文明社会〉的分析为例》,载《重庆社会科学》2007年第2期,第98页。

[4] 参见[美]托马斯·雅洛斯基:《公民与文明社会》,柯雄译,辽宁教育出版社2000年版,第66页。

是单个人固有的抽象物，在其现实性上，它是一切社会关系的总和。"[1]生活在这个世界上的每个人都不是一个孤岛，生活于特定社会情境中的人必然会基于形式各样的交往行为而与其他主体产生某种关系的联结，正是这种关系的存在推动了公民义务的产生[2]。"生活于社会中的每个公民，只有积极地履行各自承担的社会义务，才能够使社会成为有组织的统一体，人们才可以有条不紊地生活。"[3]按照内容的不同，这种义务大体包含积极和消极两种情况。

一方面，残障女性权利保障的积极公民义务。按照21世纪公民对个人生存权的基本要求——"有尊严地生存"[4]，公民首先需要履行的是尊重残障女性的义务。这既是一项最高程度的义务，又对促使残障女性其他权利的实现具有基础性的意义。在很多时候，二者之间无法作出严格的区分。社会公众歧视性态度的普遍存在致使残障女性备受排斥，这既导致她们的尊严受到损害，也使她们权利的享有和实现难以保障。残障歧视和性别歧视涉及残障女性的人格和尊严，关乎社会的公平和正义，更关系到残障女性的幸福和发展[5]。相应地，公民在总体上需要"发展以现代意义上的平等观、公平观为基础的反歧视社会意识和文化观念，从人权观念出发来消除产生歧视的思想根源"[6]。具体应有针对性地"培育新残障人和女性观，消除针对残障人的社会歧视和针对残障女性的性别歧视"[7]。应树立残障和性别公正的理念，推动对待残障女性态度、认知及由此带来之行为方式的转变，帮助残障女性平等且充分地参与社会生活。在消除歧视的基础上，需要承认残障女性的成员身份，像对待其他人那样平等地对待她们，通过具体的言行来表明对她们的尊重。

另一方面，残障女性权利保障的消极公民义务。"人人生而自由，在

---

[1] 《马克思恩格斯文集》（第1卷），人民出版社2009年版，第501页。
[2] 参见甘永宗：《公民责任：动因分歧与协调》，载《南方论刊》2012年第6期，第10页。
[3] 陈立林：《文明社会与公民义务——以托马斯·雅洛斯基著〈公民与文明社会〉的分析为例》，载《重庆社会科学》2007年第2期，第99页。
[4] 廖原：《残疾人权益保障的国家、社会与公民责任范围研究》，载《江汉大学学报（社会科学版）》2013年第5期，第55页。
[5] 参见刘伯红等：《中国残障妇女发展困境、利益需求与对策研究》，载《残疾人研究》2013年第2期，第19页。
[6] 辛湲：《残障妇女社会参与和家庭地位调查分析》，载《残疾人研究》2012年第2期，第39页。
[7] 辛湲：《残障妇女社会参与和家庭地位调查分析》，载《残疾人研究》2012年第2期，第39页。

尊严和权利上一律平等"[1]，这是《世界人权宣言》提出的庄严主张。从应然层面讲，每个人的权利都是平等的。但在附加上区隔性因素后，呈现出来情况的往往是：处于优势地位的人可能会滥用他们的权利，处于弱势地位的人的权利则可能受到侵犯，残障女性便是典型。从此意义上讲，利益相关者"权利的行使不能违背权利的本来目的，不得超出权利的边界"[2]。更重要的是，他们权利的实现不应以侵犯残障女性的权利为代价。具体表现为：普通公民在主张平等、自由、独立和尊严时，不应当对残障女性的权利持忽视或漠视的态度；违法犯罪者不得以自身的性权利实现为由，侵犯残障女性的性自主权；残障男性和健常人不得以自身的水和卫生设施权更好地实现为托辞，阻碍残障女性平等享有这两方面权利。很多时候，特定个人对残障女性权利的侵犯仅是以自身好恶为基础的，故还需要杜绝个人对残障女性权利的无端侵犯。

（二）残障女性权利保障的亲属义务

不同义务主体给残障女性带来的支持程度是不一样的。相较于普通公民义务，亲属[3]义务的履行在确保残障女性权利的实现方面发挥着更重要的作用[4]。不同于国家、社会和普通公民需要履行的是道德或人权义务，基于民法及相关法律的规定，亲属对残障女性权利保障负担的大多是法律规定的义务。《残疾人权利公约》序言第24段[5]和我国《残疾人保障法》第9条[6]，都包含了亲属确保平等权、消除针对残障女性歧视的内容。这

---

[1] Unite Nations, Universal Declaration of Human Rights, Adopted and proclaimed by General Assembly resolution 217 A (III) of December 10, 1948, art. 1.

[2] 刘权：《权利滥用、权利边界与比例原则——从〈民法典〉第132条切入》，载《法制与社会发展》2021年第3期，第39页。

[3] 本书依我国《民法典》第1045条的规定，认为亲属包括配偶、血亲和姻亲。

[4] 参见高圆圆：《我国残疾妇女社会支持网的解构与重构》，载《残疾人研究》2011年第3期，第48页。

[5] 《残疾人权利公约》序言第24项指出，"深信家庭是自然和基本的社会组合单元，有权获得社会和国家的保护，残疾人及其家庭成员应获得必要的保护和援助，使家庭能够为残疾人充分和平等地享有其权利作出贡献"。

[6] 我国《残疾人保障法》第9条："残疾人的扶养人必须对残疾人履行扶养义务。残疾人的监护人必须履行监护职责，尊重被监护人的意愿，维护被监护人的合法权益。残疾人的亲属、监护人应当鼓励和帮助残疾人增强自立能力。禁止对残疾人实施家庭暴力，禁止虐待、遗弃残疾人。"

类义务具有三重特性：一是单向性，即这种义务只是亲属针对残障女性的，残障女性之于亲属不存在相对应的义务。换言之，法律吸收了道义性的要求，赋予亲属的无私付出以规范意义。二是直接性。亲属能够直接接触残障女性的生活，参与涉及残障女性权利问题的诸多事项[1]，故他们需要履行的也是与残障女性的生活直接相关的义务。三是非物质性。除必要生活资料的供给和对残障女性生活的照顾外，二者之间的情感联系也使得亲属能够给残障女性带来精神上的支持。凡此种种都决定了，保障残障女性的权利需要充分发挥亲属的作用。

在总体层面，亲属应当对残障女性投去更多的爱与关怀。根据吉利根的研究，注重关系是女性心理的典型特征。为发掘两性心理和行为方式的差异性，吉利根曾经做过一个实验，她要求两个11岁的孩子（一男一女）同时就海因茨是否应偷一种买不起的药用以挽救妻子生命的问题提供解决方案。二人得出了不同的结论：男孩将问题建构成财产权和生命权的冲突，认为生命权优先于财产权，故海因茨应当偷药；女孩既没有考虑财产，也未曾关注法律，而是想到做贼对海因茨与妻子之间关系的影响，也即如果他偷药挽救妻子，也可能因为入狱而导致妻子病情加重，故要三思[2]。可见，男性多关注的是权利的功利性对比，女性则更看重关系。爱与关怀是女性看重的关系行为，同残障女性具有紧密关系的亲属更有条件施以爱与关怀。与之相对应的则是歧视和贬低，女性主义残障正义观要求亲属打破歧视和贬低残障女性的否定性观念，杜绝由此带来的侵犯残障女性权利或有违权利保障的行为。另外，作为女性主义残障正义观核心之爱与关怀的基本前提是，将残障女性视作独立的人，而非同情或慈善的客体。这要求亲属改变对残障女性儿童化和物化的观念，从权利或人权的视角来看待她们[3]。

在爱与关怀的基础上，亲属的行为需要作出改变。一方面，亲属应尽最大努力为残障女性接受学校教育提供机会，并通过家庭教育培养她们的

---

[1] 有调查显示，残障女性接触的人群主要是家属，占88.04%。参见彭玉娇、任真真：《残障女性需求状况调查报告》，北京市通州区乐益融社会工作事务所出品，2019年。

[2] 参见［美］卡罗尔·吉利根：《不同的声音——心理学理论与妇女发展》，肖巍译，中央编译出版社1998年版，第24—27页。

[3] See Deborah Kaplan, "The Definition of Disability: Perspective of the Disability Community", *Journal of Health Care Law & Policy*, Vol. 3, 2000, pp. 352-364.

权利和主体意识，提升她们的可行能力。[1] 另一方面，亲属在残障女性的月经管理、结婚、性、生育、子女监护和探视等方面的行为亦需调整。在月经管理方面，亲属应在保持信任的基础上向残障女性告知有关月经的信息，教导她们月经管理的方法，禁止基于月经管理对她们的隐私权进行侵犯或施以暴力。除出于年幼或与对方有禁婚的血缘关系等必要限制外，残障女性决定结婚与否、何时结婚、同谁结婚的权利，都必须得到保护和执行[2]。亲属不能以外在因素为由替残障女性就结婚事项作决定，更不能出于谋利或转移照料负担而包办婚姻。在性方面，亲属不得出于无性的否定观念或过度保护，阻碍残障女性进入亲密关系、发生性行为或拒绝提供咨询信息。就生育而言，亲属不能以控制生育为由强制让残障女性避孕、绝育和堕胎。丈夫应承担起对残障妻子的扶养义务，不得以任何理由对残障女性暴力相待，同时需要恪守忠诚义务，避免见异思迁、侵害残障女性权利的行为出现。离婚时应对残障妻子持尊重态度，并协助她们行使监护和探视权。

---

[1] See Margaret A. Nosek, et al., "Self-Esteem and Women with Disabilities", *Social Science & Medicine*, Vol. 56, 2003, pp. 1737-1747.

[2] 参见［奥］玛丽安娜·苏尔泽:《平权的法理——〈残疾人权利公约〉解读》，谷盛开、张玄译，华夏出版社2018年版，第120页。

结　语

"当今时代是权利的时代。权利是时代的观念,是已经得到普遍接受的唯一政治与道德观念。"[1] 权利意味着每个人得到他"应当得到"和"需要得到"的某种东西,代表着正义,预示着多数人对尊重少数人尊严和平等的承诺。但现实中,不是每个人的权利都能得到充分实现。那些因为种族、性别、身心障碍等外在因素而备受歧视和压迫的群体,在各项权利的享有和实现方面往往处于边缘化的境地。正如存在主义提出的,"一切情况的评判需要根据它们在困难最深重或最受压迫的人眼里呈现出来的样子"[2]。从某种意义上讲,正是处在边缘地位之人的生存和发展状态,决定了法律赋权和权利保障的程度。他们的权利保障状况是国家人权保障水准的标尺,他们的生存样态是社会文明程度的表征。"在一个国家的人权保障体系中,如果社会弱势群体的权利保障没有进入中心地带,这个国家的权利保障体系就是有缺陷的。"[3] 残障女性便是这些弱势群体的典型代表,她们常常因为残障人和女性的双重身份而被置于极为不利的处境中。残障女性的权利(特别是私领域中的权利)不仅没有充分实现,甚至受到了严重的侵犯。

残障不仅是自然形成的生理现实,更是强大的政治和社会力量影响的结果,女性的人生轨迹会因为残障因素的加入而被改写。身心障碍使残障女性被认定为不完整的女人,残障女性的月经是不受欢迎的,她们不仅很难获得适当的水、卫生设施、月经产品和信息等必要的资源,还可能出于

----

[1] [美] 亨金:《权利的时代》,信春鹰等译,知识出版社1997年版,前言。
[2] [英] 莎拉·贝克韦尔:《存在主义咖啡馆:自由、存在和杏子鸡尾酒》,沈敏一译,北京联合出版公司2017年版,第34页。
[3] 齐延平主编:《社会弱势群体的权利保护》,山东人民出版社2006年版,第1页。

强制月经管理的目的而被切除子宫。性欲是人类的本能,但这种本能之于残障女性是不恰当的,这导致她们很难享受性愉悦。有关残障女性性无知和性无能的假设,则使得她们更容易遭受性侵犯。对残障女性而言,很多时候,她们连缔结婚姻关系的机会都难以获得。有的残障女性即便进入婚姻,身心障碍带来的一系列问题亦可能影响她们婚姻的稳定性。由于不符合"良母"的预设,残障女性的生育行为会受到严格限制。即便某些残障女性敢于突破现实的束缚生下孩子,她们的亲权在婚姻中、离婚时或离婚后都更容易被剥夺或受限。相较于健常女性,残障女性在更年期面临着更大的健康风险。但更年期残障女性的健康保健问题并未获得必要的特殊对待,甚至达不到与健常女性同等的标准。基于权利的棱镜审视正义可以发现,出于种种不具有实质优先性的理由将残障女性的权利置于困境中,构成了严肃的正义问题。

正义是最基本的美德。无论是近代还是当代政治哲学,都旨在追求实现社会正义,并构建起各不相同但又一以贯之的传统正义论。社群主义在批判自由主义时,将自由主义本身作为唯一必要之理论支撑的路径。基于残障女性权利困境视角批判并修正传统正义论,亦需将传统正义论视作重要的理论基础。以罗尔斯为例,虽然他的正义论很难将残障女性实质性地包含在理论框架内,但他最核心和最有卓见的贡献在于,"促使每个人去质疑和思考隐藏在各种观点下的习俗、传统、制度,推动正义原则能够运用到每个人身上,不管这个人最终处于什么样的位置"[1]。罗尔斯在对正义之作用的论述中指出,"正义是社会制度的首要价值,正像真理是思想体系的首要价值一样。一种理论,无论多么精致和简约,只要它不真实,就必须拒绝或修正"[2]。同样,某些正义论,不管它如何被广泛接受并使用,只要它无法确保正义之于弱势者的实现,就必须加以改造或废除。这在初衷上建构了一幅关于正义论的美好图景。在此图景中,个人平等自由的权利在绝大多数偏好面前是被无条件肯定的。每个人的权利都具有基于正义的不可侵犯性,这种不可侵犯性即便是以社会整体利益的名义也不能逾越。概言之,"政治哲学的出发点是为追求正义,这便要求它必须关心社会

---

[1] [美]苏珊·穆勒·奥金:《正义、社会性别与家庭》,王新宇译,中国政法大学出版社2017年版,第141页。
[2] [美]罗尔斯:《正义论》,何怀宏等译,中国社会科学出版社2001年版,第1页。

中在任何地方、以任何形式出现的不正义"[1]。

遗憾的是，传统正义论在理论构建中违背了它设定的美好初衷。无论是理性主义的人性论假设、互利合作的核心立场、公私领域的严格划分，还是同一性和形式性的基本要求，传统正义论实质上都忽视了残障女性。而且，长期以来，按照基于资源分配构建起来的正义论，预设对残障人和女性的忽视是恰当的，此种预设一直延续至今。为避免之，应在批判传统正义论、女性主义研究和残障研究的基础上，揭示综合女性主义和残障双重视角的可能性，并形成女性主义残障研究；在传统正义论框架下，必须纳入女性主义残障研究在核心理论及方法方面的贡献，并提出女性主义残障正义观。女性主义残障正义观从"宰制"和"压迫"出发，基于爱与关怀的核心主张，以残障女性的能力提升和人权保障为旨归。这种正义观在很大程度上克服了传统正义论的弊端，为帮助残障女性走出权利困境，确保正义之于她们的实现，提供了具有针对性的指引。在此基础上，需要对相关主体应当履行的义务作出具体但系统性的安排。从主体角度讲，需要促进国家、社会和公民在残障女性保障方面的联合与互动。在内容方面，各层级主体不仅应当关注具体的对策设计，还需要从抽象的层面破除否定性的文化理念，改变对残障女性不友好的隐藏结构。

总之，我们无法接受的不是认识到这个世界上欠缺"绝对意义上的公正"，也很少有人会有这样不实的愿望，而是清楚地意识到，社会中根深蒂固地存在一些显而易见的不公正。身心障碍和性别因素的共同作用，将残障女性置于被压迫、被剥削和被边缘化的不利处境中。在这个世界上，很少有人像残障女性那样遭遇如此严重的不正义。女性主义残障正义观的提出，打破了传统正义论对残障女性视而不见的态度，使正义之光照进她们的生活。国家、社会、公民在抽象理念、隐藏结构、具体对策方面三维义务构想的提出，对残障女性权利的落实具有重要作用。相应地，我们有理由相信，在女性主义残障正义观指导下的社会实践中，残障女性将不会再被集体性地忽视。无论是在月经、性、婚姻、生育、子女抚养、监护、探视、更年期健康保健等私领域事项，还是在与之相关的公领域事项上，她们的权利都有希望得到更好的保障。

---

[1] 李剑:《残疾与正义：一种基于能力的正义理论》，载《国外理论动态》2018年第6期，第79—80页。

最后，本书以一位参与第四次世界妇女大会之残障女性的心声作结，希冀残障女性拥有独立、自主和有尊严的生活，以及残障、美丽、自由……生命承载之重、生命向往之美并存的那一天早日到来。"没有比人更高的山峰，没有比脚更长的道路。是的，我们是残障人，我们是女性。但只要拥有一个起点，我们同样能够走出一条路来"。[1]

---

[1] 杜宇:《相聚在北京——1995年世妇会NGO论坛侧记》，载《中国残疾人》1995年第11期，第18页。

参考文献

一、中文类

（一）专著

1. 卢连才：《残疾人社会保障研究》，华夏出版社1997年版。
2. 齐延平主编：《社会弱势群体的权利保护》，山东人民出版社2006年。
3. 余少祥：《弱者的权利——社会弱势群体保护的法理研究》，社会科学文献出版社2008年版。
4. 程凯、郑晓瑛等：《第二次全国残疾人抽样调查数据分析报告》，华夏出版社2008年版。
5. 郑玉敏：《作为平等的人受到对待的权利：德沃金的少数人权利法理》，法律出版社2010年版。
6. 徐昕：《诗性正义》，法律出版社2011年版。
7. 王国羽等：《障碍研究：理论与政策应用》，台湾巨流图书股份有限公司2012年版。
8. 金放、杨旭编著：《残疾人权益的法律保障：国内外比较研究》，中国社会科学出版社2013年版。
9. 李奋飞：《正义的底线》，清华大学出版社2014年版。
10. 宋建丽：《正义与关怀：女性主义的视角》，厦门大学出版社2018年版。

（二）译著

1. ［美］凯特·米利特：《性政治》，宋文伟译，江苏人民出版社2000年版。

2. ［美］贝尔·胡克斯：《女权主义理论：从边缘到中心》，晓征、平林译，江苏人民出版社2001年版。

3. ［美］罗尔斯：《正义论》，何怀宏等译，中国社会科学出版社2001年版。

4. ［美］内尔·诺丁斯：《始于家庭：关怀与社会政策》，侯晶晶译，教育科学出版社2006年版。

5. ［美］德沃金：《认真对待权利》，信春鹰、吴玉章译，上海三联书店2008年版。

6. ［法］波伏瓦：《第二性》，郑克鲁译，上海译文出版社2011年版。

7. ［美］迈克尔·J. 桑德尔：《自由主义与正义的局限》，万俊人等译，译林出版社2011年版。

8. ［印］阿马蒂亚·森：《正义的理念》，王磊、李航译，中国人民大学出版社2012年版。

9. ［美］玛萨·艾伯森·法曼：《自治的神话：依赖理论》，李霞译，中国政法大学出版社2014年版。

10. ［爱尔兰］杰拉德·奎因编著：《〈残疾人权利公约〉研究：海外视角（2014）》，李敬等译，人民出版社2015年版。

11. ［英］马克·普里斯特利：《残障：一个生命历程的进路》，王霞绯、李敬译，人民出版社2015年版。

12. ［美］玛莎·C. 纳斯鲍姆：《正义的前沿》，朱慧玲译，中国人民大学出版社2016年版。

13. ［美］玛莎·C. 纳斯鲍姆：《寻求有尊严的生活——正义的能力理论》，田雷译，中国人民大学出版社2016年版。

14. ［美］艾丽斯·M. 杨：《正义与差异政治》，李诚予、刘靖子译，中国政法大学出版社2017年版。

15. ［英］科林·巴恩斯、杰弗·默瑟：《探索残障：一个社会学引论》，葛忠明、李敬译，人民出版社2017年版。

16. [美]苏珊·穆勒·奥金:《正义、社会性别与家庭》,王新宇译,中国政法大学出版社 2017 年版。

17. [奥]玛丽安娜·舒尔泽:《平权的法理——〈残疾人权利公约〉解读》,谷盛开、张弦译,华夏出版社 2018 年版。

18. [美]玛莎·C. 纳斯鲍姆:《善的脆弱性:古希腊悲剧和哲学中的运气与伦理》,徐向东、陆萌译,译林出版社 2018 年版。

19. [美]玛莎·C. 努斯鲍姆:《女性与人类发展——能力进路的研究》,左稀译,中国人民大学出版社 2020 年版。

(三) 论文

1. 薛宁兰:《对智力严重低下者进行生育限制和控制的立法探讨》,载《法律科学(西北政法大学学报)》1992 年第 4 期。

2. 杜宇:《相聚在北京——1995 年世妇会 NGO 论坛侧记》,载《中国残疾人》1995 年第 11 期。

3. 高圆圆:《我国残疾妇女社会支持网的解构与重构》,载《残疾人研究》2011 年第 3 期。

4. 亓同惠:《残障、昂贵偏好与承认的区分性机制:以德沃金的两种平等主义为分析资料》,载《中外法学》2012 年第 2 期。

5. 郭砾、闵杰:《残障妇女经济保障现状与对策研究》,载《残疾人研究》2013 年第 2 期。

6. 辛浈:《残障妇女社会参与和家庭地位调查分析》,载《残疾人研究》2013 年第 2 期。

7. 郝蕊:《残障妇女健康、康复基本状况分析》,载《残疾人研究》2013 年第 2 期。

8. 刘伯红等:《中国残障妇女发展困境、利益需求与对策研究》,载《残疾人研究》2013 年第 2 期。

9. 郭砾等:《残障与性别:残障妇女生存发展考察报告》,载《中国妇女报》2013 年 8 月 9 日,第 B01 版。

10. 杨晶:《农村残疾女性择偶过程的扎根理论研究》,载《贵州社会科学》2015 年第 6 期。

11. 李剑:《残疾与正义:一种基于能力的正义理论》,载《国外理论动态》2018 年第 6 期。

12. 章静、方刚：《残障女性的性：多重禁忌下的伤害》，载《中国性科学》2018 年第 1 期。

13. 李萍、刘念：《"关怀"与"正义"优先性的道德反思》，载《现代哲学》2019 年第 4 期。

14. 王竹青：《论残疾妇女的自主权》，载《人权研究》2020 年第 2 期。

15. 李莹等：《不让任何一个人掉队——对处境不利妇女群体发展的初步评估》，载《山东女子学院学报》2021 年第 1 期。

16. 郑洁儒：《情感、性别和伦理：评戈尔的〈19 世纪小说中的残障叙事〉》，载《外国文学》2021 年第 2 期。

17. 李勇：《中国残障女性的双重压迫理论及其价值——基于社会主义女权主义的分析》，载张万洪主编：《残障权利研究》（第 9 辑），社会科学文献出版社，2022 年版。

二、外文类

（一）专著

1. Jo Campling, ed., *Images of Ourselves: Women with Disabilities Talking*, Boston, MA: Routledge & Kegan Paul, 1981.

2. Mary Jo Deegan, Nancy Brooks, *Women and Disability: The Double Handicap*, London, New York: Routledge, 1985.

3. Susan E. Browne, et al., *With the Power of Each Breath: A Disabled Women's Anthology*, New Jersey: Cleis Press, 1985.

4. Michelle Fine, Adrienne Asch, ed., *Women with Disabilities: Essays in Psychology, Culture, and Politics*, Philadelphia: Temple University Press, 1989.

5. Lina Abu-Habib, ed., *Gender and Disability: Women's Experiences in the Middle East*, Skipton, UK: Oxfam GB, 1997.

6. Barbara Fawcett, *Feminist Perspectives on Disability*, London, New

York: Routledge, 2000.

7. Asha Hans, *Women, Disability and Identity*, London: SAGE Publications Pvt. Ltd, 2003.

8. Wendy Rogers, Susan Dodds, ed., *Vulnerability: New Essays in Ethics and Feminist Philosophy*, New York: Oxford University Press, 2013.

9. Mary Willmuth, et al., *Women with Disabilities: Found Voices*, London, New York: Routledge, 2014.

10. Tory Vandeventer Pearman, *Women and Disability in Medieval Literature*, New York: Palgrave Macmillan, 2015.

11. Shari E. Miles-Cohen, *Eliminating Inequities for Women with Disabilities*, Washington: American Psychological Association, 2016.

12. Ilias Bantekas, et al., *The UN Convention on the Rights of Persons with Disabilities: A Commentary*, New York: Oxford University Press, 2018.

13. Karen Soldatic, *Women with Disabilities as Agents of Peace, Change and Rights: Experiences from Sri Lanka*, London, New York: Routledge, 2020.

(二) 论文

1. Barbara Hillyer Davis, "Women, Disability and Feminism: Notes Toward a New Theory", *Journal of Women Studies*, Vol. 8, 1984.

2. Susan Wendell, "Toward a Feminist Theory of Disability", *Hypatia*, Vol. 4, 1989.

3. William John Hanna, Betsy Rogovsky, "Women with Disabilities: Two Handicaps Plus", *Disability, Handicap & Society*, Vol. 6, 1991.

4. Jenny Morris, "Feminism, Gender and Disability", *Feminist Review*, Vol. 43, 1993.

5. Barbara Faye Waxman, "Up Against Eugenics: Disabled Woman's Challenge to Receive Reproductive Health Services", *Sexuality and Disability*, Vol. 12, 1994.

6. Virginia Kallianes, Phyllis Rubenfeld, "Disabled Women and Reproductive Rights", *Disability & Society*, Vol. 12, 1997.

7. Heather Becker, et al., "Reproductive Health Care Experiences of

Women with Physical Disabilities: A Qualitative Study", *Archives of Physical Medicine and Rehabilitation*, Vol. 78, 1997.

8. Anita Silvers, "Reprising Women's Disability: Feminist Identity Strategy and Women's Rights", *Berkeley Women's Law Journal*, Vol. 13, 1998.

9. Beth A. Ferri, Noe Gregg, "Women with Disabilities: Missing Voices", *Women's Studies International Forum*, Vol. 21, 1998.

10. Antonina Farmer, "The Reproductive Rights of Women with Disabilities", *Report Freedom News*, Vol. 9, 2000.

11. Pamela Block, "Sexuality, Fertility, and Danger: Twentieth-Century Images of Women with Cognitive Disabilities", *Sexuality and Disability*, Vol. 18, 2000.

12. Adrienne Asch, "Critical Race Theory, Feminism, and Disability: Reflections on Social Justice and Personal Identity", *Ohio State Law Journal*, Vol. 62, 2001.

13. Margaret A. Nosek, et al., "Self-Esteem and Women with Disabilities", *Social Science & Medicine*, Vol. 56, 2003.

14. Rachel Mayes, et al., "Misconception: The Experience of Pregnancy for Women with Intellectual Disabilities", *Scandinavian Journal of Disability Research*, Vol. 8, 2006.

15. Doug Jones, "Domestic Violence Against Women with Disabilities: A Feminist Legal Theory Analysis", *Florida A & M University Law Review*, Vol. 2, 2007.

16. Sharon Dormire, Heather Becker, "Menopause Health Decision Support for Women with Physical Disabilities", *Jognn Clinical Issues*, Vol. 36, 2007.

17. Rachel Mayes, et al., " 'That's Who I Choose to Be': The Mother Identity for Women with Intellectual Disabilities", *Women's Studies International Forum*, Vol. 34, 2011.

18. Bandana Nayak, "Problems, Challenges and Status of Women with Disabilities in Odisha", *American International Journal of Research in Humanities, Arts and Social Sciences*, Vol. 3, 2013.

19. Mya Vaughn, et al., "Women with Disabilities Discuss Sexuality in

San Francisco Focus Groups", *Sexuality and Disability*, Vol. 33, 2015.

20. Asma Abdulla M. Al-Attiyah, Elsayed Elshabrawy A. Hassanein, "Women with Disabilities in the State of Qatar: Human Rights, Challenges and Means of Empowerment", *International Journal of Special Education*, Vol. 32, 2017.

21. Hridaya R. Devkota, et al., "Societal Attitude and Behaviours Towards Women with Disabilities in Rural Nepal: Pregnancy, Childbirth and Motherhood", *Pregnancy and Childbirth*, Vol. 19, 2019.

后　记

本书对残障女性的研究立足于我的女性主义法学研究。2017年，女性主义法学在中国并不流行，有幸接触这一小众法理学流派得益于恩师邱昭继教授。那时，邱老师刚结束受鲍曼教授邀请的康奈尔访学之旅。鲍曼教授是美国著名女性主义法学家，在社会主义女性主义法学领域颇有造诣。在西方法理学课上，邱老师让我们翻译鲍曼教授的长文《在21世纪复兴社会主义女权主义法律理论》（该文后由我和邱老师翻译并发表在《马克思主义与法律学刊》第二卷上），我承担了一小节的内容。在进行课堂小组汇报时，名为"讲得好"、实为"偏袒"，邱老师将从塞尼卡瀑布城（第一次美国妇女大会召开地）带回的《感伤宣言》送给我。这份文件奠定了我从事女性主义法学研究的基调。此后，不管到哪里求学、工作，我都带着这份预示着初心和力量的文件。

后来，我到西南政法大学跟随赵树坤教授攻读博士学位。为写一份契合赵老师研究方向的计划，我和邱老师在彼时那个狭小但近乎承载我研究生阶段全部美好回忆的法理资料室里把研究对象确定为残障女性。后来，即便遇到很多困难，我也从未想过变更研究方向。最初，我对残障研究一无所知，赵老师通过各种渠道让我参加学术会议，接触残障研究者和身心障碍者。耳濡目染下，我逐渐知晓并积累了残障理论和相关国际立法。工作后，我遇到了很多困难，老师的鼓励和安慰加添了前行的力量。在如梦幻般短暂的时间里，还遇见一位终生难忘的师者张万洪教授。跟张老师的缘分始于2019年的东亚残障论坛，终于2024年先生仙逝。张老师是残障研究领域的著名专家，也是谦逊、温暖的前辈，他一直鼓励我从事残障和性别的交叉研究。永远难以释怀的是，在因遭遇急难向老师电话求助数月后的一天凌晨，便收到他与世长辞的消息。老师抗癌时的勇敢、面对死亡时的坦然，都给了我极大的鼓舞。逝者虽已远去，但其未竟之业仍要继续，残障女性将成为我终身的研究对象。

于自己，学术生涯虽短，但对残障女性的认识有近乎颠覆性的变化。很长时间里，我一直把残障女性定位为研究对象。虽强调对她们的爱与关怀，但内心仍是自上而下看待弱势者的态度。伴随经历的累积，我逐渐发现，我研究的好像不是作为对象的残障女性，而是自己。此前，我和主流女权主义者一样试图通过在自己和残障女性之间画一条明显的分界线来彰显优越性。但是，在认清存在太多不足的自己和面对这个世界的无能为力以后，我才猛然意识到：从某种意义上讲，我是不是也是残障女性，研究她们实际上研究的不过是自己。另外，残障女性研究涉及法学、哲学、残障学、女性学等领域，也跟医学紧密相关。当我深受病痛折磨，对身体/精神疾病、身心障碍、健常等现象背后的实质问题困惑不已时，善良的王晓明医生不仅帮助我减轻病痛，还在思想上启发了我。区隔的世界是孤独的，在而立之年的至暗时刻，感谢吾兄郭笑博士始终陪伴和无条件的鼓励、支持和帮助。编辑之事实属不易，本书得以顺利出版归功于美丽、善良的薛迎春编辑，感谢她在我初次到访知识产权出版社时的热情接待，以及在编辑过程中对漏洞百出的书稿辛苦修补。最后，感谢爸爸妈妈深沉而炽热的爱。

总之，不完美和对外在世界的无能为力是人生常态。身心障碍也好，健常也罢；成功也好，失败也罢；正常也好，异常也罢……祸兮福所倚，福兮祸所伏。有幸凭借脆弱的身体和有限的智慧，为自己和特定女性群体写点东西，已万幸矣。

李　勇

2025 年 1 月